高职大学生职业生涯规划实用教程

主　编　袁　国　谢永川
副主编　郑添华　徐　颖

北京理工大学出版社
BEIJING INSTITUTE OF TECHNOLOGY PRESS

内 容 简 介

从一定程度而言，职业教育既是技能教育，也是就业教育。高职大学生的职业生涯规划是其职业教育的起点。

本书主要介绍了职业生涯规划的基础知识、基本理论，职业社会认知、自我认知、职业定位、大学生职业生涯规划的制定与实施等方法。通过本课程的学习，使大学生在充分探索自我、了解职业世界的基础上，对自己的职业生涯进行科学合理的规划，为自己一生的职业发展奠定良好的基础。本书具有现实性、指导性、可操作性，可对大学生提供积极的帮助。

近年来，大学生的就业指导和职业发展课程取得了长足的进步和发展，除了教学方式和平台的创新、升级和多样化，教学方法的改进和变革之外，更加体现为在教学内容上对相关学科知识的借鉴和吸收。本书结合高等职业教育人才培养的内在要求，用最新的知识和资讯向读者传递系统的职业生涯规划知识，有效地整合了人力资源管理、心理学、职业教育学等学科知识，并融入了“双证书”制度、“职业胜任”等知识和要求，具有很强的时代性和时效性。

本书编写参考和结合了职业指导师相关知识和实践操作要求，并初步介绍了职业咨询的相关案例和概念，使本书既可以作为高职院校大学生职业生涯规划课程教材使用，也可以作为高职院校师生、职业指导人员的参考书。

图书在版编目（CIP）数据

高职大学生职业生涯规划实用教程/袁国，谢永川主编．—北京：北京理工大学出版社，2015.9（2021.9重印）

ISBN 978-7-5682-1330-1

Ⅰ.①高…　Ⅱ.①袁…②谢…　Ⅲ.①大学生-职业选择-高等职业教育-教材　Ⅳ.①G717.38

中国版本图书馆CIP数据核字（2015）第226686号

出版发行／北京理工大学出版社有限责任公司
社　　址／北京市海淀区中关村南大街5号
邮　　编／100081
电　　话／（010）68914775（总编室）
（010）82562903（教材售后服务热线）
（010）68944723（其他图书服务热线）
网　　址／http：//www.bitpress.com.cn
经　　销／全国各地新华书店
印　　刷／三河市华骏印务包装有限公司
开　　本／787毫米×1092毫米　1/16
印　　张／16
字　　数／367千字
版　　次／2015年9月第1版　2021年9月第8次印刷
定　　价／39.90元

责任编辑／梁铜华
文案编辑／王晓莉
责任校对／周瑞红
责任印制／马振武

前　言

近年来，中国职业教育得到了进一步的长足发展。党和国家领导人多次就职业教育发展问题在不同层面做出了重要指示，让职业教育为国家不断创造人才红利。

在这种大的时代背景之下，我们组织长期从事大学生就业工作的人员，根据教育部关于《大学生职业发展与就业指导课程教学要求》（教高厅〔2007〕7 号）文件精神，结合高等职业教育人才培养的要求和学生实际，编写了此书。

本书主要针对新进校的大一年级学生编写，主要介绍了职业生涯规划的基础知识、基本理论，职业社会认知、自我认知、职业定位、大学生职业生涯规划的制定与实施等方法，使大学生在充分探索自我、了解职业世界的基础上，厘清自我认知、职业认知的思路，对自己的学业和职业进行科学合理的规划，为自己今后的职业发展奠定良好的基础。本书力求结合高职院校学生的学习习惯，打破传统的以概念导入的学科式教学方法，通过大量案例，从学生在职业规划上面临的问题和任务入手，深入浅出，让学生通过对本书的学习掌握职业生涯规划的基本路径与方法，从而引导其进行自我管理、自我规划，为其顺利完成学业学习和技能培养，养成职业生活意识奠定基础。

本书由重庆城市管理职业学院从事就业工作的人员编写。袁国、谢永川任主编并负责全书的统稿、定稿；郑添华、徐颖任副主编。各章节编写者为：导言编者为郑添华；第一讲编者为袁国；第二讲编者为黄爱明、童秀梅；第三讲编者为袁国、刘洪均；第四讲编者为谢永川；第五讲编者为郑添华、宋莉；第六讲编者为汪万福、徐颖；第七讲编者为彭鹏、郑添华；第八讲编者为肖丽、徐颖。

在本书的编写过程中，我们还参考、借鉴了一些同仁的研究成果和资料，在此特向他们表示感谢。由于时间仓促且水平有限，书中难免存在不当之处，敬请专家和读者批评指正。

编　者

2015 年 8 月

目　录

初入大学——李乐和王叶的困惑

李乐，来自四川农村，父母长年外出打工，自己跟着爷爷奶奶长大，在邻近的镇上读完了高中。王叶，家住重庆市主城区，从小对语、数、外等课程的学习天然“免疫”，无论怎么上补习班，成绩就是提不上来。2014 年的夏天，他们同时被重庆市大学城的一所国家级示范高等职业院校录取，成为一名大学生。

一、读大学究竟是为了什么

“终于解放了。”9 月，他们怀抱着这样的想法，怀揣着对未来生活的无限向往走进了大学校门。但是，一段时间下来，他们觉得这与自己心目中的大学似乎有些不同。同时，耳边响起一些杂音，并且越来越清晰，甚至有些刺耳：李乐发现自己高一退学出去学技术的同学已经在深圳拿着高薪；王叶高考失利的“闺蜜”已经在家人的资助下在主城区做起了生意，当起了老板；李乐的妈妈跟他说隔壁村小学都没毕业的邻家哥哥已经在省城当起了工头；王叶闺蜜劝她退学出来跟自己一起创业……

这就是李乐和王叶的第一个困惑：上大学究竟是为了什么？

从小，老师和家长就告诉我们，要好好学习，小学要怎样怎样，然后上中学，中学要怎样怎样，然后读大学。那么大学又要怎样呢？当我们都还未成年时，我们的一切选择、路径都由父母和老师左右、安排，我们从来都是只要努力就可以了，至于达到什么目标，早就有人给安排好了，因此我们从来不需要自己去思考问题和确立目标。但是上了大学之后，突然要自己决定日后的人生时，当一直追求的自由和自主突然在大学里全面实现时，我们却六神无主、不知所措了，因为我们没有经验，在没准备好（甚至没有准备）的情况下就被迫开始独立思考、独立选择、独立决策。

为了解答李乐和王叶的困惑，让我们从这样的一个练习开始：

【实训练习】>>>

我上大学的十大理由

活动场地：室内

人员要求：不限

材料：纸和笔（也可以借助黑板和粉笔）

活动目标：澄清上大学的初衷

活动流程：

1. 填空与思考：

我上大学的十大理由：

我之所以上大学，是希望/因为：(1) ______

我之所以上大学，是希望/因为：(2) ______

我之所以上大学，是希望/因为：(3) ______

我之所以上大学，是希望/因为：(4) ______

我之所以上大学，是希望/因为：(5) ______

我之所以上大学，是希望/因为：(6) ______

我之所以上大学，是希望/因为：(7) ______

我之所以上大学，是希望/因为：(8) ______

我之所以上大学，是希望/因为：(9) ______

我之所以上大学，是希望/因为：(10) ______

2. 个人分享

以小组为单位，由成员陈述和分享自己上大学的初衷，增进彼此之间的了解。

3. 小组讨论

请同学们以小组为单位，分析自己填写的“我上大学的十大理由”，并参考网上一些学生关于“上大学到底为了什么？”的跟帖，找出本组认为重要的十大理由。然后各小组派代表在班里宣读讨论结果，再在全班评选出大家公认的重要的十大理由，初步明确自己读大学的目标。

二、职业可不可以规划

在初步解答了第一个困惑之后，李乐和王叶马上又面临第二个困惑，那就是我们的大学学习和职业生涯是不是可以规划，是不是可以像计算机那样编制程序然后按部就班地去实施和完成。

这是一个见仁见智的问题。有些人认为没有规划的人生终将一事无成，所以应该尽早做好全面而细致的职业规划；还有些人认为计划赶不上变化，人生往往会因为一些无法预料的偶然性因素而发生重大的转折，所以人生是没法设计的。

诚然，生命中的很多东西确实是无法预料的。无论是马航 mh370 上的乘客还是“东方之星”旅游客船上的游客，都是在始料不及中彻底改变了人生的走向。李乐和王叶身边这样的例子更是比比皆是。李乐他们县的状元——一个梦想成为诗人的北大才子因为市场的机遇而毅然卖起了猪肉，王叶一个打死不愿意出重庆的师姐因为自己从军的男朋友而义无反顾地跟着去了西藏……职业规划其实就是从多个发展方向中选择一个走下去，而生命是不可以重来的，即便经历过，我们也无法知道究竟哪一个方向更好。在人生的十字路口，我们不可能沿着一条路走到尽头以后再回到起点去走另外一条路。

但这种不确定和不可重复不应该成为我们放弃准备和规划的借口。一个战士也许在第一轮炮火中就灰飞烟灭，但这并不能阻止他在平时的勤学苦练，因为他知道这样也许不能让他避免死亡，但起码，生存的概率更大些；同理，我们的未来也许会因为某个偶然事件而彻底改变，但这并不能阻止我们今天去努力奋斗，因为即便我们所学的没有派上用场，但起码，它让我们离梦想和成功更近些。

年轻最大的罪状不是放弃心爱的异性和偶像，而是放弃自己的坚持和梦想。进大学没几天，李乐班上的几名男生对周边网吧的分布已了如指掌，王叶班上的一些女生终日泡在自己的手机里，成为博客和微信里面的女王。这就是我们要的大学吗？要么随波逐流，不去考虑毕业以后究竟想做什么，也不关心自己所走的路究竟能通往何处，整天看起来忙忙碌碌，到头来却碌碌无为；要么就是不思进取，浑浑噩噩地过日子，用睡懒觉、玩网游的方式度过大学时光。

我们认为，规划是思考的小结，也是行动的开始。科学的职业规划也是良好教育素质和职业素养的直接体现。美国著名管理学家赫伯特·西蒙（Herbert Simon）认为，“管理即决策”。那么，让我们伴随着李乐和王叶的成长，从对自己职业生涯的规划和决策开始，用科学的规划和管理点亮我们人生的梦想和希望。

第一讲　我的大学从规划开始

知识目标

- 了解高等职业教育的基本特征。
- 了解职业规划在人生中的重要作用和意义。

能力目标

- 能够理解和掌握生涯彩虹图，并根据高等职业教育的特征初步反思和审视自己的专业和职业选择。

第一节　认识职业

对于李乐和王叶而言，职业是一个熟悉而又陌生的概念，熟悉得几乎从学校到老师和学长，几乎都在提到这两个字，什么“职业技能”“职业资格”……甚至连校名都有“职业”。那么究竟什么是职业呢？好像有点印象，但又说不大清楚。接下来，让我们一起认识职业，初步走进职业世界。

一、什么是职业

谈起职业，同学们也许并不陌生。首先你们的父母亲友，他们或是工人，或是农民，或是教师，或是医生，或是机关工作人员，或从事其他工作。他们每天奔波忙碌，辛勤工作，供你们读书上学，维系着家庭的生活和幸福。这些工作就是职业。

（一）职业及其功能

简单地讲，职业就是人们从事的有比较稳定的合法收入的工作。准确地说，职业是劳动者以获取经常性的收入为目的而从事的连续性的、相对稳定、合法的社会劳动。

【思考】你选择一个职业仅仅是为了谋生吗？

职业由三个基本要素组成：一是劳动；二是有固定的报酬或收入；三是要承担一定的职责并得到社会的承认。

对于个人来说，职业具有三个功能：谋生的手段；为社会做贡献的岗位；实现人生价值的舞台。三者密不可分，其中“谋生”是基础，“奉献”是过程，“价值”是结果。可以说，职业是幸福生活的源泉。

（二）职业的特征

职业与人类的社会生活息息相关，随着社会的发展而产生和发展。职业是一种具有报酬的社会劳动，具有八个基本特征。

1. 社会性

职业的社会性，首先，表现在任何一种职业都不能独立存在，而只是整个社会生产、生活体系中的一个环节；其次，每个职业的从业人员都处在一定的社会环境中，从事着与其他社会成员相关联、相互服务的社会活动；再次，每一种职业都必须有一定规模的从业人数。

2. 稳定性

职业的稳定性，即某个职业的产生并不是基于社会某种临时性的需要，每种职业都有较长的生命周期。

3. 目的性

职业的目的性，也叫有偿性或经济性。任何一种职业劳动都能得到现金或实物回报，人们从事某种职业的一个重要目的就是谋生。通过自己的劳动，换取相应的经济报酬，并以此作为维持、丰富生活的主要收入来源。

4. 规范性

职业的规范性也就是合法性。它有两个方面的含义：一是职业必须符合社会主流道德；二是职业必须符合国家规定。

【思考】乞讨、倒卖车票、商品传销、个人家务劳动等是职业吗？为什么？

5. 专业性

职业的专业性，是指不同的职业在劳动内容、劳动方式、劳动手段等方面所具有的专业特点。例如，汽车修理工要有汽车构造等方面的知识，并具备汽车故障分析诊断与维修能力。

6. 多样性

职业的多样性，是指职业存在于社会的政治、经济、文化、教育、军事、外交等一切领域，在每个领域中又有不同的种类，比如在文化领域中有演员、作家、编辑等，在教育领域有教师、工勤人员等。

7. 技术性

职业的技术性，是指不同的职业都有具体的知识、技能和技巧要求。技术性是一切职业的共有特性。在现代社会里要从事某些职业，必须经过一定时间的知识和技能培训。

【思考】你的父母从事何种职业？这些职业有什么技术要求？

8. 时代性

职业的时代性，是指职业随着时代的变化而变化。随着社会的发展进步，某些职业会消失，新的职业会不断产生，原有的职业也会获得新的时代内容。

二、产业、行业与职业

在了解了职业的定义、功能与特征后，作为未来的从业者，还应进一步了解职业在国民经济发展中的地位，以及它与行业、产业结构之间的关系。

（一）产业与职业

任何一种职业都可以分属国民经济的某一产业和某一行业，职业类别也是以产业行业类型为基础划分的。

产业是国民经济活动的最基本类型，是由社会分工而独立出来的、专门从事某一类别生产经营活动的单位的总和。国家统计局把我国产业分为三大类：第一产业包括农业、林业、畜牧业、渔业，简称农林牧渔。第二产业是指广义的工业，又可分为重工业和轻工业，包括制造业、采掘业、建筑业等。第三产业是指广义的服务业，也就是为社会公众提供社会性服务的非物质生产部门，包括流通部门、服务部门、教科文卫体育部门、机关团体等。

在社会分工中，第一和第二产业是物质生产部门，是第三产业发展的基础。第三产业是流通和服务部门，它虽然不直接从事物质生产，但可以促进整个社会和经济的发展。

职业存在于产业之中，每一种产业都包含着多种职业。在三大产业中，第二、第三产业包含的职业最多。

（二）行业与职业

行业是根据社会分工对产业的进一步细划，是根据单位所使用的加工原料、所产生的物品或提供服务的不同来表示的社会分工类别。根据国家有关部门颁布的国民经济行业分类和代码，我国国民经济划分为十六个行业大类，它们分属于三大产业。

【了解】>>>>>>

我国国民经济的十六个行业类别

1. 农、林、牧、渔业；2. 采掘业；3. 制造业；4. 电力、煤气和水生产供应业；5. 建筑业；6. 地质勘查业、水利管理业；7. 交通运输存储和邮电通讯业；8. 批发零售贸易和餐饮业；9. 金融保险业；10. 房地产业；11. 社会服务业；12. 卫生体育和社会福利事业；13. 教育、文化艺术和广播电影电视业；14. 科学研究和综合技术服务业；15. 国家机关、党群组织和社会团体；16. 其他。

职业与行业之间相互交叉，一种行业当中包含着许多职业，同一种职业也可以存在于多个行业中。各种职业之间存在着密切的联系，它们共同推动着一个国家国民经济的正常运转，整个国民经济的分工体系正是由产业到行业再到职业这三个层次组成的（表1－1）。

表1－1　整个国民经济的分工体系

产业层次	主要行业	典型职业
第一产业	农业、林业、渔业、畜牧业、采矿业	农民、林业工人、牧民、渔民等农林牧渔劳动者，管理人员和专业技术人员等

续表

产业层次	主要行业	典型职业
第二产业	制造业、水的生产和供应业、电业、燃气业、建筑业等	经营管理人员，如经理、生产主管、营销策划等；工程技术人员，如工程师、设计师等；技术工人；辅助人员，如保管员等
第三产业	除第一、第二产业以外的其他行业	经营管理人员、营业员、导游、律师、会计师、教师、医师、摄影师、美容师、厨师、服务员、维修技师、公务员等

三、现代职业的多样性与发展趋势

职业的大千世界可谓五彩缤纷，当今世界职业有多少种呢？这是一个很难确切回答的问题。

（一）职业的种类

世界各国由于经济发展、社会生产力水平不一，职业种类也不相同。从美国、加拿大等发达国家的统计资料看，职业已达 2 万多种。我国的职业种类虽然远不及发达国家，但随着经济的发展，特别是受世界经济一体化的影响，职业的种类也在不断增加。1999 年，劳动和社会保障部制定的《中华人民共和国职业分类大典》，将我国职业分为 8 大类，66 个中类，413 个小类，1 838 个细类（职业）。

【了解】>>>>>

《中华人民共和国职业分类大典》所分 8 大类职业

1. 国家机关、党群组织工作人员、企事业单位管理人员
2. 各类专业、技术人员
3. 办事人员和有关人员
4. 商业与服务业人员
5. 农、林、牧、渔业生产人员
6. 生产人员、运输人员和有关人员
7. 军人
8. 不便分类的其他劳动者

职业的种类与一个国家的经济、科学、社会发展密不可分，随着社会、经济发展和科技进步，新的职业不断产生。比如房地产业、保险业、咨询服务业、金融投资业等都是在改革开放以后产生和发展起来的，随之也就产生了一批如房地产和证券经纪人、评估师、理赔师、证券分析师、商务策划师、保险代理、专利代理、信息咨询师、职业指导师等职业。近几年，劳动和社会保障部每年都要公布一批新增职业。当然，有些职业也在随着社会的发展而逐渐消失，比如猎手、巫师、杂耍艺人、报幕员等。

当然，社会分工不是影响职业的唯一因素，某些职业的发展还与一定的社会制度、政

府的政策等有关。不同的国家还有反映民族特点的职业，像西方国家的牧师、日本的相扑运动员、我国的针灸师和武术师等，都是颇具本国特色的职业。

（二）职业的发展趋势

随着社会的发展和城市化的推进，第一产业的从业人数将加快向第二、第三产业转移，与第三产业有关的职业将得到继续发展，新的职业将不断产生，一些旧的职业会逐渐被淘汰。

第三产业的发展规模，是衡量一个国家经济发展程度的重要标志之一。发达国家第三产业的产值占国民生产总值的比例在60% ~70%，中等发达国家的比例也在50%以上，而我国目前刚刚超过30%。随着国家产业结构的调整，第三产业将有较大发展空间，提供的职业岗位会越来越多，很多新兴职业也将在这一领域出现。

【阅读】>>>

互联网+时代，这些职业你听说了吗?

“互联网首席执行官”“机器人维修工程师”等职业你听说过吗？了解他们是做什么的吗？自李克强总理提出的“互联网+”概念以来，不论是传统行业的转型还是新兴领域创业，都离不开“互联网+”，互联网+时代已然来临。这些新兴职业，便是火爆的“互联网+”话题引发的职场变动产物。

在这些新兴职业里，大数据领域及互联网科技领域几乎包揽了全部份额。伴随着“互联网+”的热潮，这些新兴职业的从业者也开始粉墨登场，在各行各业开始发挥他们的能量。

● 互联网首席执行官：互联网最大 Boss

互联网首席执行官是那位帮助传统企业实现“互联网+”转型的最重要负责人。互联网首席执行官需要制定和执行集团的信息技术战略规划和实施方案，致力于帮助信息技术专业人员快速发展，并满足客户的需求。这个职位除了需要拥有强大的团队管理经验，还需要有计算机、通信、电子或网络工程相关的专业能力来 hold 住全场。

● 机器人维修工程师：互联网“玩”出来的新职业

互联网+时代的到来，使机器人等行业迎来发展的春天，机器人维修工程师等新兴职业也随之出现。他们除了扎实的自动化、电气、机械方面良好的技术基础，还需要对新兴事物有强大的热情及创造力。从实现机械自动化到出现机器人维修工程师，档次好像提升了很多呢。

● 大数据咨询师：理解大数据的人

如果你喜欢解决当今世界上最复杂和最大规模的数据挑战，如果你希望通过大数据运算将客户的成本降到最低，那么恭喜你，大数据咨询师是你的理想职业。这一职业主要负责与大数据相关的发展战略、数据分析及数据挖掘等工作，需要具备计算机、互联网产品规划等技能，拥有较强的学习能力、交流表达能力、逻辑思维能力、抗压能力，以及沟通服务、团队合作意识，是一个企业中不可或缺也不可替代的职位，这个职位的主要工作是帮助客户和合作伙伴从大数据中获得具有商业价值的信息。

面对大数据咨询师这一新兴职业，你是否也心动了呢？亚马逊在领英（LinkedIn）发布了大数据咨询师职位，应聘者多为高级经验资历，对云计算、商业智能、大数据等技能有着较好的掌握，并多为计算机科学、信息科学专业的本科学历获得者。如果你也想成为大数据咨询师，可以仔细对比下其他求职者的背景，并在自己的领英档案中突出自己应聘这个职位的优势吧！

● 大数据工程师：玩大数据的人

在得到大数据咨询师提供的相关数据后，就轮到大数据工程师华丽登场了。基于大数据咨询师给出的数据，大数据工程师将为你提供详尽的解决方案。如果说大数据咨询师是理解大数据的人，那么大数据工程师就是“玩”大数据的人。大数据工程师的工作相对于大数据咨询师更为深入，对大数据进行挖掘分析后需要做出相对应的解决方案，且参与大数据项目开发架构设计、编程开发等工作，同时负责将大数据技术领域趋势与实际业务相结合。

据领英发布的《2014 年中国最热门的 25 个技能》报告显示，统计分析与数据挖掘技能是 2014 年最热技能，对榜单进行分析可以发现，数据仓储、数据工程和数据库、数据展示、Python 语言等大数据相关技能在全球榜及美国榜均榜上有名，且排名靠前。研究机构 Gartner 预测，2015 年全球将有 440 万个大数据相关职位空缺。目前，中国大数据领域的人才缺口较大，与大数据相关的职业将是未来最具发展潜力的职业之一。

● 微信运营编辑、新媒体营销专员、创新研究员：新媒体“三剑客”

每天刷微博、微信的时候，你有没有好奇他们背后的运营人员是如何进行操作的，并希望自己也能成为其中一员呢？微信运营编辑、新媒体营销专员及创新研究员这新媒体“三剑客”，便是伴随新媒体发展应运而生的。想要做好这个职位，首要条件是对微博、微信等新媒体接触时间长且有深入的了解与浓厚的工作兴趣，其次是拥有优秀的写作能力和传播思维，能随着快速变化的新媒体环境而学习变化，还需要具备团队沟通合作意识及良好的执行能力。

互联网 + 时代，创新已成为竞争力的核心源泉，而科技是创新的最重要驱动力。领英《2014 年中国最热门的 25 个技能》报告中，科技创新型技能（科学、技术、工程、数学类），无论在中国、美国还是全球榜单中都名列前茅。将领英《2014 年中国最热门的 25 个技能》报告与全球的对比发现，中国的科技创新类技能数在榜单里面所占比例显著少于美国与全球。相信随着中国经济转型和产业结构升级，科技创新的重视程度将不断加强，科技创新类职业在中国的需求会更加火爆。

第二节　职业对个体的意义

每个人来到这个世界，都面临一个终生课题——自我发展。简单地说，发展就是由低一级水平向高一级水平推进的过程。人生的发展既有其客观规律，又有相当大的可变性。就其客观规律而言，每个人都要经历大致相同的发展阶段，从嗷嗷待哺到追逐嬉戏，从上学读书到成家立业……就发展的可变性而言，一则，发展不是一个纯粹自然的过程，而是一个人在环境中通过实践活动而进行的；二则，个人的发展水平很大程度上取决于自身的努力程度。在现代社会中，工作在人们生活中起到了越来越重要的作用，并在人们的生涯历程中，占据了相当长的时光，它是一个人投入时间和精力最多的人生组成部分。如何充分合理地利用职业生涯这一时段，使个人得到进步、成长，有所成就，从而实现人生价值，就成为我们人生当中的重要课题之一。

一、职业是实现人生发展的载体

在人的一生中，我们需要扮演六种主要角色：孩子、学习者、休闲者、公民、工作者、持家者。不同时期不同角色的组合就构成了我们独特的生涯形态，个人也是通过扮演这些角色来寻求人生需求的满足，实现人生价值的。

20 世纪 80 年代初，生涯辅导大师舒伯（Super）为了综合阐述生涯发展阶段与人生角色彼此间的交互影响，创造性地描绘出生涯彩虹图（如图 1－1 所示），形象地展现了人生发展的时空关系。

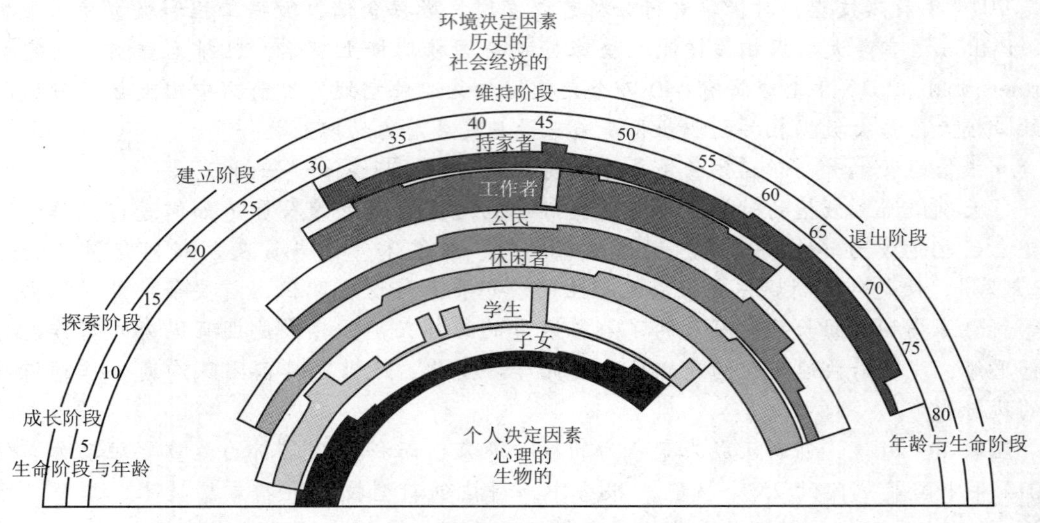

图 1－1　生涯彩虹图

在生涯彩虹图中，最外层代表横跨一生的生活广度，又称为生涯发展的大周期，分为成长阶段、探索阶段、建立阶段、维持阶段和退出阶段。里面的各层代表纵观上下的生活空间，由一组角色所组成：子女、学生、休闲者、公民、工作者和持家者。各种角色之间是相互作用的，一个角色的成功，将会为其他角色的扮演提供良好的基础。但是，如果在一个角色上投入过多的精力，而没有很好地平衡协调各角色之间的关系，就会导致其他角色扮演的失败。比如，现实生活中，常会看到有的人过分投入工作而忽视家庭，从而导致家庭不和谐，进而对其个人的人生满意度带来负面影响。因此，成功的人生应该包括四个方面：身体健康、家庭和谐、子女自立成才和事业有成。鉴于此，成功的职业生涯规划不仅要考虑如何扮演好工作者角色，还要考虑如何扮演好人生其他角色。只有将各个角色在空间和时间上很好地组合起来，才能满足我们的人生需求，实现我们的人生价值。

在生涯彩虹图中，每一个阶段对每一个角色的投入程度可用涂黑的阴影来表示，越多黑色表示该角色的投入越多，越多空白表示该角色的投入越少。生涯彩虹图对自身在各人生发展阶段如何规划各种角色，过上有价值、有意义的人生具有非常重要的指导作用。

职业生涯贯穿我们的一生的大部分时间。每个人在实现职业生涯宏伟目标的过程中，都会经历不同的发展阶段，有着不同的职业需求和人生追求。不同阶段的任务，组成一个人向职业生涯顶峰攀登的崎岖之路，同时也将决定未来的职业生涯去向。

在现代社会中，工作是绝大多数人获得经济的、社会的和心理的回报，从而能满足自身生存和发展需求的主要手段。现时，扮演好工作者角色，在职业生涯发展中有所成就，也能很好地支持其他人生角色的扮演。可以说，职业生涯是人生全面发展的重要载体，而人生全面发展是成功的职业生涯的最终目的。

二、职业发展与人生需求满足

相信每个人都希望在自己的人生中实现较高层次的需求，最终能够实现自我价值。但高层次需求并不是随心所欲就能实现的。实现人生较高层次的需求与个人的职业生涯发展程度是密切相关的。人生需求与职业生涯发展的关系，如图1－2所示。

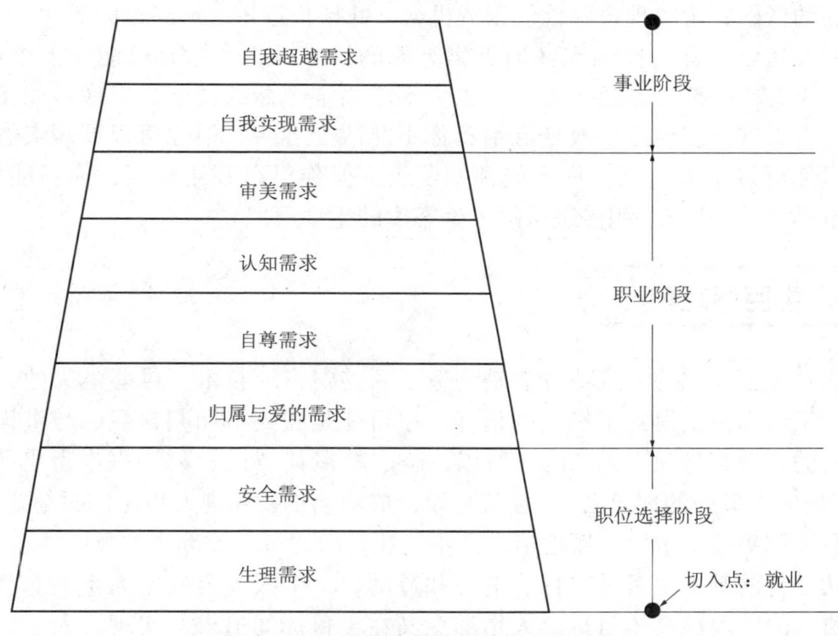

图1－2　人生需求与职业生涯发展的关系

从图1－2可以看出，职位选择阶段是一个人职业生涯发展的第一步。在此阶段，个人依其职业价值观、兴趣、性格、能力素质对所从事的职位进行匹配性选择，工作还只是个人谋生，满足其生理需要和安全需要的一种手段。随着个人知识的丰富、能力的提高以及个人与职位的匹配性和适应性的提高，个人的职业生涯也就进入了第二阶段——职业阶段。在此阶段，工作成为发挥个人才干，满足其归属与爱的需求、尊重的需求、认知需求及审美需求的一种手段。当个人的职业生涯进入事业阶段后，个人不再把工作当作一种生存的手段，而是实现其人生价值的手段。在此阶段，虽然工作负担重、责任大，但总是以工作为乐，在工作中总有用不完的激情。个人通过工作满足其自我实现需求及自我超越需求。

需要强调的是，较高级的人生需求，如归属与爱的需求、尊重需求、自我实现需求是无限的，必须通过满足社会公众和他人的需求才能实现。而所有这些需求都要通过职业生涯活动来丰富。通过从事一份职业，我们获得生命赖以存活的食物、水等物质；通过从事一份职业，我们能够拥有一个安全舒适的住房以休息放松；通过从事一份职业，我们获得人们的认可、尊敬、友爱，享受美好生活；通过从事一份职业，我们能够发挥自己的潜能，实现自我价值，体验到幸福的成就感。

然而，有一份工作就能保证我们实现所有这些需求吗？高级人生需求能否实现很大程度上依赖于我们的职业生涯发展状况，很难想象一个抱着“当一天和尚撞一天钟”的心态浑浑噩噩度日的人能充分体会到上述高级需求，感受到人生成功的快乐。谁都希望能在自己的职业生涯中有所建树，特别是大学生，更是对未来事业之途充满很高的期望，并愿意为成功付出辛勤努力，但是要想成功仅有主观努力是不够的，关键在于是否选择了正确的职业生涯发展方向。

一个人的职业生涯是生命、生活的重要组成部分，选择了一份职业，就是选择了一种社会角色，进而选择了一种生活方式。每个人都应该是自己人生事业的规划者和耕耘者，规划自我发展的蓝图，为实现自我价值创造机会，并扬长避短，最终迈向成功。

人生就好像爬山一样，你唯有怀抱勇攀高峰的雄心壮志，才有可能登上事业的顶端。积极进取的人生态度是职业发展的基石。“你不能决定生命的长度，但你可以拓宽它的广度；你不能左右天气，但你可以改变心情；你不能改变容貌，但你可以展现笑容；你不能控制他人，但你可以掌握自己；你不能预知明天，但你可以利用今天；你不能样样胜利，但你可以事事尽力！”这就是积极进取的人生态度的生动写照。

三、人生目标定位

真正的成功是多元化的。成功可能是创造了新的财富或技术，可能是为他人带来了快乐，可能是在工作岗位上得到了别人的信任，也可能是找到了回归自我、与世无争的生活方式。每个人的成功都是独一无二的。所以，凌志军在其《成长》一书中得出的重要结论是：“成功就是成为最好的你自己。”也就是说，成功不是要和别人相比，而是要了解自己，发掘自己的目标和兴趣，努力不懈地追求进步，让自己的每一天都比昨天更好。

职业成功必备的基本要素是目标、信心和行动。一个人既要确定人生的总目标，又要确定达到总目标的阶段性具体目标。人生的意义在于目标的追求与实现，人生就是一个不断打破现状、追求超越自我的过程。一个人的职业生涯尤其如此，必须瞄准顶峰的目标，步步攀登，才能成功。职业成功离不开信心，要想做一个成功者，首先一定要有坚定的信念和意识，明白人生掌握在自己手中的道理，这是成功的先决条件。行动是获取职业成功的关键，如果不付诸实践，信心和目标最终只能成为空谈。

由此可见，一个人要想获得职业成功，必须做到以下几点：一是要积极主动，坚持不懈，保持旺盛的激情，并始终充满信心和热情，锲而不舍、脚踏实地去争取，一分耕耘、一分收获。二是适应环境和形势，不断创新。社会大环境不是一两个人能改变的，作为个体要适应这种外在的环境形势，并不断地调整自己的想法和活动，适应环境的要求与变化以达到成功。三是善于把握机遇，在职业生涯中，把握住了机会，成功往往就在一瞬间。四是有超前的战略眼光，要有远见、有见地，许多时候如果能比别人早行动一点，就占了主动。五是要利用好时间，提高效率，做好时间管理。

在历史的长河中，社会在不断进步，职业也在不断地发展。社会的发展直接推动着职业的发展，职业的发展也对社会的发展产生了重要作用，同时对人们的择业观念也产生较大的影响。

哈佛大学做过一个非常著名的关于目标定位对人生所产生的影响的跟踪调查，调查对象是一群智力、学历、环境等条件都相当的年轻人。调查显示：27% 的人没有目标定位，60% 的人目标定位模糊，10% 的人有清晰而短期的目标，3% 的人有清晰且长期的人生定位。

25 年的跟踪调查发现，他们的生活状况与其目标定位有极大的关系，定位决定了他们日后的发展，目标定位对人生道路有巨大的导向作用。

那 3% 的人，25 年来都朝着同一方向不懈努力，坚守目标。25 年后，他们几乎都成了社会各界的顶尖成功人士，许多人成为行业领袖和社会精英。

那 10% 有清晰短期目标的人，大都生活在社会的中上层。他们的短期目标不断实现，生活状况稳步上升，成为各行各业出类拔萃的人物，如工程师、企业家、大学教授等。

那 60% 的目标模糊者，几乎都生活在社会的中下层，安于现状，属于做社会的蓝领阶层，没什么特别的作为。

其余占 27% 的无定位者，都生活在社会的最底层，常感到没有出路，靠领社会救济金过日子，常常失业，抱怨社会，抱怨他人，抱怨人生，不知道自己到底要干什么，更不知道如何努力，因为他们一直就不知道路在何方。

为什么如此多的人没有明确的人生定位呢？主要有以下几个原因：

第一，习惯思维禁锢着人们。

第二，不知道如何定位。

第三，不懂得“根据资源匹配定位人生”的原理。

第四，害怕自己因实现不了目标定位而失面子。

生活中有许多人一直在抱怨没有出路，其实是因为他们没有人生目标。没有目标定位，人生就像被蒙上眼睛的驴子，只会围着磨盘在原地打转，永远平庸，永远走不出周围那狭小的天地。有无出路的本质差别不在于天赋，不在于机遇，而在于是否有明确的人生目标定位。有了定位，就知道自己的出路在哪里。如果没有定位，我们每天清晨起来将茫然四顾；如果没有目标，我们的终日忙碌将毫无意义。

可见，规划对人生有巨大的导向性作用。成功，在一开始仅仅是一种选择，你选择什么样的规划，就会有什么样的人生。在一个人有限的生命中，职业生涯往往占有绝对重要的位置。据调查统计，大部分人平均职业生涯占可利用社会活动时间的 71% ~92%。职业生涯伴随了我们的大半生，拥有成功的职业生涯才可能实现完美的人生。

第三节　职业生涯规划的内涵

【思考】

请同学们闭上眼睛，猜猜身边同学穿红色衣服的有多少。红色的确显眼，我们中国人特别喜欢“中国红”。国旗是红的，过年时没有红色不能代表过年。平时如果不去观察，就不会注意这些。“源”或“凯”字是汉字中非常普通的一个，但是我们的王叶是“四叶草”① 的成员之一，在平时当这两个字出现的时候，她总是感觉很熟悉和亲切。在心理学中，有一个名词叫“选择性”注意。当红色成为目标时，在今后的几天里，你都会关注身边的红色衣服。

所以，当一个人的生涯发展中有目标时，他就容易集中所有的能量和资源去实现，成功的可能性就会更大。

职业生涯规划的目的不仅仅是帮助大学生找到一份工作，更重要的是帮助大学生真正了解自己，正确估量内、外环境的优势和限制，为自己策划和设计出合理可行的职业生涯发展方向，并运用适当的方法，采取有效的措施，克服职业生涯发展中的困难和障碍，使自己的才能得到充分发挥，从而实现个体职业生涯的可持续发展，最终实现自己的职业生涯目标和人生理想，获得事业上的成功。

一、什么是职业生涯规划

职业生涯规划简称生涯规划，又叫职业生涯设计，是指个人和组织相结合，结合自身条件和现实环境，在对个人职业生涯的主客观条件进行测定、分析、总结研究的基础上，对自己的兴趣、爱好、能力、特长、经历及不足等各方面进行综合分析与权衡，结合时代特点，确定其最佳的职业奋斗目标，选择职业道路，制订相应的培训、教育和工作计划，并按照职业生涯发展的阶段实施具体行动以达到目标的过程。职业生涯设计的目的绝不只是协助个人按照自己的条件找一份工作，达到和实现个人目标，更重要的是帮助个人真正了解自己，为自己定下事业大计，筹划未来，拟定一生的方向，进一步详细估量内、外环境的优势和限制，在“衡外情，量己力”的情形下设计出各自合理且可行的职业生涯发展方向。

职业生涯规划的主要目的就是要解决“干什么”“何处干”“怎么干”“以什么样的心态干”的问题。“干什么”即是根据自己的兴趣、理想、专业去选择职业方向。“何处干”就是确定职业发展的地点。“怎么干”实际上就是确定自己在职业人群中的位置，即根据自己的实际水平，在择业时对职位、薪资、工作内容等做好判断和把握。“以什么样的心态干”就是稳定自己的心态，敢于直视就业过程中的困难和问题，始终坚定地按照自己的正确计划去实现理想。

职业生涯规划不等同于人生规划。人生规划就是一个人根据社会发展的需要和个人发展的志向，对自己的未来发展道路做出一种预先的策划和设计。人生规划一般包括健康、事业、情感、晚景四个部分的规划内容，其中事业规划又包含职业规划和学业规划两个部分。

二、职业生涯规划的意义

尼采说：“懂得为何而活的人，几乎任何痛苦都可以忍受。”

---

① TFBOYS 官方粉丝名，出自该组合首张 EP《Heart 梦 · 出发》中《Heart》歌词“四叶草在未来唯美盛开，现在只要你做我的花海”。TFBOYS 组合包括王俊凯、王源和易烊千玺 3 名成员。

假想你是一位旅行家。你可以用自己的步调和韵律，走到任何你想去的地方。

A. 你会选择什么目的地？

B. 出发前，你会做哪些准备？

C. 你会选择走哪种路以到达目的地？

D. 你为什么会做这样的选择？

这些问题，也是生涯规划者会思考的问题。目的地，就是一个人的愿景、使命和目标；起始点，则是一个人的现况和资源；道路，是生涯发展时的路径；而“为什么”，则是追寻自己生命意义的敲门砖。

多数的旅行者，在上路前，对于目的地都抱有憧憬，充满着理想和幻想。第一次出门的旅行者，通常在考虑自己的时间和经济能力后，会选择一家信誉不错的旅行社，随团出游。但在旅行的过程中，经常会发现，大众路线未必能满足自己底层的需求，而且赶鸭子似的攻占景点，“上车睡觉、下车拍照、回家什么都不知道”，很难让人能充分地享受其中。因此，下次出游时，就会做一番调整，选择较适合自己的方式——跟随风格特殊的旅行社、改为自助式旅游等方法。

生涯规划的过程，也和旅游类似。初次上路的生手，常受外界因素的影响，先走再说、且走且战，但是这种无法以自己的“志趣”为主轴的生涯发展，通常在不久之后，就会使人陷入泥淖，疲惫不振。在这种危机时刻，若能学习生涯规划的内容和步骤，重新思考自己的方向，拟订一个甘心情愿的行动计划，步步为营，则有机会化危机为转机。

三、职业生涯规划的基本步骤

一个系统的生涯规划应当包括觉醒与承诺、认识自己、认识工作世界、决策、行动、再评估/成长等六个步骤。

（1）觉醒与承诺——我的职业目标是什么？

了解到生涯规划的重要性和作用，并愿意花时间来规划自己的生涯。但也要了解，有时我们所播下的种子，未必能马上发芽。生涯是一个过程，并不能马上为自己带来理想的工作。

（2）认识自己——我是谁？我的兴趣和特质是什么？

系统化职业规划是一个“从内而外”的过程，因此在进行职业规划时，要诚实地问问自己：我有哪些人格特质？我的兴趣是什么？哪些东西是我生命中不能缺少的？我最看重什么？我有哪些技能是与众不同、赖以为生的？

（3）认识工作世界——我向往的职业究竟要求什么？

职业的分类和内容，专业与职业的关系，工作世界的宏观发展趋势，具体职业对工作人员的要求、条件和待遇等，继续教育方面的选择，以及获取以上信息的方法有哪些。

（4）职业决策——在职业世界里，我该如何取舍？

选择与决定、综合与评估信息、目标设立与计划、处理决策过程中的各种问题（生涯信息、障碍）。

（5）行动——我已经做了什么？我还能做什么？

将全部的探索和思考进行落实的阶段，包括求职准备、信息获取、制作简历、面试、保持积极心态。

（6）再评估/成长——成长与发展。

当学生在实践中迈出生涯的重要的一步——进入工作世界时，随着外部环境的变化，他们或许继续沿着过去的规划前进，也有可能发现过去的规划已不适合自己，或者发现过去的规划并不尽如人意。这就需要再次进行生涯探索，修正生涯规划。所以说，生涯规划是一个循环的过程，需要一辈子来探索。

本章练习

• 思考题

结合自己的实际经历，思考职业生涯规划的意义和价值。

第二讲 我的成功在大学奠基

知识目标

● 了解大学生涯对职业发展的影响因素，理解大学教育与人生发展的起点、人生发展的格局、人格气质的优化和人生选择的机会成本间的关系，通过对人职匹配理论的了解，明确职业划分与职业定向的内涵关系。

能力目标

● 掌握职业选择匹配理论中罗伊的人格发展理论、霍兰德的职业个性理论、弗鲁姆的择业动机理论，职业生涯发展阶段理论中金斯伯格的职业生涯三段论、格林豪斯的职业生涯五段论、施恩的职业生涯周期论，能用其中的职业选择匹配理论与职业生涯发展阶段理论来指导自身的职业规划，设计个性未来。

第一节 大学生涯对职业发展的影响

李乐与一位姓高的学长长期保持着联系，这位学长才进大一的时候，他正好高一。现在李乐也进大学了，学长也顺利地在大城市找到了工作，一下子跳出了“农门”。学长说，读大学就是要为城市服务的，在大城市待了几年，自己再也不想回去了。同时，学长还“告诫”李乐说，参加活动别太多，在找工作的时候，“也不一定有什么用”。真的是这样吗？李乐觉得自己应该有自己的想法。

一、大学教育与人生发展

（一）大学教育与人生发展的起点

大学是一个人生的新起点，也是人生发展的新阶段。高考决定了你上哪所大学，大学三年的学习、教育、生活将影响你未来发展的方向和格局。

【思考】 只要考上了大学，毕业后就能找到好的工作，未来的发展可以高枕无忧了吗？

继 2014 年高校毕业生人数突破 700 万人之后，2015 年的毕业生人数持续突破 700 万人，并超过 2014 年的 727 万人达到 749 万人之多！高职大学毕业生也占据半壁江山。毕业生人数在年年递增，就业之难也似乎成了常态。连续几年的“史上最难就业季”给人的感觉就是：对于就业，“没有最难，只有更难”！今天的大学生身份不再是“铁饭碗”，只有适应市场才能生存，只有强者才能发展。

大学教育是从事社会工作的过渡阶段，为今后踏上工作岗位做最后准备。大学的专业学习将为未来的职业选择导航，为未来的职业发展做好铺垫。在此期间，高职大学生一定要把握人生成长的关键时期，做出如下的准备：

1. 培养良好的职业道德和敬业精神

职业道德是指人们在职业生活中应遵循的基本道德，即一般社会道德在职业生活中的具体体现，不同行业、不同职业有着不同的要求。敬业精神是一种基于热爱的对工作、对事业全身心忘我投入的精神境界，其本质就是奉献的精神。敬业精神决定了能把工作做到多好，职业道德决定了在职业发展的道路上能走多远。你必须爱上自己的职业，在严峻的就业形势下，不应该是你挑职业而是职业挑你，有可能在不经意间就业机会就离你而去。

【了解】

敬业精神的构成

1. 职业理想：人们对所从事的职业和要达到的成就的向往和追求，是成就事业的前提，能引导从业者高瞻远瞩，志向远大。

2. 立业意识：确立职业和实现目标的愿望。其意义在于利用职业理想目标的激励导向作用，激发从业者的奋斗热情并指引其成才的方向。

3. 职业信念：对职业的敬重和热爱之心，表示对事业的迷恋和执着的追求。

4. 从业态度：持恒稳定的工作态度。勤勉工作，笃行不倦，脚踏实地，任劳任怨。

5. 职业情感：人们对所从事职业愉悦的情绪体验，包括职业荣誉感和职业幸福感。

6. 职业道德：人们在职业实践中形成的行为规范。

2. 学好专业技能知识并考取相关证书

大学的专业在很大程度上决定和影响着未来职业的选择和发展，资格证书是专业知识掌握情况的反映，高职教育主要强调技能的应用与实践，更应考取相应的专业技能证书和职业资格证书，绝大多数高职院校要求学生在毕业前要考取与专业相关的职业资格证书，在就业时将成为能否被录用的条件。

3. 学会协调人际关系

人具有社会属性，我们每天都在与人接触、与人合作，协调处理好人际关系是人作为社会群体一分子长久生存发展下去的必然要求。在大学期间要做好协调处理好人际关系的思想准备，提升自身协调处理人际关系的能力，为今后踏上社会需求发展奠定人脉基础。

4. 提高身体素质，养成良好的锻炼习惯

身体是革命的本钱，保持健康的身体是做任何事情的前提，正确地、科学地运用体育运动锻炼身体的基本技术、原理和方法，从而达到体育锻炼的效果，促进身体健康，增强体质。

（二）大学教育与人生发展的格局

格，是指人格。局，是指气度、胸怀。所谓人生的大格局，就是以长远、发展、战略的眼光来看问题；以帮助、合作、奉献的态度来交朋友；以大局为重、不计小嫌的博大胸怀来做事情。

大学教育是实现高等学校培养目标的重要手段之一，我国高等教育的目标是培养德、智、体全面发展的社会主义事业的建设者和接班人。大学里良好的学习环境、深厚的文化底蕴的熏陶，专家教授的引导，有助于学生人生大格局的培养。

【思考】有人说，读大学没有用，大学生还有卖猪肉的，不读书也可以卖猪肉。你怎么看？

（三）大学教育与人格气质的优化

大学生人格是大学生具有社会意义的各种特征的统一，是各种特征的综合形式。它包括了大学生在体格上的特征，如身高、体重；心理上的特征，如智力、判断力、知觉；特殊能力，如音乐、美术、社交等：这都属于大学生个性的综合体现和本质表现。大学里优质的师资队伍、良好的校园文化环境、人文素质的提升都将优化人格气质，为人生的发展奠基。

（四）大学教育与人生选择的机会成本

机会成本，简而言之，就是个人做选择所付出的代价。人生无时无刻不在选择，选择串联着人生。一生中，在选择某一种机会时，就意味着放弃了另一种机会。如果你选择进入高职院校求学，你的成本将是失去三年挣钱的光阴；如果你选择进入社会闯事业挣钱，你的成本便是失去大学教育。

一般来说，每次机会成本的选择都是单一的，收益与结果或许是多元化的。进入大学学习，收益不仅是毕业时所拿的毕业证书，更多是综合素质的提升、人生格局的规划培养、人格气质的优化等。

二、大学生涯对职业发展的影响

（一）大学教育——职业生涯的准备

大学教育是一种全面的教育，首先是道德教育、精神层面的教育，其次才是专业知识教育；而职业生涯就是一个人的职业经历，它是指一个人一生中所有与职业相联系的行为与活动，以及相关的态度、价值观、愿望等连续性经历的过程，也是一个人一生中职业、职位的变迁及工作、理想的实现过程。职业生涯是一个动态的过程，它与在职业上成功与否无关，每个工作着的人都有自己的职业生涯。大学，一般开设名为“职业生涯规划”的课程，引领大学生树立正确的价值观、人生观和职业观。大学教育能让你更清晰地规划自己的职业生涯，使你更清楚自己的能力，注意培养并发展这份能力，使之成为你职业生涯的一把利器、成为你走向社会的许可证。

（二）专业技能——职业选择的基础

专业技能素质是指在教育者的指导下，通过学习和训练，日渐形成的操作技巧和思维活动能力。它是你职业选择的基础，就像是锁和钥匙的关系，一把钥匙打开一把锁，你的专业技能是打开你职业生涯的钥匙，当你学会了某一项技能后，你在选择就业时一般会选择与你专业技能相关的职业，那样你可以少走弯路，并能更快速地使自己的职业生涯发展起来。

（三）人格精神——职业远行的能量

人格具有稳定性。个体在行为中偶然表现出来的心理倾向和心理特征并不能表征他的人格。俗话说："江山易改，禀性难移。"这里的"禀性"就是指人格。当然，强调人格的稳定性并不意味着它在人的一生中是一成不变的，而是随着生理的成熟和环境的变化，人格也有可能产生或多或少的变化，只是这个变化是在一定范围内相对稳定的，这是人格可塑性的一面，正因为人格具有可塑性，才能培养和发展人格。人格是稳定性与可塑性的统一。在职业生涯当中，良好的人格是你成功的前提，并能帮助你走得更远。

（四）师生关系——职业发展的资源

构建新型的师生关系，是职业教育长期、健康、快速发展的必要保证，新型的师生关系应当是在"以生为本"的思想指导下，建立民主平等的交往与交流，在和谐融洽的气氛中共同完成教学任务。

老师在我们人生的不同时期扮演着不同的角色，同时也与我们有着不同的关系，其中教育关系是最基本的关系，在我们的职业中，如果遇到问题，老师将会是我们的"百科全书"，替我们解答所遇到的一些难题。

【思考】 有人说，大学的老师，既是老师，也是朋友，还可能成为将来的合作伙伴。你怎么看？

第二节　人职匹配与大学生成才

王妍和张兰是大一的学生，看着学长学姐们面临着毕业找工作，她们俩也开始思考三年后职业选择的问题。她们一起找到就业指导老师，希望能够解除困惑，帮助以后找到合适的工作。老师告诉她们，当前大学生就业压力大，首先要摆正心态，找工作的第一步是认识自己，明白自己的人格类型；第二步是了解职业的类型；第三步是综合考虑分析后，为自己心里确定的职业做好充分的准备。下面，就让我们一起来详细学习吧。

一、人职匹配理论简介

人职匹配理论即关于人的个性特征与职业性质一致的理论，是现代人才测评的理论基础。人职匹配的基本原理是：不同个体有不同的个性特征，而每一种职业由于其工作性质、工作环境、工作条件、工作方式不同，对工作者的能力、知识、技能、性格、气质、心理素质等也有不同的要求，所以，在进行职业决策时，应选择与自己的个性特征相适应的职业。

霍兰德人职匹配理论认为人的人格类型、兴趣与职业密切相关，每个人都有自己独特的能力模式和人格特征，每种人格特征的人都可以找到适合自己的职业，当个人的人格特征兴趣与职业相符时，可以调动其工作热情、激发其工作潜力，并能提高其工作满意度。

（一）特性－因素理论

特性－因素论（Trait-Factor Theory）的渊源可追溯到18世纪的心理学的研究，直接建立在帕森斯（F. Parsons）关于职业指导三要素思想之上，由美国职业心理学家威廉斯（E. G. Williamson）发展而形成。

特性－因素理论认为个别差异现象普遍地存在于个人心理与行为中，每个人都具有自己独特的能力模式和人格特质，而某种能力模式及人格模式又与某些特定职业存在着相关性。每种人格模式的个人都有其相适应的职业，人人都有选择职业的机会，人的特性又是可以客观测量的。帕森斯提出职业指导由三个步骤（要素）组成：

第一步是评价求职者的生理和心理特点（特性）。通过心理测量及其他测评手段，获得有关求职者的身体状况、能力倾向、兴趣爱好、气质与性格等方面的个人资料，并通过会谈、调查等方法获得有关求职者的家庭背景、学业成绩、工作经历等情况，并对这些资料进行评价。

第二步是分析各种职业对人的要求（因素），并向求职者提供有关的职业信息，包括：

（1）职业的性质、工资待遇、工作条件以及晋升的可能性；

（2）求职的最低条件，诸如学历要求、所需的专业训练、身体要求、年龄、各种能力以及其他心理特点的要求；

（3）为准备就业而设置的教育课程计划，以及提供这种训练的教育机构、学习年限、入学资格和费用等；

（4）就业机会。

第三步是人职匹配。指导人员在了解求职者的特性和职业的各项指标的基础上，帮助求职者进行比较分析，以便选择一种适合其个人特点又有可能得到并能在职业上取得成功的职业。

特性－因素理论强调个人所具有的特性与职业所需要的素质与技能（因素）之间的协调和匹配。为了对个体的特性进行深入详细的了解与掌握，特性－因素理论十分重视人才测评的作用，可以说，特性－因素理论进行职业指导是以对人的特性的测评为基本前提的。

（二）人格类型－职业匹配理论

在人格和职业的关系方面，霍兰德在其所著的《职业决策》一书中描述了六种人格类型的相应职业。

实际型（Realistic）：基本的人格倾向是，喜欢有规则的具体劳动和需要基本操作技能的工作，缺乏社交能力，不适应社会性质的职业。具有这种类型人格的人，其典型的职业包括技能性职业（如一般劳工、技工、修理工、农民等）和技术性职业（如制图员、机械装配工等）。

研究型（Investigative）：具有聪明、理性、好奇、精确、批评等人格特征，喜欢智力的、抽象的、分析的、独立的定向任务这类研究性质的职业，但缺乏领导才能。其典型的职业包括科学研究人员、教师、工程师等。

艺术型（Artistic）：基本的人格倾向是，具有想象、冲动、直觉、无秩序、情绪化、理想化、有创意、不重实际等人格特征。喜欢艺术性质的职业和环境，不善于事务工作。其典型的职业包括艺术方面的（如演员、导演、艺术设计师、雕刻家等）、音乐方面的（如歌唱家、作曲家、乐队指挥等）与文学方面的（如诗人、小说家、剧作家等）。

社会型（Social）：具有合作、友善、助人、负责、圆滑、善社交、善言谈、洞察力强等人格特征。喜欢社会交往、关心社会问题、有教导别人的能力。其典型的职业包括教育工作者（如教师、教育行政工作人员）与社会工作者（如咨询人员、公关人员等）。

企业型（Enterprising）：具有冒险、野心等人格特征。喜欢从事领导及企业性质的职业、独断、自信、精力充沛、善社交等，其典型的职业包括政府官员、企业领导、销售人员等。

传统型（Conventional）：具有顺从、谨慎、保守、实际、稳重、有效率等人格特征。喜欢有系统、有条理的工作任务，其典型的职业包括秘书、办公室人员、计事员、会计、行政助理、图书馆员、出纳员、打字员、税务员、统计员、交通管理员等。

【思考】 我们每个人是否都应该将自己归为以上六种人格？

上述的人格类型与职业关系也并非绝对地一一对应。霍兰德在研究中发现，尽管大多数人的人格类型可以主要地划分为某一类型，但个人又有着广泛的适应能力，其人格类型在某种程度上相近于另外两种人格类型，则也能适应另两种职业类型的工作。也就是说，某些类型之间存在着较多的相关性，同时每一类型又有种极为相斥的职业环境类型。霍兰德有一个六边形简明地描述了六种类型之间的关系，如图 2－1 所示。

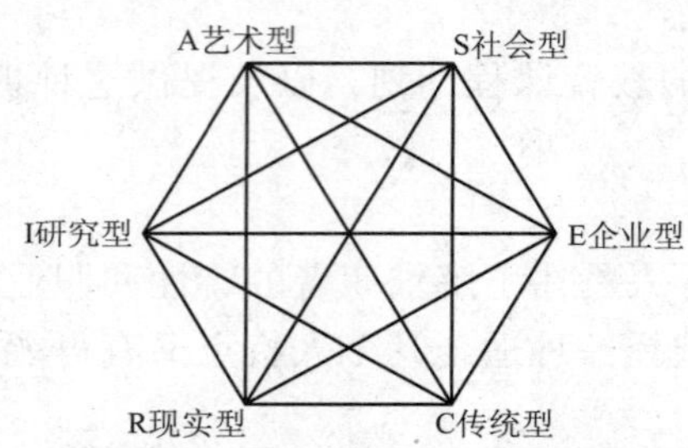

图 2－1 霍兰德人格六角模式图

二、大学生成才准备

就业是学业的导向，学业在很大程度影响并决定着未来的就业。以就业为学业的导向，有利于大学生学业目标的调整、学习方式的改变、学习外延的拓展以及综合素质的提高。与此同时，就业也构成了衡量学业成就的重要标志。想要就业必须具备强烈的事业心、高度的敬业精神和职业态度、广博精深的专业知识与技能、较强的沟通协调能力、良好的心理素质和强健的体魄以及创新精神，这些都应当在完成大学学业过程中养成。

【思考】 大学生要想就业顺利，学好专业知识就够了吗？

（一）职业定向测评方式

根据霍兰德的人格类型理论，在职业决策中最理想的是个体能够找到与其人格类型重合的职业环境。一个人在与其人格类型相一致的环境中工作，容易得到乐趣和内在满足。因此，在职业选拔与职业指导中，首先就要通过一定的测评手段与方法来确定个体的人格类型，然后寻找到与之相匹配的职业种类。为了确定个体的人格类型，就需要大量运用人才测评的手段与方法，霍兰德本人也编制了一套职业适应性测验（the Self-Directed Search，SDS）来配合其理论的应用。

【了解】>>>>>

职业适应性测试

如果问到有哪些兴趣爱好，每个人都能列举出许多，比如听音乐、看电影、跳舞、踢足球、游泳、读书、摄影、书法、设计服装，等等，但是，如果问到这些兴趣与职业选择有什么关系时，就不大容易回答了。

下面的测验将帮助你发现和确定自己的职业兴趣和能力所长，从而更好地做出求职择业的决策。

测试题目

本测验共有七个部分，每部分都没有时间限制，但你应当尽快去做。

你心目中的理想（专业）

对于未来的职业（或升学进修的专业），您也得早有考虑，它可能很抽象、很朦胧，也可能很具体、很清晰。不论是哪种情况，现在都请你把自己最想做的3种工作或最想读的3种专业按顺序写下来。

1. ____________________
2. ____________________
3. ____________________

你所感兴趣的活动

下面列举了各种活动，请就这些活动判断你的好恶。请选择“是”或者“否”，务必请按顺序回答全部问题。

活动性：你喜欢从事下列活动吗？

R：现实型活动	是	否
1. 装配修理电器或玩具	（ ）	（ ）
2. 修理自行车	（ ）	（ ）
3. 用木头做东西	（ ）	（ ）
4. 开汽车或摩托车	（ ）	（ ）
5. 用机器做东西	（ ）	（ ）
6. 参加木工技术学习班	（ ）	（ ）
7. 参加制图描图学习	（ ）	（ ）
8. 驾驶卡车或拖拉机	（ ）	（ ）
9. 参加机械和电气学习	（ ）	（ ）
10. 装配修理机器	（ ）	（ ）

统计“是”一栏得分，计（ ）分

A：艺术型活动	是	否
1. 素描/制图或绘画	（ ）	（ ）
2. 参加话剧、戏曲演出	（ ）	（ ）

	是	否
3. 设计家具布置室内	( )	( )
4. 练习乐器/参加乐队	( )	( )
5. 欣赏音乐或戏剧	( )	( )
6. 看小说/读剧本	( )	( )
7. 从事摄影创作	( )	( )
8. 写诗或吟诗	( )	( )
9. 进艺术（美术/音乐）培训班	( )	( )
10. 练习书法	( )	( )

统计“是”一栏得分，计（ ）分

I：调查型活动

	是	否
1. 读科技图书和杂志	( )	( )
2. 在试验室工作	( )	( )
3. 调查水果品种，培育新的水果	( )	( )
4. 调查了解土和金属等物质的成分	( )	( )
5. 研究自己选择的特殊的问题	( )	( )
6. 解算式或数学游戏	( )	( )
7. 物理课	( )	( )
8. 化学课	( )	( )
9. 几何课	( )	( )
10. 生物课	( )	( )

统计“是”一栏得分，计（ ）分

S：社会型活动

	是	否
1. 学校或单位组织的正式活动	( )	( )
2. 参加某个社会团体或俱乐部活动	( )	( )
3. 帮助别人解决困难	( )	( )
4. 照顾儿童	( )	( )
5. 出席晚会、联欢会、茶话会	( )	( )
6. 和大家一起出去郊游	( )	( )
7. 想获得关于心理方面的知识	( )	( )
8. 参加讲座会或辩论会	( )	( )
9. 观看或参加体育比赛和运动会	( )	( )
10. 结交新朋友	( )	( )

统计“是”一栏得分，计（ ）分

E：企业型活动

	是	否
1. 说服、鼓动他人	( )	( )
2. 卖东西	( )	( )
3. 谈论政治	( )	( )
4. 制订计划，参加会议	( )	( )
5. 以自己的意志影响别人的行为	( )	( )

6. 在社会团体中担任职务	(　　)	(　　)
7. 检查与评价别人的工作	(　　)	(　　)
8. 结识名流	(　　)	(　　)
9. 指导与某处目标的团体	(　　)	(　　)
10. 参与政治活动	(　　)	(　　)

统计“是”一栏得分，计（　　）分

C：常规型活动

	是	否
1. 整理好桌面和房间	(　　)	(　　)
2. 抄写文件和信件	(　　)	(　　)
3. 为领导写报告或公务信函	(　　)	(　　)
4. 核查个人收支情况	(　　)	(　　)
5. 参加打字培训班	(　　)	(　　)
6. 参加算盘、文秘等实务培训	(　　)	(　　)
7. 参加商业会计培训班	(　　)	(　　)
8. 参加情报处理培训班	(　　)	(　　)
9. 整理信件、报告、记录等	(　　)	(　　)
10. 写商业贸易信	(　　)	(　　)

统计“是”一栏得分，计（　　）分

你所擅长或胜任的活动

下面列举了各种活动，其中你能做或大概能做的事，请选择“是”或者“否”，请回答全部问题。

R：现实型能力

	是	否
1. 能使用电锯、电钻和锉刀等木工工具	(　　)	(　　)
2. 知道万用表使用方法	(　　)	(　　)
3. 能够修理自行车或其他机械	(　　)	(　　)
4. 能够使用电钻床、磨木机或缝纫机	(　　)	(　　)
5. 能给家具和木制品刷漆	(　　)	(　　)
6. 能看建筑等设计图	(　　)	(　　)
7. 能够修理简单的电气用品	(　　)	(　　)
8. 能修理家具	(　　)	(　　)
9. 能修收录机	(　　)	(　　)
10. 能简单地修理水管	(　　)	(　　)

统计“是”一栏得分，计（　　）分

A：艺术型能力

	是	否
1. 能演奏乐器	(　　)	(　　)
2. 能参加三部或四部合唱	(　　)	(　　)
3. 独唱或独奏	(　　)	(　　)
4. 扮演剧中角色	(　　)	(　　)
5. 能创作简单的东西	(　　)	(　　)

6. 会中跳舞　（　）（　）
7. 有绘画、素描或书法才能　（　）（　）
8. 能雕刻、剪纸或泥塑　（　）（　）
9. 能设计海报、服装或家具　（　）（　）
10. 写得一手好文章　（　）（　）

统计“是”一栏得分，计（　）分

I：调研型能力

是　否

1. 懂得真空管或晶体管的作用　（　）（　）
2. 能够列举三种含蛋白质多的食品　（　）（　）
3. 理解铀的裂变　（　）（　）
4. 能用计算尺、计算器、对数表　（　）（　）
5. 会使用显微镜　（　）（　）
6. 能找到三个星座　（　）（　）
7. 能独立进行调查研究　（　）（　）
8. 能解释简单的化学式　（　）（　）
9. 理解人造卫星为什么不落地　（　）（　）
10. 经常参加学术会议　（　）（　）

统计“是”一栏得分，计（　）分

S：社会型能力

是　否

1. 有向各种人说明解释的能力　（　）（　）
2. 常参加社会福利活动　（　）（　）
3. 能和大家一起友好相处地工作　（　）（　）
4. 善于与年长者相处　（　）（　）
5. 会邀请人、招待人　（　）（　）
6. 能简单易懂地教育儿童　（　）（　）
7. 能安排会议等活动顺序　（　）（　）
8. 善于体察人心和帮助他人　（　）（　）
9. 帮助护理病人或伤员　（　）（　）
10. 安排社团组织的各种事务　（　）（　）

统计“是”一栏得分，计（　）分

E：企业型能力

是　否

1. 担任过学生干部并做得不错　（　）（　）
2. 工作上能指导和监督他人　（　）（　）
3. 做事充满活力和热情　（　）（　）
4. 有效地用自身的做法调动他人　（　）（　）
5. 有销售能力　（　）（　）
6. 曾作为俱乐部或社团的负责人　（　）（　）
7. 善于向领导提出建议或反映意见　（　）（　）
8. 有开创事业的能力　（　）（　）

9. 知道怎样做能成为一个优秀的领导者　（　）　（　）
10. 健谈善辩　（　）　（　）

统计“是”一栏得分，计（　）分

C：常规型能力

	是	否
1. 会熟练地打印中文	（　）	（　）
2. 会用外文打印机或复印机	（　）	（　）
3. 能快速记笔记和抄写文章	（　）	（　）
4. 善于整理保管文件和资料	（　）	（　）
5. 善于从事事务性的工作	（　）	（　）
6. 会用算盘	（　）	（　）
7. 能在短时间内分类和处理大量文件	（　）	（　）
8. 有使用计算机	（　）	（　）
9. 能用现代技术搜集数据	（　）	（　）
10. 善于为自己或集体做财务预算表	（　）	（　）

统计“是”一栏得分，计（　）分

您所喜欢的职业

下面列举了多种职业，请一一认真地看，如果是你有兴趣的工作，请选择“是”。如果是你不太喜欢、不关心的工作，请选择“否”，请全部回答。

R：现实型职业

	是	否
1. 飞机机械师	（　）	（　）
2. 野生动物专家	（　）	（　）
3. 汽车维修工	（　）	（　）
4. 木匠	（　）	（　）
5. 测量工程师	（　）	（　）
6. 无线电报务员	（　）	（　）
7. 园艺师	（　）	（　）
8. 长途公共汽车司机	（　）	（　）
9. 火车司机	（　）	（　）
10. 电工	（　）	（　）

统计“是”一栏得分，计（　）分

S：社会型职业

	是	否
1. 街道、工会或妇联干部	（　）	（　）
2. 小学、中学教师	（　）	（　）
3. 精神病医生	（　）	（　）
4. 婚姻介绍所工作人员	（　）	（　）
5. 体育教练	（　）	（　）
6. 福利机构负责人	（　）	（　）
7. 心理咨询员	（　）	（　）
8. 共青团干部	（　）	（　）

9. 导游 ( ) ( )
10. 国家机关工作人员 ( ) ( )

统计“是”一栏得分，计（ ）分

I：调研型职业 是 否

1. 气象学或天文学学者 ( ) ( )
2. 生物学学者 ( ) ( )
3. 医学实验室的技术人员 ( ) ( )
4. 人类学学者 ( ) ( )
5. 动物学学者 ( ) ( )
6. 化学学者 ( ) ( )
7. 数学学者 ( ) ( )
8. 科学杂志的编辑或作家 ( ) ( )
9. 地质学学者 ( ) ( )
10. 物理学学者 ( ) ( )

统计“是”一栏得分，计（ ）分

E：企业型职业 是 否

1. 厂长 ( ) ( )
2. 电视片编制人 ( ) ( )
3. 公司经理 ( ) ( )
4. 销售员 ( ) ( )
5. 不动产推销员 ( ) ( )
6. 广告部长 ( ) ( )
7. 体育活动主办者 ( ) ( )
8. 销售部长 ( ) ( )
9. 个体工商业者 ( ) ( )
10. 企业管理咨询人员 ( ) ( )

统计“是”一栏得分，计（ ）分

A 艺术型职业 是 否

1. 演奏家 ( ) ( )
2. 作家 ( ) ( )
3. 摄影家 ( ) ( )
4. 记者 ( ) ( )
5. 画家、书法家 ( ) ( )
6. 歌唱家 ( ) ( )
7. 作曲家 ( ) ( )
8. 电影电视演员 ( ) ( )
9. 节目主持人 ( ) ( )
10. 乐队指挥 ( ) ( )

统计“是”一栏得分，计（ ）分

C：常规性职业　　是　　否

1. 会计师　(　)　(　)
2. 银行出纳员　(　)　(　)
3. 税收管理员　(　)　(　)
4. 计算机操作员　(　)　(　)
5. 簿记人员　(　)　(　)
6. 成本核算员　(　)　(　)
7. 文书档案管理员　(　)　(　)
8. 打字员　(　)　(　)
9. 法庭书记员　(　)　(　)
10. 人口普查登记员　(　)　(　)

统计“是”一栏得分，计（　　）分

你的能力类型简评

表2-1是你在6个职业能力方面的自我评分表。你可以先与同龄者比较出自己在每一方面的能力，然后经斟酌以后对自己的能力做一评价。请在表中适当的数字上画圈。数字越大表示你的能力越强。

注意，请勿全部画同样的数字，因为人的每项能力不可能完全一样。

表2-1　自我评分表

机械操作能力	科学研究能力	艺术创作能力	解释表达能力	商业洽谈能力	事务执行能力
体力技能	数学技能	音乐技能	交际技能	领导能力	办公技能
7	7	7	7	7	7
6	6	6	6	6	6
5	5	5	5	5	5
4	4	4	4	4	4
3	3	3	3	3	3
2	2	2	2	2	2
1	1	1	1	1	1

统计和确定你的职业倾向

请将第二部分至第五部分的全部测验分数按前面已统计好的6种职业倾向（R型、I型、A型、S型、E型、C型）得分填入表2-2，并做纵向累加。

表2-2　6种职业倾向

职业倾向／部分	R型	I型	A型	S型	E型	C型
第一部分						
第二部分						
第三部分						

续表

部分 \ 职业倾向	R型	I型	A型	S型	E型	C型
第四部分						
第五部分						
总分						

请将上表中的6种职业倾向总分按大小顺序从左到右排列：

(　　)型、(　　)型、(　　)型、(　　)型、(　　)型、(　　)型。

你的职业倾向性得分：最高分（　　），最低分（　　）

你所看重的东西——职业价值观

这一部分测验列出了人们在选择工作时通常会考虑的九条因素（见所附工作价值标准）。现在请你在其中选出最重要的两项因素，以及最不重要的两项因素，并将序号填入下边相应空格内。

最重要：(　　　　)

次重要：(　　　　)

最不重要：(　　　　)

次不重要：(　　　　)

附　工作价值标准：

1. 工资高，福利好
2. 工作环境（物质方面）舒适
3. 人际关系良好
4. 工作稳定有保障
5. 能提供较好的受教育机会
6. 有较高的社会地位
7. 工作不太紧张，外部压力少
8. 能充分发挥自己的能力特长
9. 社会需要与社会贡献较大

以上全部测验完毕，将你测验得分居第一位的职业类型找出，对照下表，判断一下自己适合的种类。

职业索引

对照表——职业兴趣代号与其相应的职业

R（现实型）：木匠、农民、工程师、飞机机械师、鱼类和野生动物专家、自动化技师、机械工（车工、钳工等）、电工、无线电报务员、火车司机、长途公共汽车司机、机械制图员、修理机器、电器师。

I（调查型）：气象学者、生物学者、天文学者、药剂师、动物学者、化学家、科学报刊编辑、地质学者、植物学者、物理学者、数学学者、实验员、科研人员、科技工作者。

A（艺术型）：室内装饰专家、图书管理专家、摄影师、音乐教师、作家、演员、记者、诗人、作曲家、编剧、雕刻家、漫画家。

S（社会型）：社会学家、导游、福利机构工作者、咨询人员、社会工作者、社会科学教师、学校领导、精神病工作、公共保健护士。

E（企业型）：推销、进货员、商品批发员、旅馆经理、饭店经理、广告宣传员、调度员、律师、政治家、零售商。

C（常规型）：记账员、会计、银行出纳、法庭速记员、成本估算员、税务员、核算员、打字员、办公室职员、统计员、计算机操作员、秘书。

下面介绍与你3个代号的职业兴趣类型一致的职业表。对照的方法如下：

首先根据你的职业兴趣代号，在下表中找出相应的职业，例如你的职业兴趣代号是RIA，那么牙科技术员、陶工等职业是适合你的兴趣的，然后寻找与你职业兴趣代号相近的职业，如你的职业兴趣代号是RIAS，那么你可寻找包含RIA等编号相适应的职业，诸如IRA、IAR、RAI、ARI等编号所相应的职业，这些职业也较适合你的兴趣。

RIA：牙科技术员、陶工、建筑设计员、模型工、细木工、制作链条人员。

RIS：厨师、服务员、跳水员、潜水员、染色员、电器修理、眼镜制作、电工、纺织机器装配工、报务员、装玻璃工人、发电厂工人、焊接工。

RIE：建筑和桥梁工程、环境工程、航空工程、公路工程、电力工程、信号工程、电话工程、一般机械工程、自动工程、矿业工程、海洋工程、交通工程技术人员、制图员、家政经济人员、打捞员、计量员、农民、农场机器操作、清洁工、无线电修理、汽车修理、管子工、线路维修、盖（修）房工、电子技术员、伐木工、机械师、锻压操作工、造船装配工、工具仓库管理员。

RIC：船上工作人员、接待员、杂志保管员、牙科医生的助手、制帽工、磨坊工、石匠、机器制造、机车（火车头）制造、农业机器装配、鞋匠、锁匠、货物检验员、电梯维修工、托儿所所长、钢琴调音同、装配工、印刷工、建筑钢铁工人、卡车司机。

RAI：手工雕刻制作模型人员、家具木工、制作皮革品、手工绣花、手工钩针纺织、排字工人、印刷工人、图画雕刻工、装订工。

RSE：消防员、交通巡警、警官、门卫、理发师、房间清洁工、屠夫、锻工、开凿工人、管道安装工、出租汽车驾驶员、货物搬运工、关报员、勘探员、娱乐场所的服务员、起重机操作工、灭害虫者、电梯操作工、厨房助手。

RSI：纺织工、纺织工、农业学校的教师、某些职业课程教师（诸如艺术、商业、技术工艺课程）、雨衣上胶工人。

REC：抄水表员、保姆、实验室动物饲养员、动物管理员。

REJ：轮船船长、航海领航员、大副、试管实验员。

RES：旅馆服务员、家饲养员、渔民、渔网修补工、水手长、收割机操作工、搬行李工人、公园服务员、救生员、登山导游、火车工程技术员、建筑工人、铺轨工人。

RCI：测量员、勘测员、仪器操作者、农业工程技术、化学工程技师、石油工程技师、资料室管理员、探矿工、煅烧工、烧窑工、矿工、保养工、车床工、取样工、样品检验员、纺纱工、炮手、绕筒子工、漂洗工、电焊工、锯木工、刨床工、制帽工、手工缝纫工、油漆工、染色工、按摩工、木匠、农民、建筑工人、电影放映员、勘测员助手。

RCS：公共汽车驾驶员、一等水手、游泳池服务员、裁缝、、建筑工人、石匠、烟囱修建工、混凝土工、电话修理工、爆炸手、邮递员、矿工、裱糊工人、纺纱工。

RCE：打井工、吊车驾驶员、农场工人、邮件分类员、铲车司机、拖拉机司机。

IAS：农场经济学家、财政经济学家、国际贸易经济学家、实验心理学家、工程心理学家、心理学家、哲学家、内科医生、数学家。

IAR：人类学家、天文学家、化学家、物理学家、医学病理学家、动物标本制作者、化石修复者、艺术品管理员。

ISE：营养学家、饮食顾问、火灾检查员、邮政服务检查员。

ISC：侦察员、电视播音室修理员、电视修理服务员、验尸室人员、编目录的人、医学实验室技师、调查研究者。

ISR：水生生物学者、昆虫学家、微生物学家、配镜师、矫正视力者、细菌学家、牙科医生、骨科医生。

ISA：实验心理学家、普通心理学家、发展心理学家、教育心理学家、社会性心理学家、临床心理学家、目录学家、皮肤病学家、神经病学家、妇产科医生、眼科医生、五官科医生、医学实验室技术专家、民航医务人员、护士。

IES：细菌学家、心理学家、化学专家、地质专家、地理物理学专家、纺织技术专家、医院药店剂师、工业药剂师、药房营业员。

IEC：质量检验技术员、地质学技师、工程师、法官、图书馆技术辅助员、计算机操作员、医院听诊员、家禽检查员。

IRA：地理学家、地质学家、水文学家、矿物学家、古生物学家、石油专家、地震学者、声学物理学家、原子和分子物理学家、电学和磁学物理学家、气象学家、设计审核员、人口统计学家、数学统计学家、外科医生、城市规划家、气象员。

ISR：流体物理学家、等离子体物理学家、农业科学家、动物学家、食品科学家、园艺学家、植物学家、细菌学家、解剖学家、动物病理学家、作物病理学家、药物学家、生物化学家、生物物理学家、细胞生物学家、临床化学家、遗传学家、分子生物学家、质量控制工程师、地理学家、兽医、放射治疗技师。

IRE：化验员、化学工程师、纺织工程师、食品技师、渔业技术专家、材料测试工程师、电气工程师、土木工程师、地质工程师、电力工程师、口腔科医生、牙科医生。

IRC：飞机领航员、飞行员、生理实验室技师、文献检查员、农业技术专家、动植物技术专家、生物技师、油管检查员、工商业规划者、矿藏安全检查员、纺织品检验员、照相机修理者、工程技师员、设计计算机程序者、工具设计者、仪器维修工。

CRI：簿记员、会计、计时员、铸造机操作工、打字员、按键操作工、复印机操作工。

CRS：仓库保管员、档案管理员、缝纫工、讲述员、收款人。

CRE：标价员、实验室工作者、缝纫工、讲述员、收款人。

CIS：记账员、顾客服务员、报刊发行员、土地测量员、保险公司职员、会计师、估价员、统计员、邮政检查员、外贸检查员。

CIE：打字员、统计员、支票记录员、订货员、校对员、办公室工作人员。

CIR：校对员、工程职员、海底电报员、检修计划员、发报员。

CSE：接待员、通信员、电话接线员、卖票员、旅馆服务员、私人职员、商学教师、旅游办事员。

CSR：运货代理商、铁路职员、交通检查员、办公室通信员。

CSI：簿记员、出纳员、银行财务职员。

CSA：秘书、图书管理员、办公室办事员。

CER：邮递员、数据处理员、航空邮件检查员。

CEI：推销员、经济分析家。

CES：银行会计、记账员、法人秘书、速记员、法院报告人。

ECI：银行行长、审记员、信用管理员、地产管理员、商业管理员。

ECS：信用办事员、保险人员、各类进货员、海关服务经理、售货员、购买员、会计。

ERI：建筑物管理员、工业工程师、农场管理员、护士长、农业经营管理人员。

ERS：仓库管理员、房屋管理员、货栈监督管理员。

ERC：邮政局长、渔船船长、机械操作领班、木工领班、瓦工领班、驾驶员领班。

EIR：科学、技术和有关出版物的管理员。

EIC：专利代理人、鉴定人、运输服务员、检查员、安全检查员、废品收购人员。

EIS：警官、侦察员、交通检查员、安全咨询员、合同管理者。

EAS：法官、律师、公证人。

EAR：展览室管理员、舞台管理员、播音员、驯兽员。

ESC：理发师、裁判员、政府行政管理员、财政管理员、工程管理员、职业病防治人员、售货员、商业经理、办公室主任、人事负责人、调度员。

ESR：家具售货员、书店售货员、公共汽车驾驶员、日用商业售货员、护士长、自然科学和工程的行政管理人员。

ESI：博物馆管理员、技术服务咨询员、饮食业经理、地区安全服务管理员、技术服务咨询者、超级市场管理员、零售商品店店员、批发商、出租汽车服务站调度。

ESA：博物院馆长、报刊管理员、音乐器材售货员、广告商、售画营业员、导游、（轮船或班机上的）事务长、飞机上的服务员、船员、法官、律师。

ASE：戏剧导演、舞蹈教师、广告撰稿人、报刊专栏作者、记者、演员、英语翻译。

ASI：音乐教师、乐器教师、美术教师、管弦乐指挥、合唱队指挥、歌星、演奏家、哲学家、作家、广告经理、时装模特。

AER：新闻摄影师、电视摄像师、艺术指导、录音指导、丑角演员、魔术师、木偶戏演员、骑士。

AEI：音乐指挥、舞台指导、电影导演。

AES：行歌手、舞蹈演员、电影导演、广播节目主持人、舞蹈教师、口技表演者、喜剧演员、模特。

AIS：画家、剧作家、编辑、评论家、时装艺术大师、新闻摄影师、男演员、作家。

AIE：工匠、皮衣设计师、工业产品设计师、剪影艺术家、复制雕刻品大师。

AIR：建筑师、画家、摄影师、绘图员、环境美化工、雕刻家、包装设计师、陶器设计师、绣花工、漫画工。

SEC：社会活动家、退伍军人服务管理员、工商会事务代表、教育咨询者、宿舍管理员、旅馆经理、饮食服务管理员。

SER：体育教练、游泳指导。

SEI：大学校长、学院院长、医院行政管理员、历史学家、家政经济学家、职业学校教师、资料员。

SEA：娱乐活动管理员、国外服务办事员、社会服务助理、一般咨询者、宗教教育工作者。

SCE：部长助理、福利机构职员、生产协调人、环境卫生管理人员、戏院经理、餐馆经理、售票员。

SRI：外科医师助手、医院服务员。

SRE：体育教师、职业病治疗者、体育教练、专业运动员、房管员、儿童家庭教师、警察、引座员、传达员、保姆。

SRC：护理员、护理助理、医院勤杂工、理发师、学校儿童服务人员。

SIA：社会学家、心理咨询师、学校心理学家、政治科学家、大学或学院的系主任、大学或学院的教育学教师、大学农业教师、大学工程和建筑课程的教师、大学法律教师、大学数学教师、大学医学教师、大学物理教师、大学社会科学教师、大学生命科学教师、研究生助教、成人教育教师。

SIE：营养学家、饮食学家、海关检查员、安全检查员、税务稽查员、校长。

SIC：描图员、兽医助手、诊所助理、体检检查员、监督缓刑犯的工作者、娱乐指导者、咨询人员、社会科学教师。

SER：理疗员、救护队工作人员、手足病医生、职业病治疗助手。

SCA：理发师、指甲修剪师、包装艺术家、美容师、整容专家、发型设计师。

SAE：听觉病治疗者、演讲矫正者。

SAZ：图书馆管理员、小学教师、幼儿园教师、学前儿童教师、中学教师、学校护士、牙科助理人、飞行指导员。

（二）适岗成才

在当前激烈竞争的就业环境下，要想顺利就业，必须适应市场需求，了解职业要求，及时调整自己的状态。

【思考】岗位需要的人才是怎样的？越优秀越好，还是适岗就好？

成才，即是成长为有用之人。对于单位来说，选择合适的人才是最好的需求。今天的企业在选用人才的时候往往通过适岗能力测试来选取合适的人才，这是人力资源管理的一种方式，通过检测一个人对某个岗位或工种的相关技术、方法的掌握程度，来分析其是否适合该岗位或工种。

【了解】

工作适应性测评

测评说明：

如果您已经工作了，并且认为自己挺喜欢这份工作，那么，在这个工作岗位上您是否符合这份工作的从业要求呢？许多人可能不曾想过，现在可以借助下面这个问卷来帮助您了解这个问题。

本测试由一系列陈述语句组成，请根据实际情况，选择最符合自己特征的描述。

在选择时，请根据自己的第一印象回答，请不要做过多的思考；只要对问题回答“是”或“否”就可以了。

1. 你与同事和睦友好吗?
2. 你钦佩领导的品行吗?
3. 你认为你得到的报酬与所做工作是否相称?
4. 你认为最近你有增加工资的可能吗?
5. 你认为你日后能晋升到你现在的领导的位置上吗?
6. 你会在工作中想办法减少工作量而得到同样结果吗?
7. 你的领导会欣然接受你的建议吗?
8. 你在领导生病时会代理其职务吗?
9. 你的同事会在你忙不过来时帮你的忙吗?
10. 你的下属或同事对你尊敬吗?
11. 你的下属或同事对你的命令会乐意去执行吗?
12. 你的上级曾同你一起商量过工作计划吗?
13. 你想得到一个领导职位吗?
14. 你有业余爱好吗?
15. 你觉得你的才干在日渐荒废吗?
16. 你曾被任何一种特别的工作吸引过吗?
17. 你在结束工作时会觉得筋疲力尽吗?
18. 你喜欢与家人谈论你的工作吗?
19. 你喜欢你的家里人对你的工作发生兴趣吗?
20. 你与家里人在一起时会推掉所有的工作吗?
21. 你有以后的工作计划吗?
22. 你现在的工作是否符合你从前的计划?

测评标准：1~14 题，18~19 题，21~22 题答“是”的，每题得 2 分；其余答“否”的，每题得 2 分；其他回答不得分。

测评分析：得分在 25~44 分之间，表明现在的职业和工作适合你，并且很称职；得分在 5~25 分之间，表明工作适合你，也较称职，但多少有点使你觉得索然无味；得分在 15 分以下，表明最好再找别的事情，因为你的心已不在你的工作上了。

第三节　职业生涯选择与职业发展理论

一、职业选择匹配理论

（一）罗伊的人格发展理论

罗伊的基本观点：早年经验会增强或削弱个人高层次的需求，进而影响职业生涯发展，特别强调早期经验对以后选择行为的影响。这一理论主要有三大发展关系：

1. 需求满足

罗伊认为需求的满足形态及程度与个人早期经验息息相关，“如果需求获得满足，就不会变成无意识的动力来源；如果高层次的需求（如自我实现、审美）不能获得满足，则这种需求将会消失而且不再发展；如果低层次的需求未获得满足，将驱使人们去满足此类需求来维持生存，而间接地妨碍了高层次需求的发展；如果需求的满足受到延迟，就会无意识地驱动人去满足这些需求，而延迟其他的需求。”

【思考】你了解马斯洛的需求层次理论吗？你目前处于那个阶段，这种状态会影响你未来职业选择吗？

2. 亲子关系

罗伊认为需求满足的发展与个人早期的家庭气氛及成年后的职业选择有密切的关系。如个体成长过程中，父母是接纳还是拒绝，家中气氛是温暖还是冷漠的，父母对其行为是自由放任还是保守严厉，这些都反映在个人所做的职业选择上。

【思考】你与父母的关系是怎样的？这种关系会影响到你未来的职业选择吗？

（1）关心子女型。包括过度保护和过度要求两种情况。多半满足子女的生理需求，有条件地满足心理需求。

（2）逃避型。包括拒绝和忽视两种情况。只能满足孩子的生理需求，忽略心理上的需求。

（3）接纳型。包括“爱的接纳”和“不明确的接纳”两种情况。前一种不仅能满足孩子的各种需求，而且会支持子女发展的独立性。后一种则采取自由放纵任其发展的态度。

3. 亲子关系与职业选择

在亲子关系与职业选择中罗伊又分为以下三大类型：

第一型关心子女型中的过度保护型父母，会毫无保留地满足子女的生理需求，却不见得满足子女对爱和自尊的需求，即使这些需求都能得到满足，子女的行为未必表现出社会认可的行为。所以，这类子女日后显示出较多的人际关系不良倾向，而且不是出自防御的心理机制。过度要求型的父母，对子女需求的满足往往附加某些条件，也就是当子女表现出顺从的行为，或表现出父母认可的成就行为时，其生理需求和爱的需求才会被满足。所以，这类儿童虽然也有强烈的人际关系不良倾向，但有时有一种潜意识的防卫作用，害怕无法从人群里得到较高层次的需求的满足。

第二型逃避型父母教养下，无论是拒绝还是忽视，儿童需求满足的经验都是痛苦的，不论生理或是心理都有缺陷，更谈不上高层次的满足。所以，这类孩子日后很怕与人相处，宁可在自己的岗位上，靠自己的努力得到高层次需求的满足。

第三型接纳型家庭氛围大体是温暖的。在温暖、民主气氛下长大的孩子，各类层次的需求都不会缺乏，长大后也能做独立的选择。因此，父母的教养态度对孩子的职业的选择有重要的影响力，应该让孩子从小去发展自己的能力倾向及职业兴趣，这样他们对终身的择业及志向才有正确的观念及选择能力，也愿意承担选择后的责任。

（二）霍兰德的职业个性理论

根据霍兰德的理论，列出以下六种人格类型的共同特点、性格特点和典型职业这三方面来帮助我们理解。

1. 艺术型（A）

（1）共同特点：有创造力，乐于创造新颖、与众不同的成果，渴望表现自己的个性，实现自身的价值。做事理想化，追求完美，不重实际。具有一定的艺术才能和个性。善于表达、怀旧、心态较为复杂。

（2）性格特点：有创造性，非传统的，敏感，容易情绪化，较冲动，不服从指挥。

（3）典型职业：喜欢的工作要求具备艺术修养、创造力、表达能力和直觉，并将其用于语言、行为、声音、颜色和形式的审美、思索和感受，具备相应的能力。不善于事务性工作。例如，艺术方面（演员、导演、艺术设计师、雕刻家、建筑师、摄影家、广告制作人），音乐方面（歌唱家、作曲家、乐队指挥），文学方面（小说家、诗人、剧作家）。

2. 企业型（E）

（1）共同特征：追求权力、权威和物质财富，具有领导才能。喜欢竞争、敢冒风险、有野心。为人务实，习惯以利益得失、权力、地位、金钱等来衡量做事的价值，做事有较强的目的性。

（2）性格特点：善辩、精力旺盛、独断、乐观、自信、好交际、机敏、有支配愿望。

（3）典型职业：喜欢要求具备经营、管理、劝服、监督和领导才能，以实现机构、政治、社会及经济目标的工作，并具备相应的能力。例如，项目经理、销售人员，营销管理人员、政府官员、企业领导、法官、律师。

3. 调研型（I）

（1）共同特点：思想家而非实干家，抽象思维能力强，求知欲强，肯动脑，善思考，不愿动手。喜欢独立的和富有创造性的工作。知识渊博，有学识才能，不善于领导他人。考虑问题理性，做事喜欢精确，喜欢逻辑分析和推理，不断探讨未知的领域。

（2）性格特点：坚持性强，有韧性，喜欢钻研。为人好奇，独立性强。

（3）典型职业：喜欢智力的、抽象的、分析的、独立的定向任务，要求具备智力或分析才能，并将其用于观察、估测、衡量、形成理论、最终解决问题的工作，并具备相应的能力。例如，科学研究人员、教师、工程师、电脑编程人员、医生、系统分析员。

4. 社会型（S）

（1）共同特点：喜欢与人交往、不断结交新的朋友、善言谈、愿意教导别人。关心社会问题、渴望发挥自己的社会作用。寻求广泛的人际关系，比较看重社会义务和社会道德。

（2）性格特点：为人友好、热情、善解人意、乐于助人。

（3）典型职业：喜欢要求与人打交道的工作，能够不断结交新的朋友，从事提供信息、启迪、帮助、培训、开发或治疗等事务，并具备相应的能力。例如，教育工作者（教师、教育行政人员），社会工作者（咨询人员、公关人员）。

5. 常规型（C）

（1）共同特点：尊重权威和规章制度，喜欢按计划办事，细心、有条理，习惯接受他人的指挥和领导，自己不谋求领导职务。喜欢关注实际和细节情况，通常较为谨慎和保守，缺乏创造性，不喜欢冒险和竞争，富有自我牺牲精神。

（2）性格特点：有责任心、依赖性强、高效率、稳重踏实、细致、有耐心。

（3）典型职业：喜欢要求注意细节、精确度、有系统有条理，具有记录、归档、据特定要求或程序组织数据和文字信息的职业，并具备相应的能力。例如，秘书、办公室人员、记事员、会计、行政助理、图书馆管理员、出纳员、打字员、投资分析员。

6. 实际型（R）

（1）共同特点：愿意使用工具从事操作性工作，动手能力强，做事手脚灵活，动作协调。偏好于具体任务，不善言辞，做事保守，较为谦虚。缺乏社交能力，通常喜欢独立做事。

（2）性格特点：感觉迟钝、不讲究、谦逊、踏实稳重、诚实可靠。

（3）典型职业：喜欢使用工具、机器，需要基本操作技能的工作。要求具备机械方面才能、体力，或对从事与物件、机器、工具、运动器材、植物、动物相关的职业有兴趣，并具备相应的能力。例如，技术性职业（计算机硬件人员、摄影师、制图员、机械装配工），技能性职业（木工、厨师、技工、修理工、农民、一般劳动）。

【思考】你的性格属于哪一种，你选择好自己的职业方向了吗？

（三）弗鲁姆的择业动机理论

弗鲁姆将择业动机理论用来解释个人的职业选择行为。该理论的应用，即个人如何进行职业选择，分以下两步走：

第一步：确定择业动机。

（1）择业者的职业价值观；

（2）择业者对某项具体职业要求如兴趣、劳动条件、工资、职业声望等的评估。即：职业效价 = 职业价值观 × 职业要素评估。

职业概率是指择业者获得某项职业可能性的大小，通常主要取决于 4 个条件：

① 某项职业的需求量。在其他条件一定的情况下，职业概率同职业需求量呈正相关。

② 择业者的竞争能力，即择业者自身工作能力和求职就业能力，竞争力越强，获得职业的可能性越大。

③ 竞争系数是指谋求同一种职业的劳动者人数的多少。在其他条件一定的情况下，竞争系数越大，职业概率越小。

④ 其他随机因素。

因此，职业概率 = 职业需求量 × 竞争能力 × 竞争系数 × 随机性。

第二步：比较择业动机，确定选择的职业。

择业者对几种目标职业进行价值评估并获取该项职业可能性的评价，最后对几种择业动机进行横向比较。择业动机是对职业的全面评估，一般多以择业动机分值高的职业作为自己的选择结果。职业的可能性越小，择业者选择这项职业的倾向也就越小。

【思考】弗鲁姆的两步走的择业方法对你有帮助吗？

二、职业生涯发展阶段理论

（一）金斯伯格：职业生涯三段论

美国著名职业指导专家金斯伯格（Eli-Ginzberg），对职业生涯的发展进行过长期研究，对于实践产生过广泛影响。1951 年，金斯伯格出版《职业选择》一书，对青少年职业选择的过程与问题进行了深入的研究，提出了职业发展的幻想阶段、尝试阶段和现实阶段三个发展阶段，认为职业在个人生活中是一个连续的、长期的发展过程。

1. 幻想期

幻想期是指处于 11 岁之前的儿童时期。儿童们对大千世界，特别是对于他们所看到或接触到的各类职业，充满了新奇、好玩的感觉。此阶段职业需求的特点是：单纯凭自己的兴趣爱好，不考虑自身的条件、能力水平和社会需要与机遇，完全处于幻想之中。

2. 尝试期

尝试期是指 11 ~ 17 岁，这是由少年儿童向青年过渡的时期。从此时起，人们的生理和心理在迅速成长、发育和变化，有独立的意识，价值观念开始形成，知识和能力显著增长和增强，初步懂得社会生活和生活经验。

在职业需求上呈现出的特点主要体现为：有职业兴趣，并能客观地审视自身各方面的条件和能力；开始注意职业角色的社会地位、社会意义，以及社会对该职业的需要。但此时，由于长期处于学校学习，对社会、对职业的理解还不全面，对职业主要考虑的还是个人的兴趣，具有理想主义色彩。

此阶段分为兴趣阶段、能力阶段、价值观阶段和综合阶段四个子阶段。

（1）兴趣子阶段。开始注意并培养其对某些职业的兴趣，期盼着将来从事某些职业。

（2）能力子阶段。不仅仅考虑个人的兴趣，同时也注意到个人能力与职业的关系，注重衡量自己的能力，并积极参加各种相关的职业活动，以检验自己的能力。

（3）价值观子阶段。个人的职业价值观逐步形成，能兼顾个人与社会的需要，以职业的价值性选择职业。

（4）综合子阶段。将上述三个阶段的职业相关资料综合考虑，以正确判定未来的职业生涯发展方向。

3. 现实期

现实期是指 17 岁以后的青年阶段。这一阶段的青年即将步入社会劳动，能够客观地把自己的职业愿望或要求，同自己的主观条件、能力以及社会现实的职业需要紧密和协调起来，寻找合适于自己的职业角色。此阶段所需求的职业不再模糊不清，已经有具体的、现实的职业目标，表现出的最大特点是客观性、现实性、讲求实际。

此阶段分为试探阶段、具体化阶段和专业化阶段三个子阶段。

（1）试探子阶段。根据尝试期的结果，进行各种试探活动，试探各种职业机会和进一步的选择。

（2）具体化子阶段。根据试探阶段的经历，做进一步的选择，具体化职业目标。

（3）专业化子阶段。依据自我选择的目标，做具体的就业准备。

金斯伯格的职业发展理论主要研究的是个人进入职业前的一段时期的职业观的变化及进入职业前的职业选择问题，对进入职业角色后如何调整与发展职业生涯研究得不够。

（二）格林豪斯：职业生涯五段论

格林豪斯将职业生涯分为以下五个阶段：

1. 职业准备

典型年龄段为 0 ~ 18 岁。主要任务是发展职业想象力，对职业进行评估和选择，接受必需的职业教育。

2. 进入组织

18~25岁为进入组织阶段。主要任务是在一个理想的组织中获得一份工作，在获取足量信息的基础上，尽量选择一种合适的、较为满意的职业。

3. 职业生涯初期

处于此期的典型年龄段为25~40岁。学习职业技术，提高工作能力；了解和学习组织纪律和规范，逐步适应职业工作，适应和融入组织；为未来的职业成功做好准备，是该时期的主要任务。

4. 职业生涯中期

40~55岁是职业生涯中期阶段。主要任务是：需要对早期职业生涯重新评估，强化或改变自己的职业理想；选定职业，努力工作，有所成就。

5. 职业生涯后期

从55岁直至退休为职业生涯的后期。继续保持已有职业成就，维护尊严，准备引退，是这一阶段的主要任务。

（三）施恩：职业生涯周期论

美国的施恩教授立足于人生不同年龄段面临的问题和职业工作主要任务，将职业生涯分为以下9个阶段：

1. 成长、幻想、探索阶段

一般0~21岁处于这一职业发展阶段。主要任务如下：

（1）发展和发现自己的需要和兴趣，发展和发现自己的能力和才干，为进行实际的职业选择打好基础。

（2）学习职业方面的知识，寻找现实的角色模式，获取丰富的信息，发展和发现自己的价值观、动机和抱负，做出合理的受教育决策，将幼年的职业幻想变为可操作的现实。

（3）接受教育和培训，开发工作世界中所需要的基本习惯和技能。在这一阶段所充当的角色是学生、职业工作的候选人、申请者。

2. 查看工作世界

16~25岁的人步入该阶段。首先，查看劳动力市场，谋取可能成为一种职业基础的第一项工作；其次，个人和雇主之间达成正式可行的契约，个人成为一个组织或一种职业的成员，充当的角色主要是应聘者、新学员。

3. 基础培训

处于该阶段的年龄段16~25岁。与上一阶段不同，个人要担当实习生、新手的角色。也就是说，已经迈进职业或组织的大门。此时的主要任务一是了解、熟悉组织，接受组织文化，融入工作群体，尽快取得组织成员资格，成为一名有效的成员；二是适应日常的操作程序，应付工作。

4. 早期职业的正式成员资格

此阶段的年龄为17~30岁，取得组织新的正式成员资格。面临的主要任务如下：

（1）承担责任，成功地履行与第一次工作分配有关的任务。

（2）发展和展示自己的技能和专长，为提升或查看其他领域的横向职业成长打基础。

（3）根据自身才干和价值观，根据组织中的机会和约束，重估当初追求的职业，决定是否留在这个组织或职业中，或者在自己的需要、组织约束和机会之间寻找一种更好的配合。

5. 职业中期

处于职业中期的正式成员，年龄一般在25岁以上。主要任务如下：

（1）选定一项专业或查看管理部门。

（2）保持技术竞争力，在自己选择的专业或管理领域内继续学习，力争成为一名专家或职业能手。

（3）承担较大责任，确定自己的地位。

（4）开发个人的长期职业计划。

6. 职业中期危险阶段

处于这一阶段的是35～45岁者。主要任务如下：

（1）现实地估价自己的进步、职业抱负及个人前途。

（2）就接受现状或者争取看得见的前途做出具体选择。

（3）建立与他人的良师关系。

7. 职业后期

从40岁以后直到退休，可说是处于职业后期阶段，此时的职业状况或任务如下：

（1）成为一名良师，学会发挥影响，指导、指挥别人，对他人承担责任。

（2）扩大、发展、深化技能，或者提高才干，以担负更大范围、更重大的责任。

（3）如果求安稳，就此停滞，则要接受和正视自己影响力和挑战能力的下降。

8. 衰退和离职阶段

一般在40岁之后到退休期间，不同的人在不同的年龄会衰退或离职。此阶段主要的职业任务如下：

（1）学会接受权力、责任、地位的下降。

（2）基于竞争力和进取心下降，要学会接受和发展新的角色。

（3）评估自己的职业生涯，着手退休。

9. 离开组织或职业退休

在失去工作或组织角色之后，面临两大问题或任务：

（1）保持一种认同感，适应角色、生活方式和生活标准的急剧变化。

（2）保持一种自我价值观，运用自己积累的经验和智慧，以各种资源角色，对他人进行传、帮、带。

需要指出的是，施恩虽然基本依照年龄增大顺序划分职业发展阶段，但并未囿于此，其阶段划分更多地根据职业状态、任务、职业行为的重要性。正如施恩教授划分职业周期阶段是依据职业状态和职业行为和发展过程的重要性，又因为每人经历某一职业阶段的年龄有别，所以，他只给出了大致的年龄跨度，并在各职业阶段上所示的年龄有所交叉。

本章练习

● 思考题

阅读以下案例，思考自己的读大学的意义是什么？在未来三年的日子里，你的大学应该怎么度过？

读大学的意义——一位大学生对大学的感悟

文/陈子昂

前言：此文献给那些在大学中正处于迷茫，不知何去何从的大学生们。希望通过阅读本文章的内容，可以给广大大学生们一点启示。若是能让你们认识到如何更好地利用大学时光，提高自己的竞争力，找到一份理想的工作，就是本文最大的意义，也是对我本人最大的回报，在此我表示十分的感谢。

首先，我想问大家：你喜欢的是什么？在我高中毕业后，因为计算机能力比较突出，所以在不了解计算机实质性内容的前提下，草率地报了与计算机相关的专业。然后在计算机专业的学习上，却挖掘不出任何的激情和动力。于是，我迷茫了很久。所以，我希望可以用我的亲身经历来帮助各位尽可能地缩短这段迷茫期，从而找到自己的兴趣。

学习一份专业、从事一项工作，兴趣是最好的老师。假如做一份自己不喜欢的工作，此时就会烦躁，对任务感到乏味，这样的态度将会使工作出现漏洞，不能出色地完成任务。因为他们根本还是跳不出“我是因为公司或者学校的命令而不得不做这件事，老实说还真痛苦”这层含义。因此他们不但无法发奋图强，更无法涌出向上之心，这样一来便会在工作中想着如何偷懒或偷工减料了。相反地，在不改变性格的前提下，然后选择自己喜欢的事情做，这种人可以早一步学到技术，逐渐进步成功，即使在旁人的眼中看来既吃力又不讨好的工作，对他们来说也是甘之若饴，不久便能想到好办法渡过难关。就算有再多的逆势与危机袭来，也能保有足以跨越难关的热情与信念。生活的意义从做自己喜欢的事情当中衍生而出，所以希望大家可以做自己喜欢的事情，而不是别人让你做什么，或者别人在做什么自己就做什么，这才是人生的意义。

如果你是大二、大三甚至大四的学生的话，希望你认识到“路径依赖”和“沉默成本”这两个词。路径依赖：一旦人们做了某种选择，就好比走上了一条不归之路，惯性的力量会使这一选择不断自我强化，并让你轻易走不出去。因为背后都有对利益和所付出的成本的考虑。对个人而言，一旦人们做出选择以后会不断地投入精力、金钱及各种物资，即使哪天发现自己选择的道路不合适也不会轻易改变，因为这样会使得自己在前期的巨大投入变得一文不值，这在经济学上叫“沉没成本”。沉没成本是路径依赖的主要原因。不要想着你以前专业知识学得多么辛苦，专业技能多么扎实，如果找到自己喜欢的，并决定要往自己喜欢的方向前进的时候，那么就要学会放下。马云说过，要成功，就要有永不言弃的精神。在学会放弃的时候，才开始真正成长。说的就是这个意思。

大学生应该学会做职业生涯规划。可能会有人说形势处于不断变化中，今天的规划可能明天就过期。的确，运动是绝对的，静止是相对的。世界处于不断地改革中，情势正在不断地发生改变。但是我想说的是，职业生涯规划并不是一份详尽的、对生活的每一步都做得尽善尽美的规划，职业生涯规划的意义在于确认生活中的一个目标。当人们的生活有了明确的目标的时候，就能够将自己的行进速度和与目标之间的距离加以对照，人们行动的动机和对目标的渴望就能得到完善和加强，就能克服更多的困难、越过更多的障碍，努力实现目标。

在1953年，美国耶鲁大学对毕业的学生进行了一次有关人生目标的研究调查。在开始的时候，研究人员向参与调查的学生们问了这样一个问题："你们有人生目标吗?"对于这个问题，只有10%的学生确认他们有目标。

然后，研究人员又问了学生第二个问题："如果你们有目标，那么，你们是否把自己的目标写下来呢?"这次，总共只有3%的学生回答是肯定的。

20年后，耶鲁大学的研究人员在世界各地追访当年参与调查的学生，他们发现，当年白纸黑字把自己的人生目标写下来的那些人，无论从事业发展还是从生活水平上看，都远远超过了那些没有这样做的同龄人。这3%的人所拥有的财富居然超过了余下97%的人的总和。

就这证明了目标对于一个人发展的重要性。"不走弯路便是捷径"，这句话被广大企业家所认同。而设立目标正是在漫漫人生道路上设立了一个方向，在同等行进速度的形势下，我们必然会比别人更快地到达我们人生理想的终点。

除此之外，做职业生涯规划还有一个很好的优点就是，你需要去对职业进行了解，对就业进行解剖。然后，你就会逼迫自己去了解很多职业发展的相关信息，从而更清楚自己的发展现状和更好地设立未来的前进目标。这都是百利而无一害的。

举个市场营销的例子，市场营销即所谓的销售，跑业务，学校学习的理论知识在就业的前期能派上用场的不到5%。对于企业来说招聘做销售的，任何专业都可以，当然我不否认专业对口拥有相当的竞争力，但最主要的，也就是应聘面试中最看重的，不是你的专业知识，而是你的综合能力。综合能力包括人际交往能力、谈判能力、良好的商务礼仪、适当的团队协作能力，等等。而那些学校所学能派上用场的5%的理论知识，只要你踏实肯干，完全可以在短时间内掌握。

当然，我没有否定学校所教授知识的重要性。那些知识固然重要，但是对于一个应聘基层岗位的大学毕业生来说，确实用处不大。经济学、管理学，是一个企业发展的核心，但那是等你到管理层时才能用得上的。对于一个基层的员工来说，拥有管理层的知识可以让你未来走得更远，但缺乏相关的综合能力，恐怕第一份工作会找得很艰难。

所以，如果对职业生涯规划进行彻底的了解，我们就会发现，学校给我们安排的课程在一定程度上阻碍了我们的发展。我本身的专业是信息科学与技术，然后在大二上半学期结束的时候会分方向，分为计算机科学与技术和电子信息科学与技术，在大二下半学期结束的时候，计算机科学与技术又被划分为软件工程和网络工程，其中电子信息科学与技术也被划分为电子电路和嵌入式工程。如果你以往的兴趣是软件工程，并且以后打算往软件开放方面发展，那么，我要很遗憾地告诉你，你在学习专业知识的同时，也会学习很多至今我还认为无用的课程，如大学物理、数字电子技术基础等。这些显然是电子信息科学与技术的专业课，那么为什么计算机科学与技术的学生必须学习呢?

此外，大学教育现在已经变得越来越普遍。此时你需要思考一个问题：在大学教育的框架下，我们如何在人群中脱颖而出?专业绩点4.0和专业绩点3.5相比，优势并不明显，专业的HR们也不会看重大学的成绩绩点。那么，如何做到在人群中脱颖而出呢?我们要去研究企业所需要的人才，假如一家IT开发企业需要Oracle数据库专业人员，我们只需要将学习的重点从学校安排的课程转到Oracle数据库的学习和实践上便能提高我们的竞争力。大学的学习范围都是很泛的，如果你能摒弃那些大学物理、数字电子技术基础，甚至计算机导论、计算机网络等课程，在基本计算机知识达标的情况下，将全部的精力放在Oracle数据库的学习和实践上，在毕业后，你对这门科学的熟悉程度和实践操作能力必定会比其他大学生多出2~3倍，甚至更多。而企业需要的，也就是这种人才，能够一到企业就能够融入企业的工作中，企业无须花钱来培训你。此时，你就能脱颖而出了。

很多同学认为在大学，不担任学生干部就不算上进了（当然不包括那些懒散、无所事事的同学）。我想说这些同学很无知，请不要生气，原因如下：如果你要考公务员，做行政类的工作，那么我建议你去当学生干部，学生干部、党员、选调生、学校比赛的参与频率和获得奖项都是能够提高竞争能力的途径。但是如果你是纯技术路线，我奉劝你在大二的时候就不要再担任学生干部了，就算你的协调能力再好，分配能力优越，能够很有自信自己能把专业学习和干部工作都能做得很好。但就像我上面说的付出的时间越多，得到的成绩也就越大。但是怎么得到足够的时间以供我们付出呢？所以，鱼和熊掌不能兼得。并且学生干部经历对于纯技术路线的岗位并没有特别的优势可言。所以，在大一担任学生干部足矣，体验过了就好了。

还有，那些学校性、学院性的活动，在很大层面上，是为了丰富学生生活而开展的，使大学生活不至于枯燥无味。动机是好的，但是我们是否能够在此类比赛上获得自己想要的锻炼，这就需要我们自己去判断了。很多学长们都说那些打杂性的干部工作，多做无益。确实，除了可以给自己练练肌肉，其他的基本上学习不到什么了。所以我建议大家选择性地参加比赛，不要为了综合考评而全部参加，也不要因为懒而什么都不参加，很大一部分比赛对于我们能力的提升是很有好处的。

那么大学需要培养的，除了专业知识外，还有哪些呢？

能力上，拥有主动的分析能力和独立的思考能力，并且将教材上的知识和理论进行吸收，从而应用于社会实践的能力。读经济学最主要的是学习一种经济学的思维，学管理学主要是学管理学的思路。本科生和专科生最主要的区别在于，本科生在思想上扎根，专科生在技能上挖掘。若本科生和专科生都是学厨艺的，专科学习的第一节课就开始了教导如何做菜，开始实践性教学。而本科生，必定花一两年的时间来学习厨艺的历史、厨艺的简介、未来发展趋势等。目的就在于塑造思维，教导你如何创新、如何去分析一道菜里面的营养价值、如何去配色加香料。但是若论炒菜的技能水平，我想本科生和专科生能力差不多。但是本科生拥有的分析能力和独立思考能力将是一个决定薪酬高低的筹码。

在思维上，自主性学习，对自己学习的内容有所取舍，有一个比较明确的取舍标准，并用带有批判的眼光对教材和其他书籍中的观点加以学习。建立自己的一套学习的取舍标准，什么都学不如一门学精。10个10%并不是100%，而是0。很多人可能会说，我组织活动、策划、销售、人力资源都会一点，但是你是否拥有独立完成工作的能力？这也是评判企业要不要你的标准。

在人格上，拥有独立的人格，因为一个经过独立思考而坚持错误观点的人比一个不假思索而接受正确观点的人更值得肯定。真理往往掌握在少数人手里，而少数人必须服从多数人，到头来真理还是在多数人手里，人云亦云就是这样堆积起来的。第一个人说一番话，被第二个人听见，和他一起说，此时第三个人反对，而第四个人一看，一边有两个人而一边只有一个人，便跟着那两个人一起说。可见人多口杂的那一方不一定都有自己的想法，许多是冲着那里人多去的。所以，在大学的时候，我们必须建立自己的价值观，不要认为人多的地方就是真理。此次的日本地震，震撼了许多人。然而在网站上，一边在笑着日本活该，因为日本曾经进行南京大屠杀，曾经侵略过中国，给中国带来惨痛的伤害；一边认为地震是天灾，天灾是人类的天敌，就算日本曾经严重地伤害过中国，但在天灾面前，我们应该援助他们，抱有一颗同理心。你对此次事件是如何看待的？对于书上的内容你全盘赞同还是用带有批判性的眼光去接纳，决定了你价值观的确立。

在行动上，要做一个思想深刻的人：第一，利用图书馆，多看有思想深度的书，如哲学、政治、历史、社会学等多个领域的书籍；第二，将自己的思想植根于现实的土壤，如参加有指导性的讲座，并且学会向周围人群学习。在专业学习的基础上，我建议大家尽可能地多看看哲学、政治、历史、社会学等多个领域的书籍。专业书籍可能看过就忘记了大部分，但这些课外书籍对于你价值观的确立，对于你人性修养的提升，是很有益处的。在确立目标后，我们要将目标的内容落到实处。当然，书籍只能确立你的价值观和看待世界的角度，并不能使你真正成长，真正的成长需要通过经历来丰富。积极寻找能够使自己成长的机遇，是在大学里面的一个很重要的话题。

谈谈考研和留学吧。21 世纪，文凭越来越不重要了，能力越来越重要了；21 世纪，大学生越来越多了，能力趋于平庸化了；21 世纪，注定是那些有想法、有创意、有激情、有勇气将创意付诸实践的人的世纪。

如果你要考研，那么请你想清楚，考研后你的竞争力何在？如果只是看重一纸文凭，那尽快打消这个念头吧！在现代的企业中，90% 的岗位要求的学历都在本科以下，再加上现在研究生泛滥，文凭变白纸，“研究生”这一虚名的竞争力已不复存在了。研究生，顾名思义，研究某一类科学的人才。读研究生的动机在于加强对某一科学理论水平的深度。对于学术界，是相当重要的。但如果你的目标是商界和政界，那么研究生的竞争力就弱得多了。我们很少能听到某某领导是什么某某专业的研究生、博士，也很少听到某某企业家是某某专业的研究生、博士。马云还是专科生呢，照样能够成立阿里巴巴，成为最令人敬佩的企业家之一。

现阶段企业对于工作经验比学历看得更重要，希望那些想要考研的人可以权衡下 3 年的研究生学习出来的理论水平和 3 年的工作经验，哪个分量重。况且，3 年的研究生学生还需要父母赞助我们读研，若是你又荒废了 3 年，那这一选择的价值何在？

留学，目的在于学习语言，学习西方的文化传统，学习最先进的知识技能。如是抱着这三个方面的态度去留学，那么我强烈建议出国。如果只是要出国然后回国后拿着一个“海归”的头衔去混饭吃，那就打消这个念头吧。21 世纪是注重能力的世纪，你能在国外提升自己的能力，那留学无可厚非。如果只是看着身边的同学、身边的朋友一个一个留学去了才想出国，那么请不要跟风，思考下自己为什么去留学。

（来源：百度贴吧，有删节）

第三讲 认识我自己

知识目标

- 了解自我认知概念。
- 了解自我认知方法。
- 了解自我兴趣及特长、自己的性格类型、自我能力及个人价值观等。
- 了解多变世界下职业的特性，以及自我认知对职业选择与发展的重要意义。

能力目标

- 掌握自我认知方法和技能。
- 进行自我兴趣、性格、能力及价值观探索。
- 通过自我认知表格和工具的合理使用掌握相应的流程与步骤。

“人啊，认识你自己”，这句镌刻在古希腊德尔菲神庙里唯一的碑铭，犹如一把千年不息的火炬，表达了人类与生俱来的内在要求和至高无上的思考。启蒙思想家卢梭说过：“我敢说，德尔菲城阿波罗神庙唯一的碑铭上的那句箴言——‘认识你自己’，比伦理学家一切的巨著都更为重要、更为深奥。”在个人成长过程中，我们可以不断地认知天地万物，增长知识，丰富经验，但唯独离我们最近的“自我”往往是最难认知的。能够正确自我认知的人，先哲老子给予很高的评价：“知人者智，自知者明。”

李乐一进大学就对专业学习毫无兴趣，他把大部分课余时间都花在社团活动和志愿者工作上，专业学习勉强应付。在丰富的学校生活中，他收获了以往在高中时期无法奢求的东西，每天都在学长的赞赏和同学们的肯定中度过，但沉下心来想一想，总觉得自己好像还缺点什么，有时候甚至不知道自己到底要什么。王叶一进大学，家人就在为她张罗出国的事情。大学期间，她想把全部精力都放在专业和英语学习上，希望能以较好的成绩取得国外大学的入学资格。于是，她平时很少参与学校及班级组织的各种活动，与同学之间的交往也很少。随着英语成绩的一天天提升，有时候，她会突然间对这个并非自己选择的目标产生怀疑：出国能干什么？今后又该如何发展？

第一节 什么是自我认知

“我是谁？”“我是一个怎样的人？”“我喜欢做什么？”“我擅长做什么？”这些问题我们

可能在不经意间经常会自问，但很少有人会认真对待，很少有时间认真回答。然而这些看似寻常的问题，却关系着我们的人生，关系着对我们自身的认识。古希腊哲学名言——“人啊，认识你自己”，虽然简短，却铿锵有力，听来令人振聋发聩。确实，在人生旅途中，面临重大抉择时，只有那些善于认识自我的人，才能准确把握自己的发展方向。

一、自我认知与职业发展

职业选择与发展是人生重大课题之一。特质因素论创立者帕森斯早在20世纪初叶就提出了职业选择的三大任务：正确了解自己、了解外部世界和职业决策。而其中，认识自我是第一位的，是职业选择与发展的前提和基础。因此，如果不能在职业问题上正确认识自我，就很难选择适合自己的职业发展道路，进而必然会影响今后人生道路的顺利发展。

认识自我就需要进行自我探索，并通过自我认知形成统合的职业自我概念。职业自我概念由职业心理学家舒伯（Super）最先提出，是指个人整体自我概念在职业选择和职业发展上的反映。具体到职业选择和发展中，就是主体的我对涉及与自己职业选择和职业发展有关因素的认识，包括影响个人职业选择和发展的自我各个方面（价值观、兴趣、性格、能力等）。心理学家泰德曼（Tideman）在舒伯的基础上继续进行了研究，指出职业自我概念是个体在与社会接触的过程中对自我发展进行不断反省的结果，当职业自我概念定型时，职业定向也就形成了。同时，职业自我概念是一个发展的范畴，是在自我认知的过程中逐渐形成的。因此，在一定程度上，职业发展的过程，同时就是职业自我概念形成的过程。而统合的职业自我概念的形成与个人对自我的不断认知紧密相连。正是从这个角度来说，自我认知是职业选择和发展的前提和根基。

二、自我认知的维度和方法

自我认知一个复杂、渐进、终身的过程，自我认知的复杂性、渐进性、终身性决定了我们必须要从多个方面采用多种方法对自我进行分析和了解。了解自我认知的维度和方法，对于我们科学认识自我具有非常重要的作用。

（一）自我认知的维度

职业自我概念包括个体对自我各个方面的认识，因此自我认知也需要从多个方面来进行。其中既包括个体的一些人口学特征、外显特征，如性别、年龄、体貌特征等，也包括个体心理特性，如性格、兴趣、价值观等。

1. 生理我

生理我就是个人对自己的生理属性的意识，包括对自己的身体特征和生理状况的认识，如意识到自己的高矮、胖瘦、美丑、黑白、力量的大小、体质的强弱等内容。生理我使一个人把自我和非我区别开来，意识到自己的生存是寄托在自己的躯体上的。生理我是自我中最基本的内容，是其他自我内容的基础，它也是在自我形成过程中最早形成的内容，认识自我最早是从认识生理我开始的。

2. 心理我

心理我是指一个人对自己的心理属性的意识，包括对自己的感知、记忆、思维、价值观、性格、能力、兴趣、需要等方面的意识，它使人认识到自己的心理特征和心理倾向：意识到自己的观察力强不强，记忆力好不好，自己的思维是敏捷还是迟钝，自己的情绪是容易激动还是比较稳定，自己的性格是内向还是外向，自己对什么事感兴趣，自己的信念理想是什么，自己的能力优势，等等，都是心理我的内容。心理我是职业自我的核心内容，也是自我认知的重点领域，它对一个人的职业选择和职业发展都起着至关重要的作用。

3. 社会我

社会我是指个人对自己社会属性的意识，是对自己在社会和集体中的地位、他人对自我的期望的认识，包括个人对自己在各种社会关系中的角色、地位、权利、义务等的意识。社会我是由历史、文化、社会造成的。例如，一位教师，在学校里，他要意识到自己是一位教师，要教书育人，有教师的责任与义务；在家里，他可能是丈夫和父亲，他要意识到做丈夫和父亲的责任与义务。

（二）自我认知的方法

认识自我的方法是多种多样的，总的来说，可以归纳为经验法和心理测验法两大类。

1. 经验法

经验法，是指在人际交往中或依据过去活动成果由他人或本人对自己进行主观的分析和评价。

（1）自我反省——回顾过去，发现自我。

春秋时期，曾子就提出“吾日三省吾身”。古希腊大哲学家苏格拉底说：“未经反省的生活是无价值的生活。”自我反省是一种简单、有效的自我认知的途径。只要有心，生活中每时每刻我们都能通过正在发生的事件，观察自己的行为、情绪和体验，并通过观察的积累总结自身的特长兴趣和职业倾向。

（2）他人评价——旁观者清，指出盲点。

“除了自己，谁最了解你？”对于这个问题，你可能回答：是父母，是同学，是某个亲朋或师长。总之，和我们长期共同生活的人，都可能对我们的性格、能力、兴趣等职业倾向有所了解。而且，相对于自我反省，他人的反馈建议可能更为客观。也许不是所有人都能对我们有全面的评价，但有可能对我们某一方面有所了解。因此，收集尽可能多的反馈，在不同意见和观念中碰撞，我们才能跳出自身局限，完善对自我的探索。

（3）班级、社团或其他活动——参与活动，亲身体验。

人对自我的了解有很大的情境性，只有在实际的情境中，我们才能看到自己的表现到底怎样、喜欢什么不喜欢什么。对于接触社会较少的大学生而言，由于很少有机会进入真实的职场，因此对职业自我的了解相对比较困难。但是，在大学里有很多实践活动，比如班级、社团、社会实践等，为我们通过亲身体验认识自我，提供了很好的平台和机会。通过平时多参加班级、社团或其他一些活动，可以了解自己的价值观、兴趣、性格、体能、人际关系处理能力等。

2. 职业测评法

职业测评是心理测验在职业心理测评上的具体运用。凡是经过测验编制程序完成标准化，用以测量心理特征的工具均称心理测验。心理测验的基本原理是，通过一个人对问题情境的反应来推论他的心理特征，也就是从个体的外在行为模式来推知其内在心理特征。因而，心理测验是间接地而不是直接地测量人的心理特征。通过职业测评可以深入分析和评价自己不知道且别人也不知道的一面——潜在我。

为了最大限度地发挥职业测评的效用，首先，应该选用一个权威性比较高的心理测量工具；其次，在做测验的过程中，一定要按自己的真实想法填答，避免主观情绪；最后，要选择一个安静、没有外界干扰的环境。

三、自我认知之心理分析

（一）大学生自我认知心理

就自我认知而言，许多大学生在择业中存在以下几种心理：

1. 盲目自信的心理

有的同学认为自己在择业中具备种种优势：学习成绩优秀，政治条件好，学校牌子亮，专业需求旺，求职门路广……因而盲目自信，择业胃口吊得很高，到头来往往会由于对自己估计过高，对自己的不足和困难估计不够而在择业中受挫。

2. 自卑畏怯的心理

有的同学大学三年顺利地走过来了，也具备了一定的实力和优势，面对激烈的竞争，却觉得自己这也不行，那也不如别人。自卑心理使其缺乏竞争的勇气，缺乏自信心，走进就业市场就心里发怵，参加招聘面试，心里忐忑不安。一旦中途受到挫折，更缺乏心理上的承受能力，总觉得自己确实不行。在激烈的择业竞争中，这种心理障碍是走向成功的大敌，必须认真加以克服。

3. 急功近利的心理

有些同学在择业时过分看重地位，过分看重实惠，一心只想进大城市、大机关，去沿海发达地区，到挣钱多、待遇好的单位，甚至为了暂时的功利宁可抛弃所学的专业。这种心理可能会得到一些眼前的利益和满足，但从长远发展看并非明智的选择。

4. 患得患失的心理

有些同学在择业时顾虑太多，当断不断、患得患失，这山望着那山高，最后什么也没有得到。这也是导致许多同学陷入择业误区的一种心理障碍。

5. 依赖心理

依赖心理在求职择业中又具体表现为两种倾向：一种是依赖大多数的从众心理，自己缺乏独立的见解，不是从自己的实际情况做出切合实际的选择，而是人云亦云，见别人都往大城市、大机关挤，自己也跟着凑热闹；另一种是依赖政策、依赖他人的倾向，不是主动选择，积极竞争，而是觉得反正国家要兜底，反正有“优生优分”的政策，坐等学校给自己落实单位。这种心态也是与激烈竞争的社会现实格格不入的。

（二）分析

上面所说的这些心理现象，其实都折射出一个事实，即很多学生缺乏对自己的准确认识，不知道自己的长处，不知道自己能做什么。他们在求职的过程中，还存在着一些误区。下面我将从几个方面和大家探讨这个问题：

1. 记住“我”是谁

在谈到认识自我的问题时，日本动画片《千与千寻》的故事对我们很有启发：

一个叫千寻的小女孩和父母在森林里迷了路，之后他们来到了一个小镇——神灵之镇。父母告诉她要永远记住自己的名字，要知道自己是谁。后来，千寻知道，这个神灵之镇，只接待各路的妖怪神仙，人类是不能进来的，如果不幸进来的话，唯一能生存的办法就是为魔女“汤婆婆”工作。汤婆婆会用魔法剥夺一些人的名字，让他们去做坏事，而千寻始终坚持记住自己是谁，就没有受到魔女的控制。最后，她不仅自己获得了自由，还想办法解救了所有的人。

有一个大学生，刚参加工作不久就决定回学校读研究生，原因是他在广告公司做业务要和一些外企打交道，需要提高英语水平。他的工作有多需要英语呢？其实，他只和外企的中国人打交道，也只是一些偶尔出现的英文词汇他看不懂。

认识自己真是一件很困难的事，这个在广告公司做业务的大学生实际上做得也很成功了。但是他在外企的环境中迷失了自己，而产生了要去学英语的想法。这实际上是一种逃避的行为，真正的原因是工作压力比较大。其实，大学生所面临的问题都差不多，尤其是即将毕业的大学生，一定要首先弄清自己是谁。

2. “我”的能力取向

能力可分为一般能力和专业能力。一般能力包括：①自学能力，如阅读、使用工具书、利用文献信息资料、独立思考等方面的能力；②表达能力，主要有口头的、书面的、图表和数字的表达能力；③环境适应能力，如独立生活、人际交往、应付挫折、独立工作等能力；④创造能力，如从事科研活动、提出新见解、创造新发明等；⑤自我教育能力，如自我评价、自我监督、自我管理等能力；⑥管理能力，即人的管理和技术的管理等；⑦动手能力，如具体的操作能力。专业能力因专业的不同，有不同的内容和要求。但无论是什么专业的大学生，都要具有一定的专业能力，和工作成就相当有关系的就是“能力”。我们说的是，和工作有关系，和人生幸不幸福、快不快乐，可能有关系、可能没关系。如果，你相信工作是你生涯的全部，就有关系；如果不是，关系就未必那么大。担任公关工作，需要良好的协调能力、口语表达能力等，如果你具备这样的能力，又从事这样的工作，可能很容易获得赏识，得到晋升机会，但这样的能力对于从事 IC 设计工作的人而言，未必派得上用场。

因此，“了解自己的能力取向”“了解各项工作或职业所需具备的能力”以及“根据自己的能力寻找适合的职业”，往往是“适才适所”的生涯抉择。然而，从事自己有能力做的工作，就会比较乐在工作吗？这却不见得，因为乐在工作往往与个人兴趣、特质或人生目标有关。我们看到很多人具备某些职业的特长，却宁可舍弃，即是如此。

3. 成功的工作还是适合的工作

在中国，大家都想找一份成功的工作；而国外，人们更倾向于找一份适合的工作，做适合的工作是令人愉快的。做自己感兴趣的、适合的工作，就会感到愉快。如果只想找成功的工作，那么附加条件很多，就限制了人们的职业选择。

比如，某人目前的月工作收入是一万多元，但他不喜欢；如果换一个自己喜欢的工作，收入可能只有两三千元。他愿意不愿意承受更换专业和工作环境而带来的风险和压力，这是做出选择的一个前提。当然，这和大家自己的分析和希望有很大的关系。

4. “我”的人格特质和价值观

“我”具有什么样的特质？“我”的特质适合从事什么工作？过去一直有学者专家从

事这方面的研究，可是很少得到一致的结果。有一点可以肯定的是，不同职业会因为所从事的特定工作内容，而特别适合具备某些人格特质的人。例如：社会福利或服务人群的工作，由具有同情心的人来担任应较为得心应手；从事科学研究的工作者，需长期投入实验，势必需要具备情绪稳定的特质；作家、剧作家要有丰富的创意；而金融工作者，必须对数字敏感且细心，否则处在“锱铢必较”的工作环境中，恐怕也会紧张不安。因此，了解自己的性格及人格特质，在生涯发展的过程中，也会帮助我们做出更好的生涯选择。

或许有人会说：我可以训练自己，让我更外向，这样我会不会比较容易成功？当然，这是可能的。比如某位同学的父亲开了一家服饰店，有客人进门时，他很容易就和客人打成一片，不认识他的人以为他是很外向的人，也很容易交心；但是，事实上，在家里的时候，他几乎不苟言笑，对孩子也甚为严厉。你认识这样的人吗？你对这样的人感觉如何呢？如果是你，你会做这样的选择吗？

其他如价值观、人际关系等，也是影响生涯选择的重要因素。若身为律师，理论上应为当事人提供辩护，但若是他发现无法认同当事人的行为处事，或对当事人的对错有不同的看法，而无法执行其律师的职责，这样的价值观的混淆，可能对其律师生涯有重要影响。这样的例证在相关法律案例里随处可见。科技公司有美好的前景、优厚的待遇，但若重视个人生活品位或希望多些时间陪家人者，可能就会面临相当的冲突。价值观的冲突，往往是职业生涯中的重要因素。

因此，正确地认识自我，进行完整的自我认知不仅仅是对个人职业选择起到重要的作用，更重要的是对个人整个生涯发展都有良好的推动作用。

四、自我认知之辅导测验

“很小的时候，爸爸曾经问我，我长大后要做什么？我……”这是罗大佑先生作词作曲的一首歌《我的志愿》中的歌词。几乎每个人都被问过“你长大后要做什么？”，或者问自己“我将来想做什么？”这样的问题，可以说这是自我认识的起点。有哲人说了这么一句话：“知道你是谁比知道你要去哪里更重要。”

对于认识自我最集中的几个问题如下：

（1）“我”喜欢做什么？“我”会有兴趣和意愿去投入。

（2）“我”具备哪些能力？“我”可以做到这些事，“我”做这些事总是较有成就感。

（3）“我”具有什么样的特质？“我”比较适合做些什么性质的工作？

（4）在“我”的生命中，“我”重视什么？“我”不必担心做的事违反“我”的信念？

（5）“我”喜欢的工作和休闲为何？

（6）“我”希望一生中可以成就的目标是什么？

（7）“我”有何资源？包括家庭/个人/同学/朋友/师长/经验。

（8）“我”的限制为何？

如果我们每个人，能够清楚地回答这些问题，接下来我们要问的就是：这样的一个“我”，适合什么样的职业生涯？该如何实现我的职业生涯愿望？下面我们会循序渐进地带领大家回答这些问题。

（一）了解工作世界

社会上有很多不同的工作，我们不可能全面认识。不过，根据工作的共通性质，我们可以把工作归纳为六个类别。你可以选择适合自己的工作类别，然后再仔细地挑选你的职业和筹划未来。学者 John Holland 认为我们每个人在选择工作时，或者在工作的表现中，也在表达自己的个人兴趣和价值。经过长期的研究，Holland 将人和环境归纳为六个类型，分别是实际型、研究型、艺术型、社会型、企业型、常规型。Holland 相信，人境适配，较有可能造就一个稳定和快乐的工作者；也就是说，艺术类型的人，如果能够在一个艺术的环境中工作，必定 Happy！

1. 实际性工作（R—Realistic occupations）

实际性工作包括使用机器、工具及其他设备，担任指导、操作、检验和修理等工作，包括一些服务行业的技术性工作，例如厨师、裁缝等，可透过机构培训或院校训练获得有关技能。

2. 研究性工作（I—Investigative Occupations）

研究性工作与研究及应用科学有关，研究的对象可以是自然或社会经济现象，主要通过实验或调查，观察、分析和归纳问题，将科技实际应用到现实生活中，例如电子技术员、药剂师、化验师、市场调查助理、程序员等。

3. 艺术性工作（A—Artistic Occupations）

艺术性工作包括音乐、美术及设计等工作，需要充分发挥自己的艺术天分、创作意念和想象力。

4. 社会性工作（S—Social Occupations）

社会性工作包括医疗、教育、传播及社会福利等工作，需要经常与人接触，为社会和市民提供各类服务，需要乐观开朗的性格，处事成熟稳重，并且具备服务他人的热诚。

5. 企业性工作（E—Enterprising Occupations）

企业性工作包括策划、管理、行政及商务专业工作，例如，人事经理、信贷分析员等，需要具备领导才能，有决断力，并能在压力下独立工作。

6. 常规性工作（C—Conventional Occupations）

常规性工作包括一般服务和文书工作。一般服务从业员需要经常与客人接触，例如，酒店服务生、银行职员等；文书工作主要包括维持办公室的日常运作，为行政人员提供辅助服务，日常工作包括储存和处理文件等。

其实，上述六种工作类别只不过是一种概念上的简单分类。在现实生活中，工作往往同时涉及两个、三个甚至更多的类别。我们可以将六种类别的工作互相组合，便能系统地分析各类职业的特质。

（二）你可从工作中得到什么

工作是生活中不可缺少的一部分。通过工作，你不仅可赚取生活所需，还可以获得满足感和成就感，而个人的自信心、价值观和潜能亦可得到肯定和发挥。基于不同的价值观、生活及社会环境，工作对每个人都有不同的意义或价值，但有一点可以肯定的是，除了金钱之外，还有其他的重要因素推动我们努力工作。在选择职业及决定自己的发展方向时，我们可以考虑以下要点：

（1）工资及其他物质报酬：供给生活所需和物质享受。

（2）满足感及挑战：成功完成任务或解决难题后所获得的满足感或成就感。

（3）别人的认同及赏识：得到别人对自己的努力或才能的认同或物质的奖赏，如晋升机会等回报。

（4）个人成长及发展：通过不断尝试及学习或参与培训，能增长知识和磨炼技能。

（5）友谊及人际网络：在工作上，除了可结识公司同事外，亦能接触其他不同阶层、背景、国籍的人，扩充生活圈子及增广见闻。

（6）人生目标及理想：工作可作为人生目标之一或达成个人理想的踏脚石。

（7）服务及贡献社会：有些工作以服务他人为宗旨，能帮助有需要的人士，造福社会。

（三）认识自我

认识自我是整个择业过程中的第一步，你首先需要确切地了解自己的特质和对工作的期望，然后才能在选择职业时有所依据。增进自我了解的方法有很多，哪种方法最为有效则视个人而定。自我认知通常从以下几个方面开始：

1. 兴趣

兴趣是个人对事物的喜好和厌恶，并不受物质报酬的影响，能够投身真正感兴趣的行业，你自然会工作愉快，办起事来倍加投入和充满干劲。你喜欢做什么事？将来要做什么？这是检视自己兴趣最简单的方式，也是相当主观的方式。可是，我们常常会觉得不确定自己喜欢做的事，以及是不是可以作为职业或可不可以获得成功。不同的人对于某种职业的兴趣是不同的，下面将运用一个较为客观的测验方式，来帮助大家了解自己的职业兴趣。

【职业兴趣测验】

这个测验分为3部分，各有12道选择题，请在每个问题的4项选择中选出最适合的一项。

完成所有问题后，请将每一部分的分数填在下方的表格内，然后再将三部分的各个得分统计一下，总分最高的一组就是你的职业兴趣所在。下面先给出一个大致的方向。

1. 喜欢同具体事物打交道，而不善于与人交往的人——可选择诸如制图、勘测、工程技术、建筑、机械制造、财会等专业和职业。

2. 喜欢与人交往，善于适应新环境的人——可以选择行政管理、新闻、市场营销、旅游等专业和职业。

3. 愿意干有规律的工作，办事仔细，喜欢按照常规，有规律、有秩序地工作——可考虑选择图书管理、档案管理、信息管理、统计等专业和职业。

4. 乐于助人，办事严谨、认真的人——适合选择法律、教师、医生等职业和相应的专业。

5. 对人的行为举止和心理变化感兴趣，喜欢研究人的行为、探讨人生奥秘的人——建议选择心理学、政治学、社会学、人类学等专业和相关的教育、研究、管理职业。

6. 喜欢掌握一定的权力，希望受到人们尊敬和获得声望的人——可考虑选择公务员、企业管理干部等职业和与之相关的专业。

7. 喜欢抽象思维，对分析、推理、试验感兴趣，喜欢独立地进行创造性工作，对自己的学识、才能充满自信的人——应该选择与科学研究、科学试验和产品开发等职业和相应的专业。

8. 善于形象思维，喜欢观察思考，在语言表达、文字能力或创作、表演方面有天赋、有浓厚兴趣的人——应该选择文学创作、影视艺术创作、影视剧表演、节目主持等专业和职业。

9. 喜欢亲自动手，善于制作和创新，思维敏捷的人——可以选择机械制造与维修、建筑设计、服装设计、电子技术、园艺等专业和职业。

测验表格部分如表 3－1 所示：

表 3－1　测试卷

第一部分				
下面是一些大学生经常进行的课内或课余的活动，你喜欢这些活动吗？	极不喜欢	不喜欢	喜欢	很喜欢
上专业课	1	2	3	4
听音乐	1	2	3	4
认识新朋友	1	2	3	4
学习和安装修理电脑	1	2	3	4
唱歌	1	2	3	4
调解同学之间的冲突	1	2	3	4
带领同学做义务劳动	1	2	3	4
养小动物	1	2	3	4
做模型设计	1	2	3	4
做科学实验	1	2	3	4
收集自己喜欢的东西	1	2	3	4
设计课外活动或者做类似的宣传计划	1	2	3	4
第二部分				
如果你一定要从事这些活动，与你的同学比较，你认为你会比他们做得差还是出色呢？	差很多	差一点	出色一点	出色很多
1. 聆听朋友的烦恼并且安慰他们	1	2	3	4
2. 学习修理电器（例如：电视机、收音机等）	1	2	3	4
3. 演奏一种乐器	1	2	3	4
4. 整理及绘画统计报表	1	2	3	4
5. 理解关于科学知识的电视节目	1	2	3	4
6. 画画（包括漫画）	1	2	3	4
7. 为一个学生团体招收新会员	1	2	3	4
8. 打网络游戏	1	2	3	4

续表

如果你一定要从事这些活动，与你的同学比较，你认为你会比他们做得差还是出色呢？	差很多	差一点	出色一点	出色很多
9. 研究天文学的资料	1	2	3	4
10. 宣传一个新成立的学生团体	1	2	3	4
11. 计算班级外出活动所需要的食物、饮料和其他物资	1	2	3	4
12. 和别人交谈，以增进对别人的了解	1	2	3	4
第三部分				
下列是常见的工作，在这些不同类型的工作中，你有多喜欢这些工作呢？（请注意：假设所有工作的薪酬福利都是一样）	**很不喜欢**	**不喜欢**	**喜欢**	**很喜欢**
1. 出租车司机	1	2	3	4
2. 作曲家	1	2	3	4
3. 银行职员	1	2	3	4
4. 古迹遗址的考古工作	1	2	3	4
5. 四星级酒店的经理	1	2	3	4
6. 会计文员	1	2	3	4
7. 修理飞机的技术员	1	2	3	4
8. 话剧作家	1	2	3	4
9. 学校的服务人员	1	2	3	4
10. 托儿所的主任	1	2	3	4
11. 天文台的气象分析员	1	2	3	4
12. 经营连锁快餐店的经理	1	2	3	4

计分表

工作类别	第一部分	第二部分	第三部分	合计
事务性工作				
研究性工作				
艺术性工作				
常规性工作				
社会性工作				
企业性工作				

在做完测验以后，我们可以进行这样的比较：一是自我比较，自己和自己比较，在哪一个或哪几个兴趣范围的分数较高；二是和别人做比较，你可以和其他大学生的兴趣分数比较，或许你会发现，你以为自己在艺术方面的兴趣很高，不料，和别人比较，竟然差不

多。所以，真正去了解自我，去挖掘自己的最大潜能，是你成功的开始。

2. 专长

每个人都具备不同的专长。有些人精于数字运算，有些人善于操作机器，而有些人则具备过人的创作能力。不同类型的工作对专长有不同的要求，例如：语文老师、记者等需要良好的语言表达能力；而会计等则需要精于处理数字。要更充分地发挥你的才能和潜质，应当寻找一份符合你专长的职业。

以下的练习可以协助你了解自己在语文、数学和创作方面的能力，假若你未能肯定自己在这些方面的能力，请动手试试。

练习1：请在3分钟内用中文说出你的优点，并同时用英文阐述。

练习2：请在3分钟内解答以下的数字逻辑问题。

Example：2　4　6　8　10（　）（　）

Answer：12，14

（1）88　74　62　52　44（　）（　）

（2）12　15　14　17　16（　）（　）

（3）2　4　3　9　8（　）（　）

（4）48　96　24　48　12（　）（　）

（5）4　5　10　11　22（　）（　）

Answer：

（1）38，34

（2）19，18

（3）64，63

（4）24，6

（5）23，46

练习3：请在2分钟内说出一个空的易拉罐，除了丢进垃圾桶之外，还能有什么用处。

3. 个性

个人的性情可以是与生俱来，也可以是经过长时间培养出来的特质，如果你能够找到一份适合你个性的职业，便更容易从工作中获取满足感和成就感。假设你的个性活泼好动，喜欢户外活动及接触不同背景的人士，而你担任的岗位是营业代表或客户服务代表，需要经常面对顾客及外出工作，那么你的性格便会令你更容易投入工作；相反，如果改由一位性格内向的人担任这个职务，他很可能会感到十分吃力，也较难在工作中获得满足感，所以，如果能够找到一份和自己性格相符合的工作，做起事来便更加得心应手。

4. 资历

我们可以借助表3－2认识个人资历：

表3－2　个人资历

教育程度	小学	（　）	专科	（　）
	初中	（　）	本科	（　）
	高中	（　）	硕士、博士	（　）

续表

a. 曾参加的公开考试和成绩（例如：CET4、计算机等级，等等）：
b. 曾经接受的培训（例如：计算机培训、乐器培训、英语培训，等等）：
c. 曾经的专业课成绩：
d. 其他证书或者专业资格（例如：一些认证资格证书，等等）：
e. 工作经验：
f. 其他经验（例如：义务工作、各类组织的干事，等等）

注意：

① 资历是通过训练和累计经验而获取的技能或资格，包括你曾接受的教育、训练，学历证书，专业资格和工作记录等，良好的资历是成功求职的重要因素，也是你生命中的宝贵资产。

② 如果你对个别行业有浓厚的兴趣，便应积极搜集该行业的最新动态，看看要接受哪些培训才可以投身该行业。

5. 期望

每个人对自己的工作和事业都抱有不同的期望。有些人重视金钱财富、名誉地位，有些人则渴望将自己的专长回馈社会。在做出择业决定之前，我们可以认真思考一下自己对将来有什么期望。

【练习】

“我”希望通过工作能够获得：

1. 金钱财富　2. 实现理想的机会　3. 名誉地位　4. 发挥潜能的机会

5. 挑战　6. 服务社会的机会　7. 友谊及人际网络　8. 别人的认同

9. 其他

尽管每个人对工作的期望都有所不同，但以下要点是必须注意的：

(1) 期望是否实际？

A. 薪酬要高　　　　B. 工作要少，又要容易

*期望A和B兼得是否合乎现实情况？

(2) 不同期望是否存在冲突？

A. 想从事社会服务工作　　　　B. 不喜欢与人相处

*期望A和B不相符

A. 喜欢户外工作　　　　B. 要从事写作工作

*记者等职业可以同时满足A和B两种要求

A. 喜欢教育工作　　　　B. 热爱体育运动

*体育教师等职业可以同时满足A和B两种期望。

当你对工作有很多不同期望的时候，你应按重要性列出先后次序，如果产生冲突，你或许要做出取舍。同时在现实世界，大部分的工作并不能完全满足你所有的期望，你应该以你认为最重要的期望作为择业的目标，并且你的期望会随时间和环境变化而改变，而实际工作情况也可能与你的期望有所差异，但不要灰心丧气，凡事应按部就班，朝着目标努力前进。

自我认知是对自己职业生涯的初步探索，是择业决策之前的必要的自我审视或规划。有些同学可能会说：我认识自己就够了，确定了自己的兴趣和职业方向，我看到有招聘会去就可以了，有适合的岗位我就投简历，撞上就可以了。然而现实中并不是这样，机遇总是垂青于有准备的人。所以我们要做一些准备，或者说要先做一些规划。你要明白你自己的目标，你到底想做什么。你要明白你生命中最重要的是什么，就是说你到底想要什么，你更加偏好的是什么东西。这就需要你做计划、定目标。

【练习】

1. 在职业发展过程中，我们应该如何扩大自己的“公开区”？

2. 下面列出了职业发展过程中的八种动机，选出你最看重和最不看重的三种动机，从而了解自己的职业取向。

专家：寻求能够发挥并提高自己的技能的工作机会。

综合管理者：寻求能够在管理层级上不断提高的工作机会。

自由职业者：寻求能够自己定义目标，以及完成方式与进度的工作。

稳定与保障：寻求收入和雇用关系稳定的工作机会。

创业与创新：寻求能够创新，或创立属于自己的事业的机会。

帮助与服务：寻求能够帮助与服务他人的工作机会。

挑战：寻求富有挑战的工作机会。

生活方式：寻求能够平衡、整合个人成长、职业发展和家庭生活的工作机会。

我最看重的三种动机是________________

我最不看重的三种动机是________________

3. 根据课程内容判断自己的气质类型，并以此为依据确定比较适合自己的职业。

我的气质类型是________________

我比较适合的职业是________________

4. 举例说明乐观者和悲观者看待成败的方式有什么不同。我们应该如何控制自己乐观和悲观的情绪？

第二节 自我认知与职业测评

通过上一节所做的基本练习，我们已经知道了职业测评在自我认知过程中的作用，下面我们具体地了解一下职业测评与自我认知之间的联系。

一、职业自我认知

通过对职业自我概念以及自我与职业关系的分析，我们发现与职业相关的自我是多方面的：既包括个体心理特性，比如性格、兴趣、价值观等；也包括个体的一些人口学特征，比如身体条件、性别、年龄等；此外，专业知识、实践工作经验、家庭环境等也是影响职业选择和发展的自我因素。

综合来看，职业自我认知可分为六个维度，每个维度又各自包含了三个或四个项目，如图 3－1 所示。

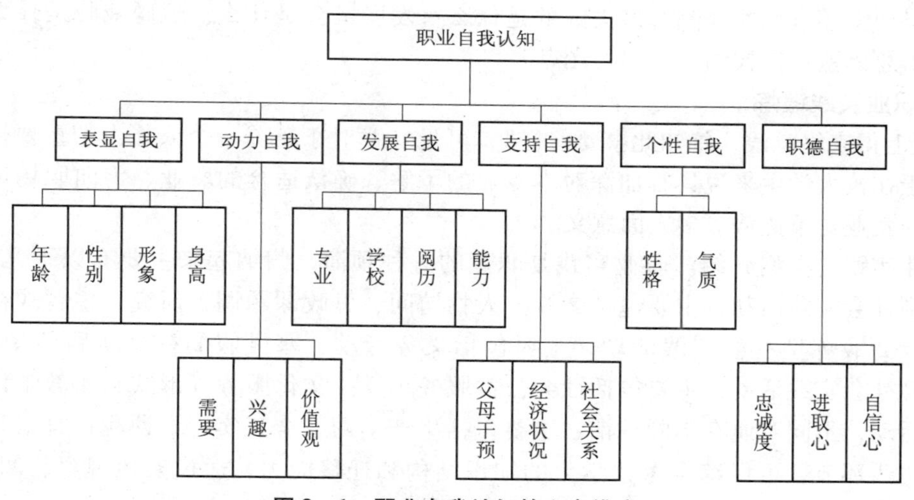

图 3－1 职业自我认知的六个维度

二、自我认知的具体方法

（一）自我认知的常见方法

1. 自我探索

（1）成长事件。总结回顾从幼年时代开始的生活经历，发掘曾经的志向，你可能会发现那正是你人生的起点。个人可利用“生命线”对成长事件进行概括提炼，并通览生活和工作的框架，从而帮助个人更好地了解自己，特别是对那些“不知道想做什么”的人来说，对生命事件的梳理尤为重要（如图 3－2 所示）。

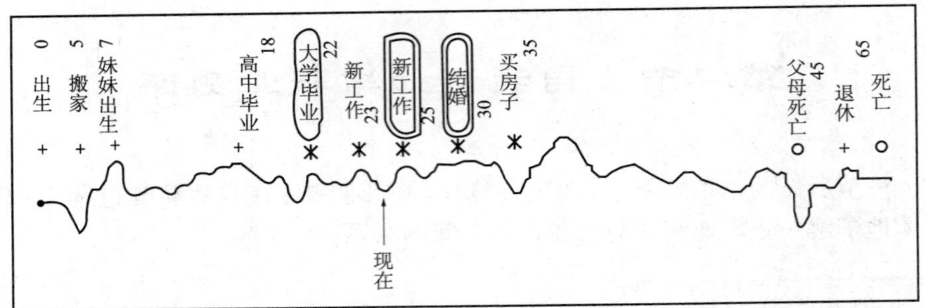

图 3－2　生命线示例

（2）自我现实分析。通过整理过去“做过的事情”以及现在“能做的事情”，思考现在“想做的事情”的现实性及其现实方法。常见的是通过 SWOT 分析，详尽地列出自己的优势（Strength）、劣势（Weakness）、就业环境中存在的机会（Opportunity）、威胁（Threat），做到“知己知彼”，从而做到有效地利用和发挥自己的优势，抓住机会，躲避风险，以免做出徒劳无益的决策。比如：优势、优点方面，什么是我最优秀的品质？我曾经学习了什么？我曾做过什么？最成功的是什么？弱势、缺点方面，我的性格有什么弱点？经验或经历上还有哪些缺陷？最失败的是什么？发展机会是什么？阻碍威胁是什么？通过分析给出总体鉴定，找到自己的闪光点。

2. 职业实践锻炼

“纸上得来终觉浅，绝知此事要躬行”，可见实践对于培养一个人能力的重要性。职业实践对于在校大学生来说具有加深对本专业的了解、确认适合的职业、为向职场过渡做准备、增强就业竞争优势等多方面意义。

职业实践的类型介绍。职业实践是职业的一种预演，归纳起来主要有以下几大类型：①认知型社会实践活动，主要包括参观、人物访问、思政课题调查研究、主题式社会考察等形式；②锻炼型社会实践活动，主要包括义务劳动、寒暑假的社会实践活动等形式；③服务型社会实践活动，主要包括社会公益服务、科技文化服务等形式；④教学计划内社会实践活动，不同专业有不同称谓，主要包括生产实习、金工实习、课程设计等形式。通过以上实践环节，可以综合考察学生的知识结构和迁移能力，通过实地观察、调查研究、实际操作等来加强自身的职业素质教育，提高自身的职业实践能力。

（二）自我认知的测评方法

1. 职业测评问卷

职业测评是一种了解个人与职业相关的各种心理特质的方法。职业测评是综合利用心理学、管理学和人才学等学科的原理、方法和技术，对人的能力因素、个人特质因素以及动力因素等主要内容进行系统的、客观的和全面的测量及评价。准确地说，职业测评是一种心理测验，它是通过一系列的科学手段对人的一些基本心理特质进行测量与评估，最常见的是通过测评问卷的评估，分析个人的各种特点，再结合工作的特点，为个人的职业生涯设计提供指导，帮助个人进行职业选择，也就是通常意义上所说的“人职匹配”。

常见的职业测评工具有以下一些。智力测验在临床工作中最为常用，有美国斯坦福大学L·M·特曼主持修订的斯坦福－比奈智力量表、韦克斯勒智力量表和瑞文标准推理测验（SPM）等。常见的人格测验工具有艾森克个性问卷（EPQ）、16项人格因素问卷（16PF）、明尼苏达多项人格问卷（MMPI）、加利福尼亚心理调查表（CPI－RC）、多轮临床问卷（MCMI）、人格研究调查表（PRF）、大五人格模式等。常见的职业兴趣量表有：霍兰德职业性向测验量表、斯特朗－坎波尔兴趣量表（strong-campbell interest inventory，SCII）、我国教育部考试中心编制的职业兴趣量表等。另外，职业价值观也有相应的测量表。一些职业测评网站上有丰富的专业测评问卷，有的网站甚至具备测试结果评价功能。

2. 职业咨询

（1）职业咨询的概念。所谓职业咨询是指运用心理学等方法，遵循职业和社会发展的原理，协助当事人更好地解决在选择职业、安置就业和职业发展等方面遇到的问题。在职业咨询过程中需要采取一些专门的技术，协助当事人正确认识自己的兴趣、能力和性格等特征，认识当前的社会环境及职业氛围，不断提高和发展自我的职业素质，在职业生涯中获得成功。

（2）职业咨询的主要范围和相关理论如表3－3所示。

表3－3 职业咨询的主要范围及相关理论

咨询的主要范围	咨询关键点	咨询相关理论
职业准备咨询	在知识、技能、信息资料和心理等方面	①人职匹配理论 ②心理动力理论 ③行为理论 ④萨帕和金斯伯格的职业发展理论 ⑤职业生涯论与职业系留点
职业选择咨询	寻找的策略和方法，个人的兴趣、期望和社会需求与发展	
职业决策咨询	做出职业发展的职业决策	
职业适应咨询	职业中人际关系、工作压力和自我调整等	
职业发展咨询	提高职业相关技能 解决当前或潜在困难	

（3）职业咨询的主要技术方法有心理测量法、个体咨询和团体咨询。职业咨询过程中所采用的情境性的测验包括多种形式，主要有文件筐或公文处理测验、无领导小组讨论、角色扮演，根据所给的材料撰写报告、演讲辩论、案例分析等。

（4）大学生个体职业咨询中应把握的关键点。强调个体化的个人需要和自我发展。职业生涯规划的理论研究和咨询实践都强调个性化，把职业选择看成个人的基本权利，崇尚职业选择的充分自由和竞争，鼓励通过个人的选择、个人的决定，达到自我完善和自我实现的目标。

强调职业指导是一个系统过程和系统工程。大学生职业咨询成为贯穿学校各年段的一个系统过程，职业咨询不仅要关注个体的职业选择和教育定向，更要致力于帮助个体找到和个人特点相匹配的教育途径或者就业方向；更关键的是要促进学生职业意识和职业行为的发展。

除了学校等教育系统的职业咨询机构外，还有人力资源与社会保障部和教育部所设立的专门机构、各地的劳动局和就业委员会、社会职业介绍机构和职业咨询社会团体等机构的共同配合，构成了较完备的职业咨询网络，真正全方位和多角度地作用于大学生个体的职业生涯规划。

3. 个人成长报告分析

个人成长报告是对自己人生历程的一种记录，个人成长报告分析通常包括早年经历、家庭环境、情感事件等。从个人成长报告中可以看见个体的过去，以此去看未来。虽然未来是不可预测的，但通过个体的自我成长分析，不但能了解自身的成长历程、性格、家庭背景、能力倾向、职业价值观等，而且可以预测自身的价值追求和工作态度，对客观地进行自我认知、准确地进行职业定位，意义重大。

（1）个人成长报告的主要内容。

① 怎样评估我的发展史？我的高峰与低谷分别在哪里？

② 如何意识到我已经是一个成人？如何处理这种意识？

③ 我最好的五个心理品质是什么？

④ 我人生中有哪几种品质需要加强？

⑤ 我的基本人生观、价值观是什么？

⑥ 我最近大部分时间的心情怎样？

⑦ 我在日常生活中是怎样看待他人的？

⑧ 我是什么样的性格类型？

⑨ 我心目中的英雄是谁？成熟标准是什么？

⑩ 什么人及什么事影响了我的人生发展？

⑪ 最好的朋友会怎样评价我？

⑫ 人们对我的批评意见集中在什么方面？

⑬ 用哪三个形容词能够恰当地描述我？

⑭ 对我的职业有何期待？

⑮ 希望从同事那里得到什么？

⑯ 我的职业优势和弱势有哪些？

⑰ 我的职业奋斗目标有哪些？同事是怎样评价我的？

⑱ 如何应对我的工作压力？

⑲ 如何应对他人对我的赞许和责难？是否能够正确地对待和分析他人的评价？

（2）个人成长报告的关键点。

① 个人成长报告的难度在于成长分析的深刻性，以及对于提高职业素质的促进意义。

② 个人成长报告并无正确错误之分，该项目的评估在于自我认识的准确性和个人成长的合理性。

③ 个人成长报告中个人的成长符合发展规律。对成长中各因素要学会客观分析、正确归因。

④ 个人成长报告应是运用知识、技术以自我为剖析对象分析和认识的过程。该过程最好能够做到一分为二地认识自我。

⑤ 职业行为分析的重点在于从业动机。

⑥ 职业行为分析对个人成长有促进作用，能够指出未来发展方向。

三、自我认知与职业测评

(一) 兴趣探索

1. 兴趣如何影响职业生涯发展

兴趣对职业生涯规划的影响主要表现在以下四个方面:

(1) 兴趣是职业生涯选择的重要依据。

爱因斯坦说过:"兴趣是最好的老师。"兴趣是一种强大的精神力量,可以使人集中精力去获得喜欢的职业知识,启迪智慧并创造性地开展工作。当一个人对某种职业发生兴趣时,他就能发挥整个身心的积极性;就能积极地感知和关注与该职业相关的知识、动态,并且积极思考,大胆探索;就能情绪高涨、想象丰富;就能增强记忆效果,增强克服困难的意志。反之,"强按牛头不喝水",是不会取得好效果的,当然也就很难在该职业上发挥个人的优势,做出巨大贡献了。正像你在日常生活中喜欢从事自己感兴趣的活动一样,具有一定兴趣类型的你更倾向于寻找与此有关的职业,特别是在外界环境限制较小时,你更倾向于选择自己感兴趣的职业。

(2) 兴趣可以提高你的工作效率,充分发挥你的才能。

一个人对某一方面的工作有兴趣时,枯燥的工作会变得丰富多彩、趣味无穷。兴趣使工作不再是一种负担,而是一种享受。因为兴趣可以调动人的全部精力,以敏锐的观察力、高度的注意力、深刻的思想和丰富的想象力投入工作,促进你能力的发挥,兴趣和能力的合理结合会大大提高工作效率。曾有人进行过研究:如果你从事自己感兴趣的职业,则能发挥你的全部才能的80% ~90%,而且长时间保持高效率而不感到疲劳;而对所从事工作没有兴趣,只能发挥你全部才能的20% ~30%。

(3) 兴趣是保证职业稳定、职场成功的重要因素。

对某一职业有浓厚的兴趣,是智力开发的"孵化器"。兴趣是工作动力的主要源泉之一。对于一个人来说,对工作感兴趣,就愿意钻研,就会出成就——这正是兴趣的作用所在。一般来说,兴趣是你职业生涯适应的一个基本方面,可以为职业生涯选择提供有效的信息。兴趣主要用于预测你的工作满意感和工作稳定性,工作满意是职业生涯适应的一大标志。在其他条件相似的情况下,从事自己感兴趣的职业不但让你感到满意,而且能够让你的工作单位感到满意,并由此导致工作的长期性和稳定性。

(4) 兴趣可以增强个人的职业适应性。

多方面的兴趣可以使人善于应付多变的环境。如需变换工作,只要自己感兴趣,就能够很快地上手这份工作,求职成功,并能够在新的岗位很快地熟悉和适应新的工作。因此,兴趣是职场成功的一个重要因素,它能将你的潜能最大限度地调动起来,使你长期专注于某一方向,做出艰苦的努力,取得令人嘱目的成绩。

职业兴趣是个体在追求某种职业或从事某种职业的过程中表现出来的个性倾向。个人在选择长期、稳定的职业生涯时,不仅需要知道自己有能力从事什么样的工作,更重要的是需要知道自己对哪类工作感兴趣。职业兴趣可以使个体在选择职业的过程中优先选择某些职业,它能够在职业定位和职业选择中产生巨大的影响,有助于发掘智慧、潜力和工作效率。

2. 了解自己的兴趣

(1) 兴趣探索一：六岛之旅（如图3－3所示）。

你非常幸运地获得了一次免费度假的机会，但你所乘坐的轮船发生了故障，必须紧急靠岸。此时，轮船正处于以下六个岛屿中间，你可以选择六个岛屿中的一个，唯一的要求是你必须在这个岛上待至少6个月的时间。不要考虑其他因素，仅凭自己的兴趣按1，2，3的顺序选择你最想去的3个岛。

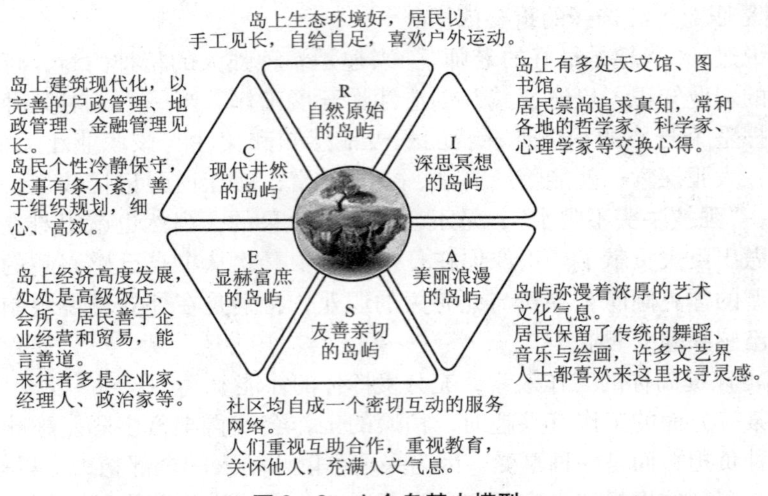

图3－3 六个岛基本模型

思考记录：记录下你最想去的3个岛，并思考：为什么做这样的选择？选择这个岛屿的原因是什么？

这六个岛屿代表着六种典型的职业兴趣类型。我们选择某一个岛，其实是因为我们喜欢这个岛上的人和人的生活方式，也就是说，我们对这些人和他们的生活方式感兴趣；而我们做出同样的选择，说明我们有一些共同的兴趣。

你究竟属于哪种兴趣类型呢？刚才我们的“六岛之旅”中岛的字母标号就是对应类型的首字母，RIASEC被称为霍兰德兴趣代码，这六个岛的状况是对应的兴趣类型的人生活方式的一种反映，你认为刚才的测验结果符合你的兴趣类型吗？每一种类型的人究竟有什么样的特点呢？

(2) 兴趣探索二：霍兰德职业性向测验量表。

人的兴趣与职业密切相关，兴趣是人们职业活动的巨大动力，与个人兴趣匹配的职业，可以极大提高人们的积极性，而且职业兴趣与人格之间存在很高的相关度。最典型的理论代表是美国著名的心理学家、职业指导专家霍兰德的职业兴趣理论。其核心是按照不同的职业特点和个性特征将人分为六大类，即现实型、探索型、艺术型、社会型、企业型、常规型，这六种类型的人具有不同的典型特征。每种类型的人对相应职业类型感兴趣，当我们就业择业的时候，我们的兴趣与职业环境的匹配是形成职业满意度、成就感的基础。在此基础上，霍兰德开创性地编制了霍兰德职业兴趣测验量表（HCIT）（中国版本是Holland Career Interest Scale，v2.0），此量表是当前所有职业兴趣测验的起源，风靡全世界。本测验量表将帮助你发现并确定自己的职业兴趣和能力特长，从而更好地帮助我们做出求职择业或专业选择的决策。

• 霍兰德六种兴趣类型

1. 现实型（R）

R 型特点（表 3 –4）：

表 3 –4　R 型特点

类型	特点	喜欢的环境	典型职业
现实型（R）	重视物质，重视现在胜于重视未来；谦和、节俭、谦虚；诚实、有恒心、脚踏实地	需要技术、体力的活动，具体明确、动手操作的环境	园艺师、木匠、汽车修理工、工程师、军官、兽医、足球教练员

2. 研究型（I）

I 型特点（表 3 –5）：

表 3 –5　I 型特点

类型	特点	喜欢的环境	典型职业
研究型（I）	重视方法、分析、独立、温和；谨慎、智慧、精细、好奇；批判、内向、理性、保守	需要运用心智能力观察、分析、推理的工作	实验室工作人员、生物学家、化学家、心理学家、工程设计师、大学教授

3. 艺术型（A）

A 型特点（表 3 –6）：

表 3 –6　A 型特点

类型	特点	喜欢的环境	典型职业
艺术型（A）	崇尚幻想、有创意、复杂；无条理、善于表达、直觉；情绪化、不实际、独立、冲动	自由自在，富有创意，需要借助文字、声音、动作或色彩来表达内心想法和美的感受的工作环境	作家、编辑、音乐家、摄影师、厨师、漫画家、导演、室内装潢设计师

4. 社会型（S）

S 型特点（表 3 –7）：

表 3 –7　S 型特点

类型	特点	喜欢的环境	典型职业
社会型（S）	令人信服、助人、敏锐；善解人意、有同理心、宽宏、合作；有责任心、仁慈、友善、温暖	人际关系广泛、和谐、互助合作的环境	教师、社会工作者、牧师、心理咨询师、护士

5. 企业型（E）

E 型特点（表 3－8）：

表 3－8 E 型特点

类型	特点	喜欢的环境	典型职业
企业型（E）	精力充沛、冒险、武断、外向；善于表达、野心、自信；引人注意、乐观、社交、热情	冒险、竞争的环境，能运用权力、影响别人的环境	律师、政治运动领袖、营销商、市场部经理、电视制片人、保险代理

6. 传统型（C）

C 型特点（表 3－9）：

表 3－9 C 型特点

类型	特点	喜欢的环境	典型职业
传统型（C）	缺乏弹性、守本分、顺从、抑制、缺乏想象力、有良知、节俭、保守；有条理、谨慎、有恒心、有责任感	注重组织与规划的传统工作环境；喜欢固定的、有秩序的工作或活动，希望确切地知道工作的要求和标准，愿意在一个大的机构中处于从属地位	文字编辑、会计师、银行家、簿记员、办事员、税务员和计算机操作员

在进行完测评以后，对每种类型的得分进行排列，选中其中得分最高的 3 种类型，作为自己的兴趣类型（如 SEC）测评结果，即自己的霍兰德兴趣代码。

在了解了自己的兴趣类型后，我们知道每个人是兴趣类型的综合体，只是偏好不同，那么各种兴趣类型间有什么样的相似和差异呢？其实从上面六种类型人的特点中，我们可以注意到，有些类型人的特点是相似的，如研究型和艺术型的人都比较独立，实际型和传统型的人都比较节俭和有恒心。关于各种兴趣类型的相似相近和差异的问题，霍兰德的六角形模式可以说明（如图 3－4 所示）。

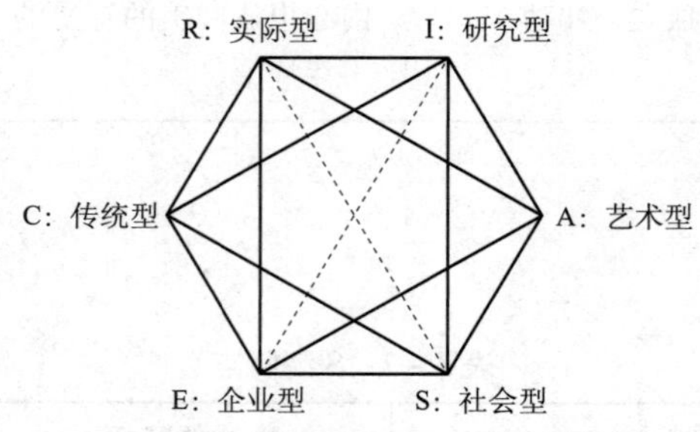

图 3－4 霍兰德六角形模式

6 大类型的第一个字母按照一个固定的顺序排成一个六角形：RIASEC。这个六角形可以帮助我们了解不同兴趣类型之间相关联的程度。

从六角形模式中我们可以看出：RI，IA，AS，SE，EC，CR 是相邻的，距离最近，表示这两种类型在心理上相似的程度最高，兴趣的类型之间差别不大。

RS，IE，CA 等在六角形上相对的位置，距离也最远，表示其心理上相似的程度最低，如虚线所示，兴趣类型差别很大。

RA，IS，SC，AE，ER 等的位置是相隔的，表示这种类型在心理上的相似程度居中，兴趣类型差别比较大。

你的兴趣类型（得分最高的三个代码）是相邻、相隔还是相对的呢？兴趣类型没有优劣之分，兴趣类型间的相邻、相隔和相对也只是说明个人的兴趣之间的相似性程度，也没有优劣。

（二）性格认知

1. 性格与职业发展的关系

职业心理学研究表明，性格影响着一个人对职业的适应性，一定的性格适合于从事一定的职业，同时，不同的职业对人有不同的性格要求。因此在选择职业时，还要考虑自己的职业性格特点，考虑职业对人的性格要求，根据自己的性格特点选择最易适应的职业，或改变自己的性格特点来适应职业的要求。

职业心理学家勃兰特曾经做过一个实验。他追踪调查了一批大学毕业生，将他们的个性、在校学习成绩、智力与他们毕业五年后的收入做了一下比较，结果显示：事业成功和智力的相关度是 0. 18，和学习成绩的相关度是 0. 32，与个性的相关度是 0. 72。这个实验实证了事业成功与否与个人的个性是否适合此项事业的关联度最高。也就是说，一个人所做的工作与自己的个性越契合，他事业成功的可能性越大。

2. 了解自己的性格

我们还可以借助人格测评量表来探索自己的性格类性。目前的性格测验主要分为两大类，即客观量表类和投射技术。人格理论是人格测验的基础。常用的性格测评量表包括 MBTI 、MMPI、卡特尔 l6PF、加州人格问卷（CPI）。投射测验可分为多种类型，如罗夏墨迹测验、主题统觉测验、绘人测验和语句完成测验。

（1）性格探索一：MBTI 性格测验。

MBTI（Myers-Briggs Type Indicator）是当今世界上应用最广泛的性格测试工具。它已经被翻译成近 20 种世界主要语言，每年的使用者达 200 多万人，其中不乏世界 500 强之内的大型企业。MBTI 是一种迫选型、自我报告式的性格评估工具，用以衡量和描述人们在获取信息、做出决策、对待生活等方面的心理活动规律和性格类型。它以瑞士心理学家卡尔·荣格的性格理论为基础，由美国的迈尔斯和布里格斯母女共同研制开发。

MBTI 性格测验是由美国心理学家迈尔斯和布里格斯母女在瑞典心理学家荣格有关知觉、判断和人格态度的观点基础上提出来的，在荣格的基础上，增加了行动方式维度——判断—知觉，构建了人格理论的四维八极模型，编制了《迈尔斯—布里格斯类型指标》(MBTI)。

MBTI 的性格类型分为四个维度，每个维度有两个方向，共计八个方面，即共有八种性格特点，如表 3 – 10 所示。

表 3－10　MBTI 的四个维度

维度 1：与世界相互作用的方式——你的注意力集中于何处			
	Extraversion（E）	VS	Introversion（I）
能量倾向：	外向		内向
与世界的相互作用是怎样的，能量向什么方向投入/疏导	注意力集中在外部世界的人或事，关注自己如何影响外部环境，善于与人打交道，喜欢行动和变化		注意力集中在自身的内在世界，关注外部环境的变化对自己的影响，内心体验丰富，喜欢独立看书、思考，安静做事，避免成为问题中心
维度 2：获取信息的主要方式——你如何获取信息			
	Sensing（S）	VS	Intuition（N）
	感觉		直觉
接收信息： 自然状态下留意、接收信息的方式和内容类型	关注于感觉器官获取的具体信息，如看、听、闻到的，着眼于现实，安于现状，喜欢按部就班按已有的方式做事，关注细节喜欢描述，善于记忆和与大量的事实打交道		关注事物的整体发展和变化趋势，擅长发现新的挑战和可能性，富有想象力和灵感，按自己的灵感做事，不喜欢精确计算时间，喜欢学习新技能但容易厌倦，可以迅速跳跃性地得出结论
维度 3：决策方式——你如何做出决策			
	Thinking（T）	VS	Feeling（F）
	思考		情感
处理信息： 如何决定（理性还是感性）	喜欢通过客观分析做出决定，重视事物间的逻辑关系，能预见到选择的逻辑结果，更喜欢对人们的观念而不是情感做反应，行为果断，意志坚定，有分析问题、事态的能力		喜欢基于自己的价值观或群体价值做决定，较多考虑某种选择对自己和他人的影响，比思考更主观。富有同情心，善解人意，以情感为重，珍惜和谐，有从属需要，并能为营造和谐的氛围而努力
维度 4：做事方式——你如何与外界打交道			
	Judging（J）	VS	Perceiving（P）
	判断		知觉
行动方式： 信息的导出（结构化、决策）还是接纳（随意化、理解）	喜欢按计划、有条理、按部就班地生活、做事；喜欢终止辩论和做出决定，愿意进行管理和控制，希望问题能得到解决		喜欢自发、灵活地做事和宽松自由的生活方式，愿意开放自我，体验世界，试图去理解、适应环境，倾向于留有余地，喜欢有多种选择

以上四个维度，每个人都有天生的倾向，使用最频繁、最熟练的方式就是其在某维度上的偏好，四个偏好的组合即人格类型，反映个体在一系列心理过程和行为方式上的特点。

在这四个维度上，每个人都会有自己天生就具有的倾向性，也就是说，处在两个方向分界点的这边或那边，我们称之为“偏好”。例如：如果你落在外向的那边，称为“你具有外向的偏好”；如果你落在内向的那边，称为“你具有内向的偏好”。在现实生活中，每个维度的两个方面你都会用到，只是其中的一个方面你用得更频繁、更舒适，就好象每个人都会用到左手和右手，习惯用左手的人是左撇子，习惯用右手的人是右撇子。

将人们在四个维度上的偏好加以组合，排列组合一共可以组成16种人格类型（外在状态模式），这16种模式包括了人类的性格行为，16类型包括：ISTJ，ISFF，INFJ，ESTJ，ESFJ，ENFJ，ENFP，ISTP，ISFP，INTJ，INTP，ESTP，ESFP，ENTJ，ENTP，INFP。

以下是MBTI职业性格测试量表精简版。

MBTI职业性格测试（精简版）

● 测试说明

选项没有“对”与“错”之分，选择更接近你平时的感受或行为的选项；请选择你是怎样做的，而不要你选择想怎么样、以为会怎么样，或者那样更好，性格无好坏。

请在得分卡中填写题目的答案，每个选项一分，并算出四个维度每个类型的总分数。将四个维度两极类型相比较，假设E>I则说明自己比较倾向于E，以此类推，得出自己在MBTI中的性格类型记录在表3－11中。

1. 你（ ）。

A. 善于和别人交谈　　B. 经常闷不吭声

2. 假如你是一名学生，你更乐于学习哪类课程？（ ）

A. 以事实为主的课程　　B. 以理论为主的课程

3. 下面哪种表述更合你心意？（ ）

A. 只对事不对人　　B. 人家也不容易的

4. 当你要外出一天，你会（ ）。

A. 计划你要做什么和什么时候做　　B. 说去就去

5. 与很多人在一起（ ）。

A. 令你活力倍增　　B. 令你心力憔悴

6. 哪些人会更吸引你？（ ）

A. 实事求是，具有丰富常识的人　　B. 思维敏捷，非常聪颖的人

7. 你倾向于（ ）。

A. 重道理多于情感　　B. 重感情多于道理

8. 在处理许多事情上你更喜欢（ ）。

A. 按照计划行事　　B. 凭兴趣行事

9. 你通常（ ）。

A. 与人容易混熟　　B. 比较沉静或矜持

10. 一般来说，你和哪些人更合得来？（ ）

A. 现实的人　　B. 富于想象力的人

11. 你认为哪个是更高的赞誉？（ ）

A. 能干的　　B. 富有同情心

12. 按照程序表做事（ ）。

A. 合你心意　　B. 令你感到束缚

13. 大多数人会说你是一个（　　）。
A. 非常坦率开放的人　　B. 重视自我隐私的人
14. 你宁愿被人认为是一个（　　）。
A. 实事求是的人　　B. 机灵的人
15. 你认为以下哪个是更高的赞誉?（　　）
A. 一贯理性的人　　B. 一贯感性的人
16. 你认为自己是一个（　　）。
A. 较为有条理的人　　B. 较为随兴所致的人
17. 在一大群人当中，通常是（　　）。
A. 你介绍大家认识　　B. 别人介绍你
18. 你更愿意跟哪些人做朋友?（　　）
A. 脚踏实地的人　　B. 常提出新主意的人
19. 要做决定时，你认为比较重要的是（　　）。
A. 据事实来衡量　　B. 考虑他人的感受和意见
20. 你做事多数是（　　）。
A. 按当天心情去做　　B. 按制订的计划去做
21. 在社交聚会中你（　　）。
A. 常常乐在其中　　B. 常常感到郁闷
22. 要做许多人都做的事，你更喜欢?（　　）
A. 按照一般认可的方法去做　　B. 构思一个自己的想法
23. 下面哪个词语更合你心意?（　　）
A. 实际　　B. 多愁善感
24. 在大多数情况下，你会选择（　　）。
A. 按流程表做事　　B. 顺其自然
25. 你喜欢花很多时间（　　）。
A. 和别人在一起　　B. 一个人独处
26. 你通常更喜欢的科目是（　　）。
A. 讲授事实和数据的　　B. 讲授概念和原则的
27. 你是否经常让（　　）。
A. 你的情感支配你的理智　　B. 你的理智主宰你的情感
28. 当你有一份任务，你更喜欢（　　）。
A. 开始前小心组织计划　　B. 边做边找需要做什么

表 3－11　MBTI 性格类型

	A	B		A	B		A	B		A	B
1			2			3			4		
5			6			7			8		
9			10			11			12		

续表

	A	B		A	B		A	B		A	B
13			14			15			16		
17			18			19			20		
21			22			23			24		
25			26			27			28		
Sum											
	E	I		S	N		T	F		J	P

我的 MBTI 类型为：________ ________ ________ ________

● 评分规则

1. 请按照你的答案，把 8 项（E，I，S，N，T，F，J，P）分别加起来，并将总和填在每项最下方的方格内。

2. 请复查你的计算是否准确，然后将各项总分填在对应的方格内（表 3－12）。

表 3－12 各项总分

<table>
<tr><th colspan="7">每项总分</th></tr>
<tr><td>外向</td><td>E</td><td></td><td></td><td></td><td>I</td><td>内向</td></tr>
<tr><td>实感</td><td>S</td><td></td><td></td><td></td><td>N</td><td>直觉</td></tr>
<tr><td>思考</td><td>T</td><td></td><td></td><td></td><td>F</td><td>情感</td></tr>
<tr><td>判断</td><td>J</td><td></td><td></td><td></td><td>P</td><td>认知</td></tr>
</table>

● 确定类型的规则

1. MBTI 以四个组别来评估你的性格类型倾向：“E－I”“S－N”“T－F”和“J－P”。请你比较四个组别的得分。每个组别中，获得较高分数的那个类型，就是你的性格类型倾向。例如：你的得分是：E（外向）12 分，I（内向）9 分，那你的类型倾向便是 E（外向）了。

2. 将代表获得较高分数的类型的英文字母，填在下方的方格内（表 3－13）。如果在一个组别中，两个类型获同分，则依据下边表格中的规则来决定你的类型倾向。

表 3－13 不用定类型的规则

<table>
<tr><th colspan="5">评估类型</th><td rowspan="2"></td></tr>
<tr><td></td><td></td><td></td><td></td><td></td></tr>
<tr><td colspan="6">同分处理规则：假如 E＝I，请填上 I；
假如 S＝N，请填上 N；
假如 T＝F，请填上 F；
假如 J＝P，请填上 P</td></tr>
</table>

（2）性格探索二：投射技术人格测验。

所谓的投射技术人格测验，通常指观察个体对一些模糊的或者无结构材料所做出的反应，通过被试的想象而将其心理活动从内心深处暴露或投射出来的一种测验，从而使检查者得以了解被试的人格特征和心理冲突。投射测验的分类如图 3－5 所示。

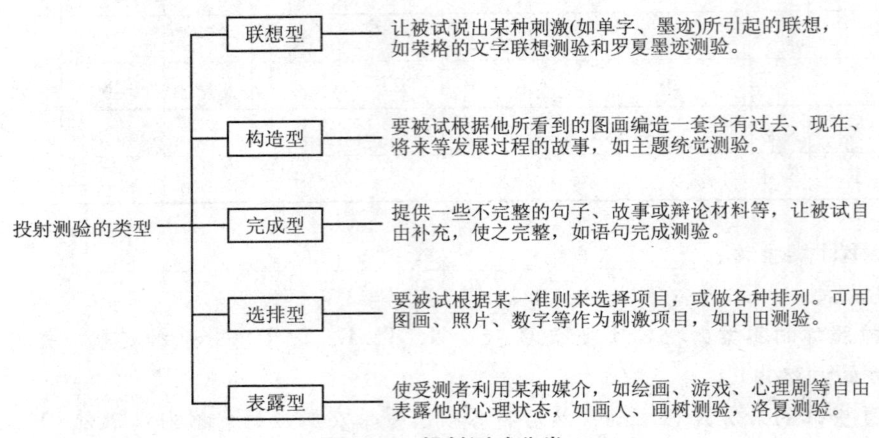

图 3－5　投射测试分类

【投射测验之画树】

给你一支铅笔、一块橡皮、几张白纸。

请你画一棵树。

在完成后，请你介绍自己的画。在介绍时要注意以下问题：

（1）树名：

（2）果实名（如果有果实的话）；

（3）季节；

（4）作画时的心情。

【答案解释示例】

每个人对树木都有不同的意象。所以画树木的时候，无形中会表露出自己。

首先如图 3－6 所示，把画好的树分为树枝、树干和树根三个部分。

（1）树枝的部分：代表在现实环境中的表现，可以看出你的生活行动模式（表现力）。

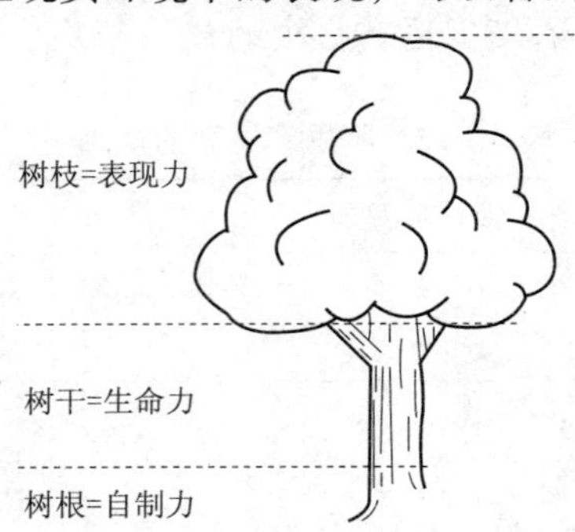

图 3－6　树的正面投影

（2）树干的部分：表示你自我的意识，即本能、爱及情感等（生命力）。

（3）树根的部分：意味着平时隐而不见的潜意识，也可看出你的自制力。

通过分析你怎么强调这三大部分，就可看出你的潜意识与性格，如果树枝部分很茂盛，即可知此人表现欲强；如果树干很细长，表示此人敏感易受伤害。

再者，从画上树木的左、右、上、下，偏向哪一方，也可探测出你的潜意识。

如图 3－7 所示，把树分为十字形：

（1）越是强调树的上方，越是属于理智型，属于追求精神活动的人。

（2）如果下方画得大，表示意志力强，有冲劲。

（3）画得如果偏向右或把右方画大，表示外向，且对未来充满希望。

（4）相反地，如果是着重左方，则表示性格内向，常常拘泥于传统，不敢贸然行事。

（5）这棵树，画得越是上下左右均衡，表示你的性格越稳定，待人处世也较圆满。

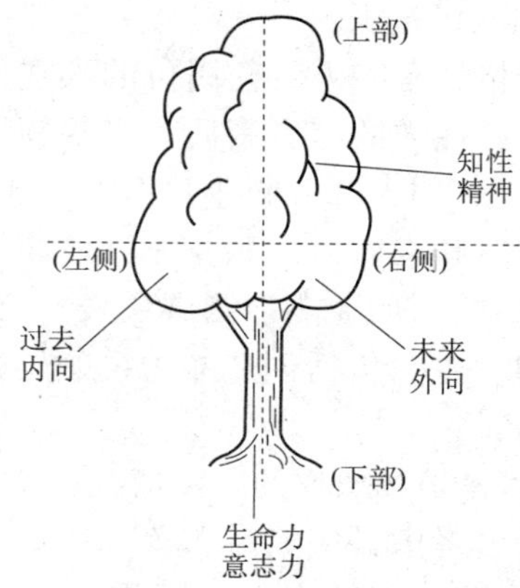

图 3－7　树的侧面投影

（三）能力探索

人的能力可分为一般能力和特殊能力两大类。一般能力通常又称为智力，包括注意力、观察力、记忆力、思维能力和想象力等，一般能力是人们顺利完成各项任务必须具备的一些基本能力。特殊能力是指从事各项专业活动的能力，也可称为特长，如计算能力、音乐能力、动作协调能力、语言表达能力、空间判断能力等。

1. 能力与职业发展的关系

能力是一个人完成任务的前提条件，是影响工作效果的基本因素。人在其一生之中，要从事各种各样的社会生活和生产活动，必须具备多种能力与之相适应。每种职业都需要具备一般能力和一定的特殊能力才能胜任。

不同职业对人的能力有不同要求，能力制约着人们活动的领域与职业选择的范围。了解自己的能力倾向及选择就有差异。一个人如果不能很好地评价自己的能力，错误地选择职业，将无法发挥出自身的潜力，也将一事无成。

2. 探索自己的能力

为了探索自己的能力（智力），或判断某个特定的职业领域就你的能力而言是否合适，可以借助一些能力倾向测验。目前，常用的能力测验包括韦克斯勒智力量表（WAIS）、斯坦福－比奈智力量表、职业能力测试量表、一般能力倾向测验量表（General Aptitude Test

Battery, GATB)、差别能力倾向测验(Different Aptitude Tests, DAT)等。

(1)能力探索一:韦克斯勒智力量表(WAIS)。

韦克斯勒是继法国的比纳之后对智力测验研究贡献最大的人,其所编的多种智力量表,是当今世界最具权威的智力测验。韦克斯勒智力量表(韦氏成人智力测验)(见附录3)首先由韦克斯勒(D. Wechsler)于1955年编制,之后于1981年和1997年又经过两次修订。韦克斯勒认为,智力不是一种单一的特性,而是一个多元的完整的实体。在1939年出版的《成人智力测量》中,正式提出了他的智力概念。他认为:"智力是个人有目的地行动,理智地思考,以及有效地应付环境的整体的或综合的能力。"根据这一基本思想,他在量表中设计了11个分测验,分为两类,一类是语言;另一类是操作。其中,理解、算术、背数、类同、填图、词汇等取自比纳测验,常识、数字符号、图片排列等取自陆军测验,拼图、积木图案等取自特纳-帕特森操作测验。

(2)能力探索二:能力倾向测试量表。

企业在招聘时寻找的是有资格、有能力胜任岗位的人选,对人才的考察往往侧重于包括教育背景、工作经验和态度品质在内的综合素质。有些领域的岗位需要专门的知识或证书(如医学、程序设计、化工等),但大部分职业并不要求有什么特殊的知识技能,而需要的是一些更为普遍、一般性的技能和素质,即职业能力或职业技能。表3-14为新锦城职业教育发展平台(CDEP)系统中的《职业能力测试量表》。此测试量表主要从一般性职业技能方面来测试学生的几大能力,主要包括创造能力、领导能力、情绪智力、组织协调能力及适应能力等。

测试说明:下面有37道题目,请按照你的实际情况,评价以下描述的符合程度。回答没有对错、好坏之分,也无须过多考虑,凭第一印象作答即可。职业能力倾向解析:请按照评分标准给自己计分,对于你的5种职业能力,分值越高说明你的这种职业能力越强。

表3-14 职业能力测试量表

序号	项目	完全不符合——完全符合				
		完全不符合	比较不符合	不确定	比较符合	完全符合
一、创造力倾向测验						
1	在学校里,我喜欢尝试对事情或问题做猜测,即使不能都猜对也无所谓	1	2	3	4	5
2	我喜欢仔细观察我没有见过的东西,以了解详细的情形	1	2	3	4	5
3	我喜欢变化多端和富有想象力的故事	1	2	3	4	5
4	画图时我喜欢临摹别人的作品	1	2	3	4	5
5	我喜欢利用旧报纸、旧日历及旧罐头盒等废物来做成各种好玩的东西	1	2	3	4	5
6	我喜欢幻想一些我想知道或想做的事	1	2	3	4	5

续表

序号	项 目	完全不符合——完全符合				
		完全不符合	比较不符合	不确定	比较符合	完全符合
7	如果事情不能一次完成，我会继续尝试，直到成功为止	1	2	3	4	5
8	做功课时我喜欢参考各种不同的资料，以便得到多方面的了解	1	2	3	4	5
二、领导能力测验						
1	喜欢深入探究事物发展的细节	1	2	3	4	5
2	技术性问题让我着迷	1	2	3	4	5
3	使工作正常运转，是我的一项本领	1	2	3	4	5
4	遵守指示和照章办事，对于我来说很容易	1	2	3	4	5
5	擅长完成自己已经布置好的工作	1	2	3	4	5
6	知道如何做必要的基础工作	1	2	3	4	5
7	一般情况下，根据人们的需求改变自己的想法，对于我来说较为容易	1	2	3	4	5
8	在团队中能够理解他人	1	2	3	4	5
三、情绪智力测验						
1	我知道何时把我的私人问题说给别人听	1	2	3	4	5
2	我觉得自己能把正在做的大多数事情做好	1	2	3	4	5
3	别人认为我很值得信任	1	2	3	4	5
4	我生活中的一些重大事件使我重新认识到生活中哪些是重要的、哪些不是	1	2	3	4	5
5	当心情改变时，我会发现事情有新的可能性	1	2	3	4	5
6	情感体验是使我觉得生活有意义的事情之一	1	2	3	4	5
7	当我经历某种情感体验时，我能清楚感觉到	1	2	3	4	5
8	当体验到积极情绪时，我知道如何保持它	1	2	3	4	5
四、组织协调能力测验						
1	当与他人交往时，我总是想办法在我说的和做的上表现出真诚	1	2	3	4	5
2	在团队任务完成过程中，我努力让别人了解我的观点和立场并获得支持	1	2	3	4	5
3	虽然对于团队安排给自己的任务不满，但我仍会接受并执行	1	2	3	4	5
4	我善于协调团队成员，发挥他们的才智高效率地完成任务	1	2	3	4	5
5	在别人眼里我是个很尊重他人的人	1	2	3	4	5

续表

序号	项目	完全不符合——完全符合				
		完全不符合	比较不符合	不确定	比较符合	完全符合
五、适应能力测验（A—1 分，B—2 分，C—3 分）						
1	如果你的朋友突然带一个你最不喜欢的人到你家来，你会（　　）。					
A. 表示惊奇 B. 暂时忍耐，以后再把事情告诉你朋友 C. 把你的感觉完全隐藏一起						
2	对于自己的某次失败，你（　　）。					
A. 绝不说，怕会被别人抓住弱点，对自己不利 B. 谈话时随便说出来 C. 只要别人有兴趣，随时都会告诉他						
3	遇到难题时，你会（　　）。					
A. 很少麻烦别人 B. 经常向熟人请教 C. 毫不犹豫地向有关专家征求意见						
4	你骑车去一个较远的地方参加社交活动，中途找不到路标，你会（　　）。					
A. 大声埋怨，不知何时才能到达目的地 B. 耐心等待过路的车或人，问个清楚 C. 赶快查自带的地图						
5	当你选择衣服时，你会（　　）。					
A. 总是固定在一种款式上 B. 跟随新潮流，希望适合自己 C. 在选定以前，先听取陪同的朋友或导购的意见						
6	当你知道将要发生不愉快的事时，你会（　　）。					
A. 自己进入紧张状态 B. 相信事实并不会比预料得糟糕 C. 感觉完全有办法应付						
7	在嘈杂、混乱的环境里，你会（　　）。					
A. 总觉得很烦，不能静下心来读书 B. 仍能集中精力学习，但效率降低了 C. 不受影响，照常学习						
8	和别人争吵起来时，你（　　）。					
A. 常常语无伦次，事后才想起如何反驳对方，可是已经晚了 B. 能反驳，但无多大力量 C. 能有力地反驳对方						

3. 能力的培养与提升

（1）理清能力清单。

也许你经常觉得，与别人相比，自己不那么优秀，好像总欠缺点什么。但究竟是什么，却不太确定，即使知道些差距，也不知从何下手。那么，从现在开始，认真考虑下面的问题：

——我最突出的能力有哪些？

——我想学什么知识？

——我想提升哪些技能？

——目前工作最急需的能力是什么？

——我最欠缺的能力是什么？

——我希望培养什么样的特质？

——我希望养成什么样的习惯？

列一个表单，逐一回答上述问题，从而更清晰地认识自己对能力的需求，明确努力方向。理清能力清单后，你还可以制定如下实践合同，以督促自己的行为。

我______（你的名字），决定每天花______时间，每周______天，不断致力于______（你所选的领域）的改善和学习。我会遵守自己的承诺，做一个说话算数的人。我会邀请支持我的人________（名字）来监督我。当我能如实兑现自己的诺言后，我会奖励自己________（激励自己的东西）。

（2）制订提升计划。

在明确提升目标后，我们应该为自己制订一套科学可行的提升计划。包括提升的目标、达到的效果、计划实施时间、提升策略以及风险控制等。一份好的提升计划不仅能帮助我们合理地利用时间，促使自己排除困难和干扰，更能让我们的每一步行动都很明确，也不用总是花费心思去考虑下一步应该做什么。

制订计划还有助于我们反馈能力提升实践的效果，从而适时调整自己的行动。每一个计划执行结束或执行到一个阶段，就应当回顾一下效果如何。如果效果不好，就应该找找原因，进行必要的调整。我们可以利用以下回顾列表：

——是否完成计划中的提升任务？

——是不是按照计划去执行任务的？

——提升效果如何？

——如果有任务没有完成，是什么原因？

（3）实践训练。

能力常常需要以一定的认知为基础，只有建立和完善科学合理的知识结构，才能有效地支撑和提升自己的职业能力。比如在“曹冲称象”的故事中，曹冲如果不懂得物体浮力的知识，就不可能拿出解决“称象”问题的方案。职场中所运用到的知识可以分为三种类型：专业知识、管理知识和通才知识。因此在提升能力的实践中，需要首先从这三个方面优化与提升知识结构。

但知识的掌握和积累必须化为实践和行动，否则知识再多也只能是纸上谈兵。所以，在优化知识结构的同时，一定要注意把学到的知识、方法和工具运用到自己的实践中去。比如，你学习了关于时间管理、目标管理、沟通管理方面的知识和方法，那就要有意识地给自己制订一个如何落实的行动计划，并及时检查自己的执行情况，切实改正自己存在的问题和不足。

能力的提升是一个“艰难困苦，玉汝于成”的“炼狱”过程，不是一朝一夕就可以达成的，且没有什么“快速”的途径和方法。唯有不停地实践检验，才能少走弯路。

（四）价值观探索

渔夫与商人的故事

有个渔夫每天都会划着小船在墨西哥海上钓鱼，他钓鱼钓得很轻松：每天睡到自然醒后，出海不一会儿工夫就可以钓到几条大黄鳍鲔鱼，回家后跟孩子玩一会儿，吃午饭，跟老婆睡个午觉，黄昏时和朋友喝点酒、弹弹吉他，他感觉自己的生活过得很惬意，也很充实和忙碌。

一天一个犹太商人路过墨西哥海边，与渔夫聊天，了解了渔夫的生活状况后，说：“你为什么不多钓一会儿鱼呢？通过多钓来的鱼积攒一些钱，买一条大的渔船，钓更多的鱼，再买更多的渔船，成立一个渔船队，开一家工厂，从此控制生产、加工处理和行销整个生态链，离开这个小渔村，到墨西哥，再到洛杉矶、纽约，扩大自己的企业……”

渔夫问商人：“这需要多长时间呢？”

商人说：“15～20年吧。”

渔夫又问：“然后我做什么呢？”

商人笑着说：“然后你就可以在家当皇帝了！等时机一到，你可以让公司上市，将股票卖给大众，然后你就可以赚几亿了。”

渔夫又问：“再然后呢？”

商人说：“然后你就可以退休了，搬到海边的小渔村住，每天睡到自然醒后，出海钓到几条黄鳍鲔鱼，回家跟孩子玩一会儿，吃午饭，跟老婆睡个午觉，和朋友喝点酒、弹弹吉他……”

渔夫不解地说：“我现在不是已经这样了吗？”

（1）你喜欢过渔夫现在的生活还是商人所描述的生活呢？

（2）你如何看待渔夫现在的生活和商人描述的生活？

渔夫和商人生活、人生的路径不同，他们所看重的东西自然也就不会相同，谁更幸福呢？我们无法衡量。但价值观对人们的职业选择产生很大影响却是毋庸置疑的。那么什么是价值观，价值观又是如何影响职业选择的？

价值观是指个人对客观事物（包括人、事、物）及对自己的行为结果的意义、作用、效果和重要性的总体评价，是对“什么是好的，是应该的”总的看法，是推动并指引一个人采取决定和行动的原则和标准。价值观是一种基本信念，带有判断的色彩，代表了一个人对于什么是好、什么是对、什么会令人喜爱的意见。

1. 价值观与职业价值观

价值观是一种内心尺度，支配着人的行为、态度、信念等，促进人的自我了解、自我定向、自我设计等，也为人自认为正当的行为提供充足的理由。一个人的价值观会直接影响到他的行为风格和生活方式。能否树立正确的价值观和科学、合理的价值取向，对个人的发展至关重要。职业价值观是人们依据自身和社会的需要对职业行为和工作结果的稳定且具有概括性和动力作用的一套信念系统，是个体一般价值观在职业生活中的体现。它是属于个性倾向范畴的概念。它不但决定了人们的择业倾向，而且决定了人们的工作态度，是个体在长期的社会化过程中所获得的关于职业经验和职业感受的结晶。这种职业选择决定了人们的职业状况，从而也决定了人们的生活方式，这种生活方式又最后决定了人们的人生幸福感。因为从价值观的角度来说，职业发展成功还是失败的判别标准就是你是否得到了想要的生活，你的职业所带来的生活方式是否符合你的价值观。职业发展从来都不是停滞的，不同时期有不同的职业伦理和职业价值观。价值观多种多样，不同的心理学家从不同角度对职业价值观进行了分类。美国心理学家奥尔波特是最早对职业价值观进行分类的学者，他划分了六种价值观类型：经济型、政治型、理论型、审美型、社会型和宗教型。而美国社会心理学家米尔顿·洛克奇（Milton Rokeach）于1973年在《人类价值观的本质》一书中提出：价值观是个人或社会偏好某种行为方式或生存目标的持久性信念。他总结了13种价值观偏好：成就感、挑战、健康、收入与财富、独立性、道德感、自我成长、协助他人等。此外，职业辅导专家舒伯做了更为细致的分类，他将职业价值观分为15类，即利他主义、美感、创造力、智力刺激、成就感、独立性、声望、管理、经济报酬、安全感、工作环境、与上级的关系、社会交际、生活方式和变化性，并发展出职业价值观问卷（1970）和工作价值观量表（1986）。

2. 价值观与职业选择

价值观在人们的职业生涯发展中起到极其重要的、决定方向的作用，甚至超过了兴趣和个性对于个人的影响。由于个人的身心条件、年龄阅历、教育状况、家庭影响、兴趣爱好等方面的不同，人们对各种职业有着不同的主观评价。

从社会来讲，由于社会分工，各种职业在劳动性质上，在劳动难度和强度上，在劳动条件和待遇上，在所有制和稳定性上，都存在差别，再加上传统的思想观念的影响，各类职业在人们心目中的声望地位也有好坏高低之见，这些评价都形成了人的职业价值观，影响着人对就业方向和具体职业岗位的选择。

每一个求职者由于所受教育不同及所处环境的差异，在职业取向上的目标和要求也不同。在许多场合，我们往往要在一些得失中做出选择，而左右我们选择的往往是我们的职业价值观，如是要工作舒适轻松还是高薪，要成就一番事业还是要安稳太平。当两者有冲突时，最终影响我们决策的是存在于内心的职业价值观，而我们有时对自己的价值观并不是很清楚。

3. 探索自己的价值观

人们常常在不清楚自己所持的价值观是什么的时候就已做出选择，尤其是青少年。因此应创造条件，利用一些方法和途径帮助他们澄清自己选择时所依据的价值观，从而对今后做出正确选择提供帮助。

（1）价值观探索一：价值拍卖。

道具：锤子、价值拍卖清单。

过程：在表3-15中，列有15个与工作有关的价值项目。请你根据这些工作价值在自己心目中的优先地位排序，1表示最重视，4表示最不重视，填在下表中的第一栏内。假设你手里有十万元，对于各个工作价值项目，你愿意花多少钱买？请将自己预估的数额在表中第二栏内填写。

注意事项：不必每项都买。拍卖时，如你想对某一项出价，起价不得少于一万元。拍卖时，可以变动原定的价码，但如想加价，每次加价至少一千元。

顺位：1—最重视、2—比较重视、3—不重视、4—最不重视

表 3-15　价值拍卖

价值项目	顺位	预估价	成交价	得标人
1. 为大众福利尽一分力				
2. 追求美感与艺术气氛				
3. 寻求创意、发展新事物				
4. 独立思考、分析事理				
5. 有成就感				
6. 独立自主、依己见进行				
7. 受他人推崇和尊敬				
8. 发挥督导或管理他人的能力				
9. 有丰厚的收入				
10. 生活安定有保障				
11. 良好舒适的工作环境				
12. 与上司平等且相处融洽				
13. 与志同道合的人一起工作				
14. 能选择喜爱的生活方式				
15. 工作富有变化不单调				

完成该活动后，进行以下思考和探索：

● 我重视的价值观是什么？

● 我所选择的价值观是我一直都重视的吗？如果曾经有改变是在什么时候？

● 有哪些价值观是我父母认为重要的，而我却不同意的？有哪些价值观是我和父母共同拥有的？

● 价值观的改变是否曾经改变我安排生活的方式？

● 我理想的工作形态与我的价值观之间是否有任何关联？

● 我是否因为谁说的一句话或某件事，例如考试成绩，而对自己的价值观感到怀疑？

● 以前我曾经崇拜哪些人？他们目前对我有什么影响？

● 我的行为是否反映我的价值观？例如重视工作的变化、成长与突破。我能适应一成不变的工作吗？我会在父母的期待下选择他们认为理想的工作吗？

（2）价值观探索二：职业价值观测评。

当今国际上广泛使用的价值观调查问卷主要有米尔顿·罗克奇价值观调查表、奥尔波特价值观量表及美国心理学家舒伯编制的 WVI 职业价值观澄清测量表等。米尔顿·罗克奇价值观包括终极性（舒适的生活、振奋的生活、成就感及和平的世界等）和工具性两种价

值观（雄心勃勃、心胸开阔、能干及欢乐等）。罗克奇的价值系统认为，各种价值观是按一定的逻辑意义联结在一起的，它们按一定的结构层次或价值系统而存在，价值系统是沿着价值观的重要性程度的连续体而形成的层次序列。奥尔波特职业价值观六维度具体包括政治取向、经济取向、审美取向、社会取向、信仰取向和科学取向。

WVI 职业价值观测试量表是美国心理学家舒伯于 1970 年编制的，用来衡量价值观——工作中和工作以外的——以及激励人们的工作目标。量表将职业价值分为三个维度：一是内在价值观，即与职业本身性质有关的因素；二是外在价值观，即与职业性质有关的外部因素；三是外在报酬，共计 13 个因素：利他主义、美感、智力刺激、成就感、独立性、社会地位、管理、经济报酬、社会交际、安全感、舒适、人际关系和变异性或追求新意。

指导语：表 3－16 是舒伯 WVI 职业价值观测试量表，共有 52 道题目，每个题目都有 5 个备选答案，请根据自己的实际情况或想法，在题目后面选出相应字母，每题只能选择一个答案。通过测验，你可以大致了解自己的职业价值观念倾向（A. 非常重要；B. 比较重要；C. 一般；D. 较不重要；E. 很不重要）。

表 3－16　WVI 职业价值观测试量表

1. 你的工作必须经常解决新的问题	A	B	C	D	E
2. 你的工作会为社会福利带来看得见的效果					
3. 你的工作奖金很高					
4. 你的工作内容经常变换					
5. 你能在你的工作范围内自由发挥					
6. 你的工作能使你的同学、朋友非常羡慕你					
7. 你的工作带有艺术性					
8. 你的工作能使人感觉到你是工作中的一分子					
9. 不论你怎么干，你总能和大多数人一样晋级和涨工资					
10. 你的工作有可能使你经常变换工作地点、场所或方式					
11. 在工作中你能接触到各种不同的人					
12. 你的工作上下班时间比较随便、自由					
13. 你的工作使你不断获得成功的感觉					
14. 你的工作赋予你高于别人的权力					
15. 在工作中，你能试行一些自己的新想法					
16. 在工作中你不会因为身体或能力等因素，被人瞧不起					
17. 你能从工作的成果中，知道自己做得不错					
18. 你的工作经常要外出，参加各种集会和活动					
19. 只要你干上这份工作，就不再被调到其他意想不到的单位和工种上去					

续表

20. 你的工作能使世界更美丽	A	B	C	D	E
21. 在你的工作中，不会有人常来打扰你					
22. 只要努力，你的工资会高于其他同龄的人，升级或涨工资的可能性比干其他工作大得多					
23. 你的工作是一项对智力的挑战					
24. 你的工作要求你把一些事务管理得井井有条					
25. 你的工作单位有舒适的休息室、更衣室、浴室及其他设备					
26. 你的工作有可能结识各行各业的知名人物					
27. 在你的工作中，能和同事建立良好的关系					
28. 在别人眼中，你的工作是很重要的					
29. 在工作中你经常接触到新鲜的事物					
30. 你的工作使你能常常帮助别人					
31. 你在工作单位中，有可能经常变换岗位					
32. 你的作风使你被别人尊重					
33. 同事和领导人品较好，相处比较随便					
34. 你的工作会使许多人认识你					
35. 你的工作场所很好，比如有适度的灯光，安静、清洁的工作环境，甚至恒温、恒湿等优越的条件					
36. 在工作中，你为他人服务，使他人感到很满意，你自己也很高兴					
37. 你的工作需要计划和组织别人的工作					
38. 你的工作需要敏锐的思考					
39. 你的工作可以使你获得较多的额外收入，比如：常发实物、常购买打折的商品、常发商品的提货券、有机会购买进口货等					
40. 在工作中你是不受别人差遣的					
41. 你的工作结果应该是一种艺术品而不是一般的产品					
42. 在工作中不必担心会因为所做的事情领导不满意，而受到训斥或经济惩罚					
43. 在你的工作中能和领导有融洽的关系					
44. 你可以看见你努力工作的成果					
45. 在工作中常常要你提出许多新的想法					
46. 由于你的工作，经常有许多人来感谢你					
47. 你的工作成果常常能得到上级、同事或社会的肯定					
48. 在工作中，你可能做一个负责任的领导，虽然可能只领导很少几个人，你信奉“宁做兵头，不做将尾”的俗语					

续表

49. 你从事的那种工作，经常在报刊、电视中被提到，因而在人们的心目中很有地位	A	B	C	D	E
50. 你的工作有数量可观的夜班费、加班费、保健费或营养费					
51. 你的工作比较轻松，精神上也不紧张					
52. 你的工作需要和影视、戏剧、音乐、美术、文学等艺术打交道					

评分与评价：

上面的52道题分别代表13项工作价值观。每个A得5分、B得4分、C得3分、D得2分、E得1分。请你根据下面评价表中每一项前面的题号，计算一下每一项的得分总数，并把它填在每一项的得分栏上。然后在表3－17下面依次列出得分最高和最低的三项。

表3－17 WVI量表得分情况

题号	得分	价值观	说明
2，30，36，46		利他主义	工作的目的和价值，在于直接为大众的幸福和利益尽一分力
7，20，41，52		美感	工作的目的和价值，在于能不断追求美的东西，得到美感的享受
1，23，38，45		智力刺激	工作的目的和价值，在于不断进行智力的操作，动脑思考，学习以及探索新事物，解决新问题
13，17，44，47		成就感	工作的目的和价值，在于不断创新，不断取得成就，不断得到领导与同事的赞扬，或不断实现自己的理想
5，15，21，40		独立性	工作的目的和价值，在于能充分发挥自己的独立性和主动性，按自己的方式、步调或想法去做，不受他人的干扰
6，28，32，49		社会地位	工作的目的和价值，在于所从事的工作在人们的心目中有较高的社会地位，从而使自己得到了人们的重视与尊敬
14，24，37，48		管理	工作的目的和价值，在于获得对他人或某事物的管理支配权，能指挥和调遣一定范围内的人或事物
3，22，39，50		经济报酬	工作的目的和价值，在于获得优厚的报酬，使自己有足够的财力去获得自己想要的东西，使生活过得较为富足
11，18，26，34，		社会交际	工作的目的和价值在于能和各种人交往，建立比较广泛的社会联系和关系，甚至能和知名人物结识
9，16，19，42		安全感	不管自己能力怎样，希望在工作中有一个安稳局面，不会因为奖金、涨工资、调动工作或领导训斥等经常提心吊胆、心烦意乱

续表

题号	得分	价值观	说明
12，25，35，51		舒适	希望能将工作作为一种消遣、休息或享受的形式，追求比较舒适、轻松、自由、优越的工作条件和环境
8，27，33，43		人际关系	希望一起工作的大多数同事和领导人品较好，相处在一起感到愉快、自然，认为这就是很有价值的事，是一种极大的满足
4，10，29，31		变异性或追求新意	希望工作的内容应该经常变换，使工作和生活显得丰富多彩，不单调枯燥

得分最高的三项是：1. __________；2. __________；3. __________。

得分最低的三项是：1. __________；2. __________；3. __________。

从得分最高和最低的三项中，可以大致看出你的价值倾向，在选择职业时就可以加以考虑。

在利用测评进行职业价值观的判断时，需要强调的是，每个人在进行职业选择时，都会从多个价值角度对职业进行衡量，而通常不会只有一种类型占据绝对主导的地位，因而要对测评结果进行综合分析。在做职业决策时，也要着重从自己占据优势的几种价值观倾向方面来综合衡量。

第三节 职业测评报告

你想成为一个什么样的人？你想成为一个 CEO（Chief Executive Officer）吗？你知道从事什么样的职业的人更有可能成为一名 CEO 吗？职业的选择，总的来说，无非就是销售、市场、客服、物流、行政、人事、财务、技术、管理几个大类，你想选择什么职业，你适合哪种职业？不同个体有不同的个性特征，而每一种职业由于其工作性质、工作环境、工作条件、工作方式不同，对工作者的能力、知识、技能、性格、气质、心理素质等也有不同的要求，所以，在进行职业决策时，应选择与自己的个性特征相适应的职业。此时，职业测评可以为你提供一个科学有据的职业选择。职业测评是心理测验的一个分支，在学术上被广泛认可的心理测验的定义是“行为样组的客观的标准的测量”。如果你真的想借助职业测评达到了解自我的目的，应该选择科学的职业测评。职业测评报告是求职者根据自己的实际情况，在完成有关自己兴趣、性格、能力及价值观等测评量表的基础上所形成的一份完整真实的报告结果。

一、职业测评系统简介

本部分的测评报告是基于北京新锦城教育科技有限公司开发的新锦城职业教育发展平台（CDEP）系统中的测评报告。锦程教育（集团）创建于2004年，前身为时代英杰国际教育科技（北京）有限公司，由国内精锐创业者和全球知名投资机构组建，是一家专业的职业发展教育机构。锦程教育（集团）自2004年成立伊始，专注大学生职业发展教育领域，致力于提升中国大学生的职业发展教育质量。2004年，公司承接联合国青年就业网络大学生“职前教育网络学堂”项目，以帮助中国大学生普及生涯规划与职业发展知识，提升大学生职业发展水平。锦程CDEP职前教育系统是国内目前解决大学生基本职业发展教育问题最具价值的全程化系统。基于锦程职业发展教育平台（CDEP），为高校提供职业测评与规划、在线课程、创业体验、教学管理、教学评价等先进工具和优质资源，为高校采用“翻转课堂”模式高效率、高质量地开展就业、创业教育提供系统化支持。

二、我的职业测评报告

新锦城职业教育发展平台（CDEP）系统中的职业测评工具主要包括职业兴趣、职业性格、职业价值观、职业能力几大模块测评。求职者根据自己的真实情况完成职业测评，提交试题后，CDEP系统会自动生成学生的测评报告。

（一）李乐的职业测评报告

1. 职业兴趣测评报告

职业兴趣测评结果：

从图3－8中，你可以了解到自己职业兴趣倾向的分布情况。分数越高表明你越倾向和适合于从事该类型的职业。从以下的测评结果可以看到：相对来说，李乐更倾向于从事实际型、社会型和研究型的职业。对于这三种类型职业的环境，李乐也相对来说更容易适应和胜任。

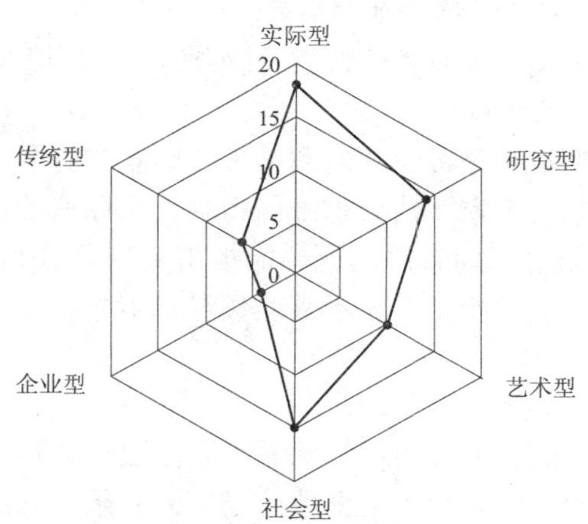

图3－8　李乐职业测评结果

（1）实际型职业兴趣倾向的人具备的特征、适合的工作环境及优先考虑的职业。

● 实际型人通常具备以下特征：

动作敏捷，做事手脚灵活，具有较强的动手能力和动作协调能力；很现实，重视物质，不是理想主义者，追求安定、舒适的生活，重视现在胜于重视未来；不善言辞，喜欢用实际行动代替言语表达，不擅长与人交际；情绪稳定，忍耐力强，给人的印象是诚实、谦和、节俭、脚踏实地。思想较保守，对新鲜事物不太感兴趣，情感体验也不太丰富；喜爱具体明确、需要动手操作的工作环境，对需要技术、体力的活动表现出浓厚的兴趣，较不喜欢需要社交、与人接触的活动。

• 适合实际型人的工作环境：

较多运用到身体的实际操作，需要具备机械方面的才能和体力；通常需要运用到某些特殊的技术，以便进行机器的修理、电子器材的维护、汽车的驾驶或动物的畜养等；处理与具体有形的物体接触的问题比处理人际问题更重要；容易造成生理伤害或意外事件。

• 可以优先考虑的职业：录音师、建筑制图员/制图员、厨师、水利水电建筑工程师、水处理工程师、硬件工程师等。

（2）社会型职业兴趣倾向的人具备的特征、适合的工作环境及优先考虑的职业。

• 社会型人通常具备以下特征：

关心社会的公平和正义，往往有较强的社会责任感和人道主义倾向；对人慷慨、仁慈，喜欢倾听和关心别人，能敏锐察觉别人的感受；个性温暖、友善，乐于助人，善言谈，能与周围的人融洽地相处，令人信服；在团体中，乐于与人合作，有责任感，不爱竞争；喜欢从事与人接触的活动，关心人胜于关心物。

• 适合社会型人的工作环境：

鼓励人和人之间的和谐相待、互相帮助、和睦相处；充满了有教无类的经验指导与交流、心理的沟通、灵性的扶持等，如提供信息、启迪、帮助、培训、开发或治疗等；强调人类的核心价值，如理想、仁慈、友善和慷慨等。

• 可以优先考虑的职业：大学教师、中学教师、小学教师、心理咨询师、客户关系管理员、公务员、外科医生、护士、高校辅导员等。

（3）研究型职业兴趣倾向的人具备的特征、适合的工作环境及优先考虑的职业。

• 研究型人通常具备以下特征：

擅长对各种现象进行观察、分析、判断和推理，喜欢与符号、概念、文字、抽象思考有关的活动；是思想家而非实干家，抽象思维能力强，头脑聪明，思考理性、有逻辑，但有时不愿动手；关注如何创造性地解决问题，能提出新的想法和策略，而不愿循规蹈矩；求知欲强，知识渊博，有学识才能，但较不喜欢领导和竞争；个性独立、温和、谨慎、保守、内向。

• 适合研究型人的工作环境：

通常需要运用复杂抽象的思考能力；常常需要采用数学或科学的知识，来寻求问题的解决；不太需要处理复杂的人际关系，大多数情况下，必须独立解决工作上的问题；不具有高度的结构化，不需要动手操作能力。

• 可以优先考虑的职业：临床研究员、软件工程师、电子技术研发工程师、课程设计与开发人员等。

（4）下一步行动建议。

• 给实际型人的职业发展建议：

在职业发展过程中，可以充分发挥动手能力强、沉稳、有耐心的优点，不断提高自己的技能、技巧；要注意增强抽象思维的能力和与人交往、沟通的技能。

• 给社会型人的职业发展建议：

在职业发展过程中，可以充分发挥自己人际交往方面的能力，在团队或集体活动中积极主动地扮演组织协调者；注意在工作中通过有意识的锻炼增强自己独立工作的能力。

• 给研究型人的职业发展建议：

在职业发展过程中，可以充分发挥善于运用抽象思维、逻辑推理等能力来分析解决问题的优势，发扬独立钻研的学习精神；在工作中应该有意识地加强团队合作，注意提高自己的领导能力。

2. MBTI 职业性格测评报告

MBTI 职业性格测评结果：你的职业性格关键词是 ISFP，即内向、感觉、情感、知觉。

（1）你的性格特征：

你通常彬彬有礼，外表安静而内心很热情，待人友好，心思敏感，为人善良；你比较谦虚，对不同的意见常常保持沉默，不会把自己的观点和价值观强加于人；你能平静愉悦地享受目前的生活，做事不慌不忙，不愿过分紧张和劳心劳神；你善于观察、讲求实际，了解现实和周围的人；你有耐心，易通融，很好相处，能以实事求是的态度接受他人的行为，但你需要基本的信任和理解，以及和睦的人际关系。

你不喜欢寻找和发现那些你认为不存在的可能性，建议你在一定高度下考虑问题，学习做长远规划，发展你的前瞻性，更好地安排时间和精力；你总是难以拒绝别人，有时为了满足他人的需求而拼命地工作，以至于忽视了自己，建议你必要时学会说“不”，更直接地表达自己的内心感受和观点；你可能忽视事物之间的内在联系和逻辑思考，建议你尽量客观公正，思考成熟后再采取行动，不要太个人化或情绪化；你容易相信别人，但需要更注重自己的需求，而且要对别人的行为加以分析，在分析中加入一些客观和怀疑的态度会让你更准确地判断人的性格。

（2）你在工作中的优势：

很有艺术天分，对自然的美丽情有独钟，对直接从经验中和感觉中得到的信息非常感兴趣，喜欢为自己创造一种幽雅而个性化的环境；为人热情慷慨，对你很关心的人和组织非常忠诚，而且主动愿意支持组织的目标，没有领导别人的愿望，往往是忠实的跟随者和很好的合作伙伴；有稳定平和的心态，能够全身心地投入此时此刻的工作中，能够注意到重要的细节，尤其是那些有关他人的细节，并且能够灵活地对他们的情况和需要做出反应，很有爱心，在工作中乐于助人，甘于奉献；能够准确评估目前形势，并看出什么是最需要保持稳定的，仔细评估冒风险和试用新方法时的灵活性和主动性。

（3）你在工作中的劣势：

可能忽略事物深层的暗示，观察不到目前还没有出现的潜在机会，在适合的时候，主动承担一些工作对你的发展更有利；不喜欢过多的规则和结构过于复杂的机构，可能会被大量的复杂任务压得喘不过气来，有时斗志不足，容易松懈，通常不愿付出过多的努力，在压力和挫折面前不够坚持；不愿意为坚持自己的想法和立场而冒险打破与他人的协调关系，不愿直接拒绝或批评别人，可能对矛盾和异议很敏感，对他人的批评会感到生气或气馁，有时容易过分自责；不愿提早准备，一般只做短期计划而不制定长期目标，对于不喜欢的事采取拖延战术，可能无法很好地利用自己的时间，难以按时完成任务；做决断对你来说往往是比较困难的，特别是在与自己的感受相矛盾时很难做出符合逻辑的决定。

（4）给你的职业发展建议：

• 你希望有独立工作的自由，工作中没有太多的规则、结构、僵化的程序，并且富有审美情趣。因此，文艺型的工作很适合你，例如室内外装潢设计师、游戏美术设计师、珠宝设计师、画家、服装设计师、动漫设计师、电影/电视演员，等等。

• 你希望通过具体的、切实的方式帮助他人、贡献社会。因此，服务型、社会型的工作很适合你，例如大学教师、高校辅导员、口译、专业美容师、策划师、客户经理、消防员、保险理赔员、芳香保健师，等等。

• 你做事灵巧、细致，那些户外的、可以接触实事、变化丰富的工作也是推荐给你考虑的，例如生物工程师、野生植物保护员、动物营养专家、石油地质开发工程师、勘探工程师、摄影师、水文地质工程师、系统分析师、农情测报员、园艺师，等等。

3. 职业价值观测评报告

（1）职业价值观测评报告结果：从图 3－9 中，你可以了解到自己职业价值观倾向的分布情况。分数越高，表明你对该项职业价值要素越看重。从以上的测评结果可以看到，你最看重的三种职业价值要素为上司关系、工作环境和同事关系。

你的得分：

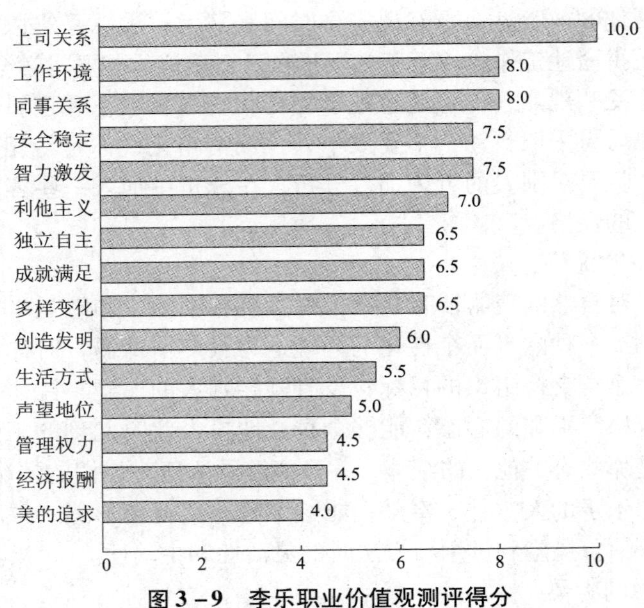

图 3－9　李乐职业价值观测评得分

看重上司关系：希望领导人品较好，处事公平，能与之愉快地沟通、相处。

看重工作环境：希望能有比较舒适、优越的工作条件和环境。

看重同事关系：希望一起工作的大多数同事人品较好，相处在一起感到愉快、自然。

（2）下一步行动建议。

认识了自己的职业价值观之后，你可以通过职业解读来了解感兴趣职业的相关信息，结合自己看重的职业价值因素，对自己未来将要从事的职业或岗位做出比较和选择。

（二）王叶的职业测评报告

1. 职业兴趣测评报告

职业兴趣测评结果：

从图3－10中，你可以了解到自己职业兴趣倾向的分布情况。分数越高表明你越倾向和适合于从事该类型的职业。从测评结果可以看到：相对来说，王叶更倾向于从事社会型、企业型和传统型的职业。对于这三种类型职业的环境，王叶也相对来说更容易适应和胜任。

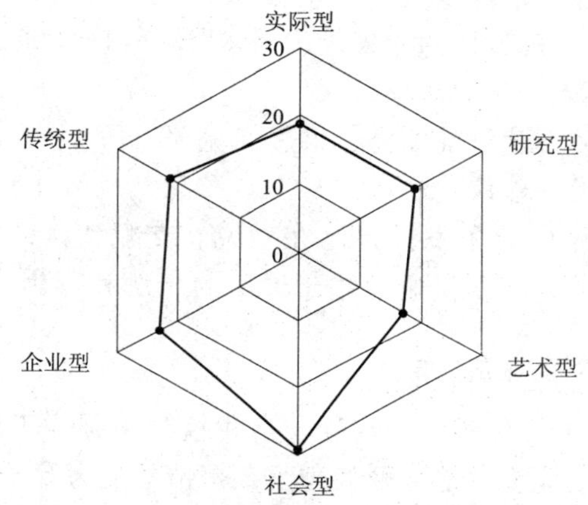

图3－10 王叶职业测评结果

（1）社会型职业兴趣倾向的人具备的特征、适合的工作环境及优先考虑的职业前面已进行过详述，现不再赘述。

（2）企业型职业兴趣倾向的人具备的特征、适合的工作环境及优先考虑的职业。

- 企业型人通常具备以下特征：

精力充沛，自信，个性外向积极、有冲劲，热情洋溢，富于冒险精神，喜爱竞争，支配欲强；社交能力强，特别善于沟通协调，具有领导才能，能够影响、说服他人共同达到组织或个人的目标；做事有组织、有计划，喜欢立刻采取行动，有时比较武断；为人务实，喜欢追求权力、财富和地位，习惯以利益得失、权力、地位、金钱等来衡量做事的价值，做事有较强的目的性。

- 适合企业型人的工作环境：

需要展示自己的经营、管理、劝服、监督和领导才能，并实现机构、政治、社会及经济目标；充满了权力、金融或经济的议题，需要胆略、冒风险和承担责任；重视升迁、绩效、权力、说服力与推销能力；非常强调自信、社交手腕与当机立断。

- 可以优先考虑的职业：项目经理、房地产销售/售楼员、职业经理人、律师、拍卖师等。

（3）传统型职业兴趣倾向的人具备的特征、适合的工作环境及优先考虑的职业。

- 传统型人通常具备以下特征：

个性保守谨慎，尊重权威和规章制度，喜欢按部就班地办事；工作踏实，忠诚可靠，遵守纪律，自我控制能力强，喜欢有秩序的、安稳的生活；喜欢关注实际和细节情况，做事认真仔细，讲求精确，有秩序，有效率，有责任感；习惯接受他人指挥和领导，愿意执行上级命令，乐于配合和服从，不习惯于自己对事情做出判断和决策，不喜欢改变、创新和冒险。

● 适合传统型人的工作环境：

注重组织与规划，需要注意细节、精确度，职责明确，条理清晰，高度有序；需要对数字、资料等进行明确、有序和系统化的整理；需要运用到数字与人事行政的能力。

● 可以优先考虑的职业：审计专员、财务会计/出纳、图书管理员、会计核算专员、预算分析师、打字员、秘书/助理、快递业务员、档案资料管理员等。

（4）下一步的行动建议。

● 给社会型人的职业发展建议前面已经讲过（见 88 页）。

● 给企业型人的职业发展建议：

在职业发展过程中，可以充分发挥自己在劝说、支配和言语方面的技能，以及自信、精力充沛、领导力强的优势；应尽量避免过于冲动的想法和行为，多注意日常工作和工作中的细节。

● 给传统型人的职业发展建议：

在职业发展过程中，可以发挥自己友善、自我控制力强、工作细致且有毅力的优势；注意提高自己的创新和灵活应变的能力及处理复杂事情的能力等。

2. MBTI 职业性格测评报告

MBTI 职业性格测评结果：你的职业性格关键词是 ESTJ，即外向、感觉、思考、判断。

（1）你的性格特征：

你脚踏实地，注重现实，讲求实效，擅长进行客观的逻辑分析，有主见，批判性强，对自己认为无用的东西不感兴趣，但在必要时，也可以用上这些东西；你喜欢做决策，处事果断而自信，很有魄力，做事勤奋，让人信赖。

你喜欢把自己的意见强加于人，听不进他人的意见，对细节很挑剔，对于那些不严格遵守程序的人会感到不耐烦，过于客观理智，对人不够体谅，忽视人的情感、需求和对别人造成的影响，经常看不到简单又直接的行动会产生的更广泛影响。

（2）你在工作中的优势：

注重实践，关心结果，能够自始至终地关注组织的目标，责任心很强，容易取得别人的信任；办事精确，效率高，很少出错，有把工作做好的强烈愿望，处事客观，能够敏感地觉察出不合逻辑、不连贯、不现实和不称职的人或者事情；有果断的决策能力和很强的组织管理能力，必要的时候能够快刀斩乱麻，意志坚定；相信传统的可取之处，并且能够遵循传统模式，可以很好地遵循已经建立起来的工作安排和工作程序。

（3）你在工作中的劣势：

不愿意尝试新的、没有经过考验的观点和想法，对变动感到不安，排斥变革；对不遵循工作程序和忽略重要细节的人有点不耐烦，对低效率的或者需要花很长时间才能完成的工作或者程序缺少耐心；往往只考虑眼前不考虑长远利益，较难看到将来的可能性，对于方针或者决定将会对别人造成什么样的影响缺少敏感；可能忽略他人的情感和意见，可能会为了实现自己的目标而无视他人利益，不喜欢听相反的意见，可能频繁打断别人的发言。

（4）给你的职业发展建议：

• 你天生有生意头脑，善于搜集、整理和分析具体的信息资料，喜欢在要求严格、遵循标准化操作程序的环境中工作，可以让你与实物或切实的工程项目打交道，建议你选择能够发挥你出色的信息分析和机械操作能力的职业，如机械工程师、结构工程师、勘探分析师、矿务工程师、职业信息分析师、财务分析师、系统分析师、投资分析师、金融分析师、证券分析师、审计专员等。

• 管理类的工作很吸引你，你可以自己做决定，组织必要的资源，有一定的控制权，承担较大的责任，并且监督他人，推荐给你的职业有融资项目经理、IT 项目经理、项目管理师、生产控制/管理工程师、会务经理/主管、市场营销经理/主管、生产主管、教学主管等。

• 你喜欢在稳定、讲求规范的环境中工作，要求有明确的前景和清晰的等级制度，以下职业可能比较适合你：行政经理、秘书、后勤管理、图书管理员、财务会计/出纳、审计专员、统计专员、预算分析师、成本管理员、会计核算专员等。

• 专业性强的工作也比较适合你，可以让你独立自主地开展工作，并享有较高的威望，推荐给你的职业有律师、法官、内科医生、口腔医生、化工工程师、建筑工程师、热能工程师、勘探工程师、核工程师、工艺工程师、大学教师、校长等。

3. 职业价值观测评报告

（1）职业价值观测评结果：从图 3－11 中，你可以了解到自己职业价值观倾向的分布情况。分数越高，表明你对该项职业价值要素越看重。从以上的测评结果可以看到，你最看重的三种职业价值要素为安全稳定、成就满足和经济报酬。

你的得分：

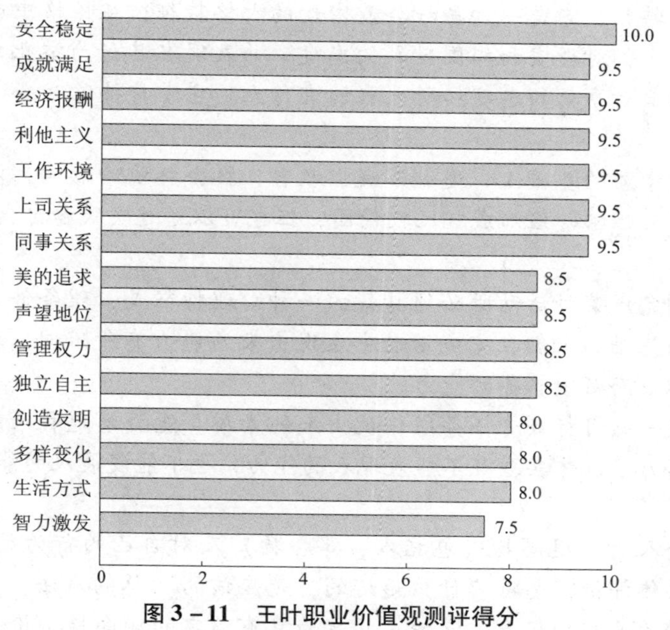

图 3－11 王叶职业价值观测评得分

看重安全稳定：希望在工作中，不管自己能力怎样，都有一个安稳的局面，不会因为奖金、工资或岗位变动等经常提心吊胆。

看重成就满足：希望能及时看到自己工作的成绩，不断得到领导与同事的赞扬或不断实现自己的理想。

看重经济报酬：希望通过工作获得优厚的报酬，使自己有足够的财力去获得自己想要的东西，使生活过得较为富足。

（2）下一步行动建议议。

认识了自己的职业价值观之后，你可以通过职业解读来了解感兴趣职业的相关信息，结合自己看重的职业价值因素，对自己未来将要从事的职业或岗位做出比较和选择。

【基本概念】>>>>>

兴趣、性格、能力、价值观

1. 兴趣

兴趣是人们力求认识、掌握某种事物，并经常参与该种活动的心理倾向；或者说，兴趣是人们积极探究某种事物的认识倾向。例如，你对某种职业感兴趣，就会对该职业活动表现出肯定的态度，并积极思考、探索和追求。

兴趣是需要的一种表现方式，人们的兴趣往往与他们的直接或间接需要有关。一个人对某种事物感兴趣，就会产生接近这种事物的倾向，并积极参与有关活动，表现出乐此不疲的极大热情。

2. 性格

性格，又称“人格”（Personality），来源于拉丁文“Person”，原义是指希腊戏剧中演员戴的面具。性格是指表现在人对现实的态度和相应的行为方式中的比较稳定的、具有核心意义的个性心理特征，它是一种与社会最密切的人格特征，在性格中包含许多社会道德含义。性格表现了人们对现实和周围世界的态度，并表现在其行为举止中。性格主要体现在对自己、对别人、对事物的态度和所采取的言行上。它常常被称为一个人所拥有的可测量的人格特质。

性格是在先天素质的基础上，通过家庭、教育、社会环境的影响，以及儿童自身的积极活动逐渐形成的，性格一经形成就比较稳固，但也可以通过实践和自我修养改变。

3. 能力

能力是指顺利完成某种活动所必须具备的一种心理特征或心理条件，能力是个人职业选择和职业成功的基础。人们在完成活动中表现出来的能力有所不同。职业能力，是指为了胜任一种具体职业而必须具备的能力。

能力，是完成一项目标或者任务所体现出来的素质。能力总是和人完成一定的实践相联系在一起的。离开了具体实践既不能表现人的能力，也不能发展人的能力。

4. 价值观

价值观是指个人对客观事物（包括人、事、物）及对自己的行为结果的意义、作用、效果和重要性的总体评价，是对“什么是好的，是应该的”总的看法，是推动并指引一个人采取决定和行动的原则和标准。它使人的行为具有稳定的倾向性。价值观是人用于区别好坏，分辨是非及重要性的心理倾向体系。

价值观是一种基本信念，带有判断的色彩，代表了一个人对于什么是好，什么是对，什么会令人喜爱的意见。人们对各种事物，如学习、劳动、享受、贡献、成就等在心目中存在主次之分，对这些事物的轻重排序和好坏排序构成一个人的价值观体系。价值观体系是决定一个人行为和态度的基础。价值观是从出生开始，在家庭和社会的影响下逐渐形成的。

本章练习

● 综合训练

职业能力鉴定

下列是一项描述“能力”的量表（表3－18），请依据你平常的行为表现，对自己目前所拥有的职业能力做出最真实的判断。看看你所擅长的职业能力较倾向于处理资料、接触人群还是处理事务方面。

表3－18 描述“能力”的量表

职业能力鉴定	符合	普通	不符合
D1 综合能力：能解释已分析的资料，发现事实或知识			
D2 协同能力：能运用已分析的资料规划行动方案			
D3 分析能力：能检视、评估和分析资料间的关系			
D4 汇整能力：能搜集、整理资料，或将资料分门别类			
D5 计算机能力：能用计算机进行资料的运算和操作			
D6 复制能力：能将资料输入电脑，或以其他方式转录资料			
D7 比较能力：能观察资料、人们和食物，以做出适当判断			
接触人群方面			
P1 顾问能力：能对他人提供指导、忠告、咨询或建议			
P2 磋商能力：能和他人交换看法、资讯和意见，以做出决定或解决问题			
P3 教学能力：能借说明、示范或练习指导或训练他人			
P4 督导能力：能为他人分配工作或责任，并能与其维持和谐关系			
P5 娱乐能力：能借媒体或其他方式来娱乐他人，带来欢愉情绪			
P6 说服能力：能影响他人的观点、想法或做法			
P7 指示能力：能与他人谈话或指示他人，以传达或交换讯息			
P8 服务能力：能注意他人的需求，并提供立即的回应			
P9 听从能力：能遵循管理者的指示、教导或命令			

续表

职业能力鉴定	符合	普通	不符合
处理事物方面			
T1　设定能力：能设计、规划和安装仪器设备，以便他人操作			
T2　精密能力：能精确地适用判断力选择或调整仪器或设备			
T3　操控能力：能启动、停止、控制或调整仪器或设备			
T4　驾驶能力：能驾驶机器或为机器导航，决定速度、评估距离			
T5　操纵能力：能选取或操纵仪器、设备或工具			
T6　照料能力：能启动、停止和观察仪器或设备			
T7　交付能力：能移动或携带他人所指示的仪器或工具			
T8　供输能力：能添加原料或将原料从仪器中取出或更换			

● 思考题

小静是一名喜欢课外活动的大学生。她在自己的日记中写到：我是一个令母亲失望、给父亲带来希望的女孩。我学画画只画静物描写，学跳舞只坚持了一年，练习网球、滑旱冰很快就超过了初学水平，可没有再进一步，现在我又开始学习制作电脑动画了……为此，母亲给我的评语是："半途而废，终将一事无成。"而父亲则告诉我："不断地保持好奇，不断地追求美好事物，成功一定属于你。"

（1）小静的父母对小静的评价各不相同，谁对谁错？为什么？

（2）你能告诉小静怎样正确认识和完善自己吗？

第四讲 了解我的职业

知识目标

- 了解自己的专业与未来职业的内在联系。
- 了解社会环境。
- 了解职业环境。

能力目标

- 能利用多种途径和方法了解未来职业的基本要求。
- 能通过资料收集对职业环境、社会环境进行分析，并提出相应的应对策略。

第一节 我的专业与职业

李乐在学校学的是物流管理专业，而王叶来自社会工作专业。在没有进入大学以前，李乐和王叶对所谓的专业的认识都比较“懵懂”，报专业的时候最主要的决定因素还是这个专业以后的就业。李乐的父母曾经在一个物流公司打工，看见公司里的那些大学生工资收入不错，工作环境又好，便让他也学了物流管理。王叶则是因为妈妈是一个公益慈善机构的负责人，认为社会工作人才在我国需求很大，也比较好升学，所以便学了社会工作。但是这些专业与自己未来的职业之间有着什么样的内在联系，他们却并不清楚。

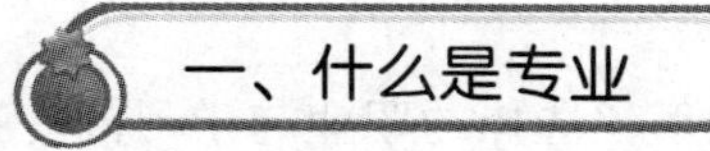

一、什么是专业

【思考】

某职业院校举办职业规划大赛，一个英语专业的大二男生不以为然：“我学英语，以后出来做翻译，有什么好规划的。”别人问他：“你了解翻译这个职业吗？毕业后想做笔译还是口译？”他回答得很干脆：“只要把专业学好了，还怕出来找不到翻译工作吗？”

（1）这个男生说得有没有道理？

（2）学什么专业就从事什么职业，真的是这样的吗？专业和职业的关系是怎样的？

(3) 如果不喜欢所学的专业，应该怎样去规划职业路线?

专业泛指专门学业或专门职业，如干部专业化、生产专业化、分工专业化、专业化经济、专业化制作、专业户等。就学业来说，专业是指教育机构培养专门人才的专业门类。大学设置专业是大学培养人才的重要特征。

关于专业设置有三点需要说明：

(1) 专业设置有人才培养规格的要求。一个大学生只有完成专业教学计划规定的学习任务，才是一个符合该专业培养规格的合格毕业生。

(2) 专业设置兼顾了职业群的要求。大学本科的专业设置是以学科为主进行划分的。学科有其自身的科学体系和内涵，与职业有联系，但不紧密。高等职业学校和高等专科学校专业目录中的532种专业，兼顾了职业群的要求，建立了专业与职业（职业群）较紧密的联系。大学生除完成专业学习外，还可以跨专业选修课程，以满足自己职业规划的需要。

(3) 专业受社会需求发展变化制约。那种“上了大学就有一个好职业”的时代，随着“精英”教育时代的结束而结束了。

二、专业与职业的关系

专业是学业门类，职业是工作门类，专业与职业之间有四种关系，如图4－1所示。

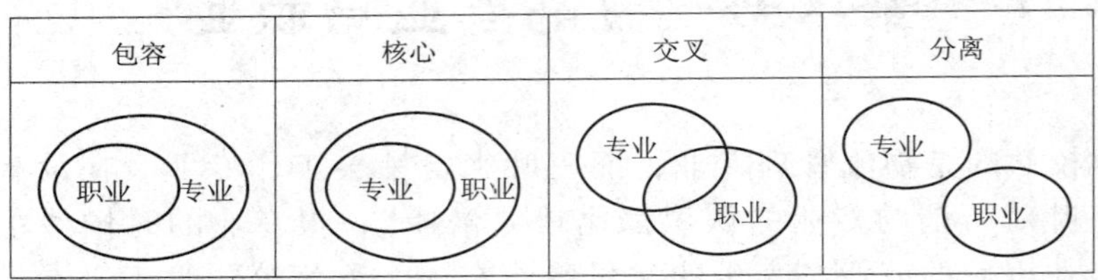

图4－1　专业与职业的关系

(一) 专业包容职业

在这种情况下，个人的职业发展一直在所学专业的领域内，选择的职业与学习的专业相吻合，能够做到学以致用。

(二) 专业为核心，职业包容专业

个人的职业发展以所学专业为核心，向外扩展。这种情况下，选择的职业与学习的专业虽然方向一致，但职业发展超出所学专业领域，需要根据自己的职业规划，在学好专业的基础上通过选修、自学提高自己所从事职业的素质。

(三) 专业与职业交叉

以专业为基础发展职业，个人的职业发展在所学专业基础上有重点地沿某一方向拓展。所学专业在个人职业发展中仍有重要意义，需要在职业生涯规划的指导下，在学好本专业的基础上，同时辅修或自学自己规划要从事的其他专业课程。

(四) 专业与职业分离

个人规划要从事的职业与所学专业基本无关，所学专业的某些方面在个人职业发展

中有一定的重要性，但方向并不一致，这时应尽早调整专业，若为时已晚，应辅修其他专业。

三、基于专业的职业信息分析

从你所学的专业出发，分析本专业所对应的职业群的相关职业信息，了解并把握你的专业与未来职业的关系。

对高职院校的专业而言，每个专业的人才培养方案制定的基础就是对专业与职业的关联性分析，翻开你所学专业的人才培养方案，我们可以从以下三个方面了解所学专业对应的职业信息。

（一）与本专业对应职业群有关的职业资格

例如，财经类专业的学生不但应了解与会计有关的职业资格，还应了解统计、金融、保险、证券、仓储等职业资格，甚至推销、秘书的职业资格。仅就会计而言，应知道至少有四类证书与职业生涯有关：一是会计上岗证和财会电算化证，这是具有从业资格的基本条件；二是注册会计师证、资产评估师证等，这是今后能否具有执业资格的证明；三是专业技术职务证书，如助理会计师、会计师、高级会计师，这是专业水平的体现；四是跨职业的能力水平证书，如外语、计算机、普通话和汽车驾驶证等，这或者是与取得第二、第三类证书有关的证书，或者是与提高求职成功率有关的证书。对于这些证书，你不但要分清种类和功能，更要知道取得这些证书应具备的学识、技术和能力，即资格标准。这是你结合自己的专业方向进行职业生涯设计的基础。

（二）科技进步对本专业对应的职业群及相关职业群的影响，以及这些职业群的演变趋势

在分析中你必须明确，现行的职业资格标准是职业岗位的现实需要，职业会随科技进步而演变，职业资格标准也会不断调整。因此，你不但要努力学习，为今后一生做好铺垫，还要树立“活到老、学到老”的终身学习的观念。

（三）与本专业相关的职业机会与前景

例如，物流专业。加入 WTO 使中国的大门逐步打开，跨国快递巨头们在中国的人才需求也随之剧增。联邦快递预计，在未来的几年里，每年的员工队伍将以 20%（300 人左右）的速度增长。而在其他行业的需求上，最缺乏的物流专业人才是中高级物流策划管理与营销，最好是既懂得营销管理又懂得策划，还懂得如何运用现代技术去改善、提升原有操作模式的人才。显然，刚毕业的大学生在工作经验上难以适应这些岗位。但经验总是要积累才有的，你完全可以通过在操作岗位以及低级别管理岗位上的锻炼来达到这一水平。

【阅读】>>>>>

从四个维度看企业对专业性的要求

记者：企业负责人或人力资源管理者在招聘中，是怎样看待求职者的专业教育背景的？

请您说说：不同职业对于专业性的要求，比如什么行业、什么企业、什么岗位，对专业的要求非常高；什么情况下，会放低甚至没有专业要求。

陈畅：对求职者专业教育背景的要求，主要跟行业特点、企业发展阶段、企业文化和职位特点有关。

首先，看行业特点。对于IT等技术密集型行业、金融业等资本密集型行业、咨询业等知识密集型行业来说，一般要求求职者具备很强的专业教育背景；对于制造业、日用等快速消费品行业和家电等耐用消费品行业来说，具备较强的劳动密集特点，这样的行业，除了技术岗位之外，一般的职位对于专业的要求会稍微放低一些。

其次，看企业发展阶段。对于初创和快速成长期的企业来说，企业规模小，人员少，职位之间职责界限比较模糊，更需要具备跨专业技能和综合素质的复合型人才，更看重人才的开拓精神、工作热情和学习能力，相比较而言会降低对专业教育背景的要求。企业发展到了稳定期，企业规范化管理越来越重要，管理的规范、流程的清晰意味着职责界定的清晰、职位的专业化程度加强，这时候企业需要更多的专业人才和管理人才，对专业人才的专业教育背景的要求也大为增强。

再次，看企业文化。我们可以把企业文化初步分成三种：第一种是权威型，这样的企业令行禁止，要求员工恪尽职守、尊重权威、遵守规则，一般会对员工制定较严格和详细的职位要求和工作标准。这样的企业一般要求很强的专业教育背景和很强的责任心。第二种是创新型，这样的企业重视各种形式的创新，希望员工打破旧有观念和规则，提出创新的产品设计、管理办法、企业策略等。这样的企业甚至鼓励员工换岗，获得不同角度的体验。这样的企业虽然也需要一定的专业教育背景，但是更重视员工的创新能力。第三种是和谐型，这样的企业重视员工关系、关注员工发展、建立和谐融洽的工作氛围，要求员工之间互相尊重，更重视团队合作和团队业绩。这样的企业对专业教育背景的要求要稍弱一些，更强调团队互补和团队合作精神。

最后，看职位特点。我们可以把一般企业中典型的职位分成六种：第一种是专业型职位，比如会计师、律师、工程师、各职能领域的专业人士，这种职位的特点是需要专业资格、专业证书或者很强的专业教育背景。第二种是研究型职位，比如研发、金融分析、市场调查等各行业各职能部门的分析类型的职位，这种职位的特点是除了要求很强的专业教育背景以外，还要求很强的思维分析能力，学历高的占有优势。第三种是管理型职位，比如企业各层级各部门的经理职位，这种职位要求具备专业领域的工作经验，以及较强的管理能力，其中，专业领域的工作经验重于专业教育背景。第四种是顾问型职位，比如各类型针对企业管理、个人发展的咨询顾问，这种职位的特点是要求具备较强的专业教育背景、专业领域资深的工作经验和很强的思维能力，如果缺乏一定的专业教育背景，工作经验和系统的培训也能补充不足。第五种是行政型职位，比如行政管理、助理、秘书等，这种职位对专业教育背景要求较低，但是要求细心、责任心和严谨的工作态度。第六种是说服型职位，比如销售人员，这种职位一般对于专业教育背景要求不高，但是要求很强的成就欲望、毅力和很好的沟通能力。

（资料来源：《职业》杂志）

第二节　从职业的角度认识社会

一、社会环境综合分析

每个人都处在一定的社会环境之中，倘若离开社会环境，我们便无法生存与成长。

在进行职业规划和选择职业时，我们要充分认识社会环境对职业生涯的影响，要注意分析社会环境的基本特点，了解社会环境的发展变化。只有充分了解社会环境因素，才能做到在复杂的社会环境中找到自己的职业位置，也只有这样，我们的职业生涯规划才能具有实际的意义。

（一）社会环境对个人职业生涯的影响

在现实社会中，社会环境对职业生涯的影响是多方面的。这是由社会环境的多种因素构成决定的。影响职业生涯的社会环境因素主要包括以下几项：

1. 经济水平

经济是一个社会存在和发展的基础。就经济发展与职业生涯的关系而言，社会经济发展状况较好，人才需求就相对大一些，人才市场也就会比较活跃，职业选择的机会也就会增多一些；反之，职业选择的机会就相对少一些。

2. 政治氛围

政治和经济是相互影响的，政治不仅影响到经济体制，而且影响企业的组织体制，从而直接影响到个人的职业发展。政治制度和氛围还会潜移默化地影响个人的追求，从而对个人的职业生涯产生影响。

3. 文化环境

文化环境是影响人们行为、欲望的重要因素，主要包括教育水平、教育条件和社会文化设施等。一般来说，在良好的社会文化环境中，个人会受到较好的教育和熏陶，从而使知识和能力水平得到更多的增长和提高，这会为今后的职业发展打下更好的基础。

4. 价值观念

树立正确的价值观，是树立正确职业观的基础。一个人生活在社会环境中，必然会受到各种社会价值观念的影响。价值取向，既反映社会对人才的价值评价和素质要求，也体现一个人的思想发展和成熟的过程。对我们高职大学生来说，要坚持正确的价值观念，就要在大学的学习和训练中，进一步认可、接受我们社会积极进步的主体价值观。在我们的学习和生活中，社会价值观念正是通过影响我们个人的价值观而影响我们个人职业选择的。

（二）社会环境对人才的需求

社会存在决定社会意识，社会发展引导社会需求，社会需求又反过来推动社会的发展。因此，人生职业生涯发展，必须以社会的发展和需要为基础。

分析社会环境对人才的需求状况，也就是要求我们能够从总体上把握当前及未来人力资源需求的变化状况。这里的分析，需要包括以下几个方面：

1. 人才需求状况

人才需求状况是指社会各行业对当前人才的需求状况。

例如，随着信息技术的发展和普及，社会对计算机、网络等方面的应用人才的需求不断增加，同时，对各种管理人才的需求也越来越多。

对这方面信息的分析，可以使个体认识到自己目前所具备的知识和技能是否为社会所需要。在明确了社会的需求程度后，学生就需要在相关方面主动地学习基本知识，并提高基本技能，以便更好地适应社会发展和需要。

2. 人才竞争状况

人才竞争状况是指社会各行业的人才竞争状况。

在现实中，往往是很多人竞争同样的单位或是同一个岗位。通过了解和分析人才的竞争状况，可以认识到与自己竞争相似职业的其他人的状况；同时，还能通过与竞争者的相互比较，更好地意识到自身的优势和劣势。

正所谓，知己知彼，才能百战百胜；知己知彼，才能让我们在竞争中处于优势地位。

3. 相关政策

相关政策是指国家和当地政府制定的各项有关政策。

目前，我国的相关就业政策，对大学生就业市场仍有积极的作用。通过政策分析，可以使个体了解到一些新的事业和就业机会，以便在进行职业设计时利用这些机会。

例如，对大学生志愿服务西部的鼓励政策、对大学生的创业扶持政策等，有利于到西部发展和愿意创业的同学找到职业发展路线。

（三）社会环境对高职高专人才的需求

现阶段，我国的社会经济正处于高速发展阶段，整个社会政治稳定、文化繁荣，且人们的价值取向呈多元化发展。这样良好的社会发展环境，形成了对各类人才的广泛而大量的需求之势。

其中，应用型高级技术人才很有竞争力，市场对这样的人才表现出“求贤若渴”。这是由市场经济对人才的要求决定的。一般来说，市场经济对人才要求呈一个金字塔状：1 个科学家、9 个工程师、100 个高级技工。因此，高等职业教育，成为高等教育体系中一个特殊层次的教育，在整个国民教育中成为不可或缺的一个重要的组成部分。高等职业教育所培养的人才，不仅是社会所需要的，而且是其他层次的人才无法取代的。

另外，国家也积极制定并推出了有利于高职高专大学生就业的若干政策，许多用人单位也开始走出盲目追求高学历的误区，转向实行更加务实的用人理念。许多人力资源经理认为：“你是谁”变得不再重要，重要的是“你能干什么”。这样的社会环境就为高职大学生提供了展示自己能力的更加广阔的舞台。

了解和认识社会环境与职业的关系，有利于在设计职业生涯时做出与社会经济、政治、文化和价值观相一致的职业选择，在人才需求、人才竞争和相关政策的条件下，找到适合我们的职业发展定位。从而使我们的生涯规划有一个务实的社会基础，使个人在变化的社会环境中不断取得职业生涯的更好发展。

二、行业环境与行业状况

俗话说："女怕嫁错郎，男怕入错行。"在现代社会环境条件下，虽然人们的职业选择并不再像传统社会那么局限，但是，在社会现实中，行业的整体发展状况和环境总是会直接影响到企业的发展状况，进而也就影响到每个人职业生涯的发展。

分析和了解影响职业生涯的行业因素，有利于个人选择有发展前途的行业和职业，有助于个人职业目标的更好实现。

行业环境分析的主要内容，包括以下几个方面：

（一）行业发展现状

进行行业发展现状分析，首先应了解这个行业是什么样的行业，该行业的发展趋势如何。

行业发展主要受到以下三方面因素的影响：

1. 技术因素对行业发展的影响

随着科学技术的不断进步，新技术和新产品会带动新的社会需求、产生新的社会经济，这样必然会出现新的行业和职业，例如，手机短信技术的进步，产生了短信写手这一职业。同时，技术发展也会加速朝阳行业（如旅游业、保险业、管理咨询行业）和夕阳行业（如资源消耗大、造成环境污染的小型采矿业、小型造纸厂）的分化和产生。

2. 资本投入对行业发展的影响

政府主导与资本流向是影响行业发展的又一重要因素。有些行业是国家制定发展计划和国家基础建设中的重点行业，对于这些行业，政府会投入大量的资金、技术、人力和物力，而这些会大大促进这些行业的发展。

3. 社会需求对行业发展的影响

社会需求是刺激行业发展的主导因素。随着社会经济的发展，人们的收入增加，对某一产品的有效需求增大，会增加这一产品的购买力，从而促进该行业发展。

（二）重大事件对行业的影响

行业的发展，往往容易受到国内、国际重大事件的影响，这些事件会影响到该行业能否提供较多的职业机会。如北京申办2008年奥运会成功后，迅速拉动了北京乃至全国的奥运经济，给建筑业、旅游业和服务业等，都提供了较大的发展空间，也相应地提供了较多的就业机会。

（三）行业优势及问题

社会的发展变化，总是影响着各个行业的发展变化。因此，行业的优势和劣势，实际上都是相对而言的。在某一时期成为优势的地方，在变化后的下一时期，有可能成为行业发展的劣势。所以，我们要特别关注的是行业当下的、目前的特征和问题，例如：该行业的哪些问题是可以改进或避免的？哪些问题是无法消除的？该行业是否具有优势和竞争力？这种优势体现在哪些地方、会持续多久？

（四）行业发展前景预测

对某一行业的发展前景预测，可从两方面进行分析：一方面，是关于行业自身生命力的分析，要了解该行业的产生背景和条件，是否具有雄厚的技术支持和充足的资金支持等；另一方面，也要考虑到国家对这个行业所实行的相关政策，政府会根据经济与社会发展状况对某些行业发布政策、法规。例如，对一些行业实施鼓励和扶持，而对另一些行业限制发展、缩小规模。而这些国家政策，对这一行业在本国的发展起到至关重要的作用。

三、企业组织的内部环境

进行职业生涯规划，除了要分析整个社会以及所在行业的外部环境外，还需要分析和了解企业或单位的内部组织环境。任何一个企业或单位，都有自身的基础和特点。

选择了一个组织，一定程度上也就是选择了一种生活。

（一）企业组织的发展目标

所谓组织，是指人们为了达到某种共同的特定目标而结成的人际关系系统。一定数量的人、一定的目标、一定的人际关系系统是一切组织都必须具备的三个基本要素。其中，任何组织之所以会存在，之所以能够将许多具有个人意志的人聚集到一起，就是因为组织有一个所有组织成员都希望达到的、共同为之努力的目标。

可以说，组织的目标，是组织存在价值和运作状态的“生命线”。

因此，在分析企业组织的发展目标时，我们不仅需要了解企业未来追求的目标是什么，还要了解企业有什么阶段性的发展目标，以及企业目前所处的发展阶段，同时，还应尽可能地搜集相关资料，了解和分析企业目标在执行方面的措施和实现目标的可能性。

（二）企业组织的基本状况

对组织内部环境的基本状况进行分析，就是要了解企业过去的创业历史，现阶段的运行状况和规模，以及未来的竞争优势与发展前景，包括企业的基本功能、核心竞争力、资金和技术实力，也包括企业的人际关系系统、领导者的管理水平，等等。

通过对这些具体情况的了解和分析，使我们的职业选择建立在清楚知道自己所选择对象情况的基础上，不仅有利于我们当前制订合理的职业规划，而且有利于我们今后的求职就业和较快适应职业岗位。

（三）企业组织的特色——企业文化

企业组织的特色，更多是通过企业文化来反映的。

所谓企业文化，就是指以企业成员共同的、具有本企业特色的价值观为核心的行为方式体系。它是一个企业不同于别的企业，并得以生存和持续发展的核心要素。

企业文化的本质内涵是人，是企业内职工队伍的管理和问题。因此，一个企业如何看待它的员工，如何关心员工的发展问题，是该企业文化的先进性所在。企业和员工相互依存，企业的效益要靠员工的有效工作来实现，员工的职业生涯又为企业文化所左右。一个主张员工参与管理的企业，显然比一个封闭的企业能为员工提供更多的发展机会；渴望发展、追求挑战的员工也很难在论资排辈的企业中受到重用。当然，倘若一个人的价值观与企业文化有冲突，难以适应企业文化，那么这就决定了他在组织中难以得到发展。因此，企业文化是个人在制定职业生涯规划时应当考虑的一个重要因素。

（四）企业组织的人力资源

在现代企业制度下，一个有前途的企业一定是一个有团队合作基础的组织。在团队中，人员的年龄、专业和能力结构等都将直接关系到企业的发展前景和每个员工的职业生涯发展前景。

通过对企业人力资源状况的分析，我们可以比较理性地判断出哪些类型的企业组织更适合自己的未来发展。同时，在选择企业组织时，应该更加注意到是否有适合自己偏好职业的人际环境，是否有自己的发展空间和发展机会。从而做出决定——是选择在该企业组织中谋职和寻求发展，还是另选其他更适合的企业组织谋职和寻求发展。

四、其他相关环境

（一）社会环境

社会环境中流行的工作价值观、政治经济形势、产业结构的变动等因素，无疑都在个人职业选择上留下深深的烙印。“50年代的兵，70年代的工人，90年代的个体户”，每年的职业地位排序都对高考志愿的选择和就业选择起到不可磨灭的影响。不同的社会环境所给予个人的职业信息是不同的。

1. 社会文化环境

社会文化环境包括教育条件和水平、社会文化设施等。

在良好的社会文化环境中，个人能受到良好的教育和熏陶，从而为职业发展打下更好的基础。社会文化是影响人们行为、欲望的基本因素。社会文化反映着个人的基本信念、价值观和规范的变动。

如果一个地区的人们崇尚职业的新奇性和变换性，那么这个地区的人在各企业之间的流动频度就高，例如美国公民普遍喜欢市场的契约制度；如果人们追求工作的安全感和稳定性，那么人力资源在各企业之间的流动就相对较少，例如日本公民喜欢终身雇佣制。

我国是一个大国，社会文化的复杂性决定了个人职业选择与职业发展要考虑企业所在地的文化因素，例如我国沿海地带的公民可能喜欢与员工保持契约关系，而内地公民可能喜欢传统的稳定的雇佣制度。

2. 人口环境

人口环境，尤其是个人所在地区的人文因素对职业选择与职业发展有着重要影响，其影响主要包括以下几个方面：

（1）人口规模。

社会总人口的多少影响社会人力资源的供给，从而影响着职业选择和职业发展的机会。总人口越多，个人职业选择与职业发展机会就越小；相反，个人职业选择与职业发展机会就越多。

（2）年龄结构。

不同的年龄段有不同的追求，人们在收入、生理需要、价值观念、生活方式、社会活动等方面存在差异性，这决定了他们职业价值观的不同。不同年龄段人口的多少影响着其职业选择和职业发展。

（3）劳动力质量和专业结构。

社会劳动力的质量和专业结构影响职业选择和职业发展的机会。例如：在某些地区，未经培训的普通劳动力可能很充裕，然而受过高级培训的劳动力可能不足；某些地区可能某方面人才比较充裕，但某方面人才相当欠缺，这些因素都会影响职业选择和职业发展。

（4）人口的城市化。

我国现在的城市化进程在加快，劳动力正在由农业转移到非农业就业。户籍制度的改革，已放开户籍对就业的限制，从而对我们的就业市场产生重大的影响。同时户籍制度的放开将会使低素质的劳动力资源供给进一步增加，但由此会产生对高素质劳动力需求的增加。

（5）人口老龄化。

现在的人口统计数据表明，我国人口正在迈向老龄化阶段。老年人占整个社会人口的比例正在上升，这种人口老龄化趋势将使医疗保健行业和社会服务领域的就业机会增多。

（6）人口流动。

大量的统计数据表明，我国人口正在由内陆地区流向沿海地区，由经济不发达地区流向发达地区。这种人口的流动将导致沿海大城市的不断扩张。当然，这两年中央开发中西部地区的战略会对中西部地区的发展起一定的推动作用，不过中西部地区的发展还需要一段时间。就业和职业发展的机会在近期来说主要还是集中于沿海地区。

3. 社会价值观念

一个人生活在社会环境中，必然会受到社会价值观念影响，大多数人的价值取向，甚至都是被社会主体价值取向左右的。一个人的思想发展、成熟的过程，其实就是认可、接受社会主体价值观念的过程。社会价值观念正是通过影响个人价值观而影响个人的职业选择和职业发展。

（二）政治、法律环境

我们生活在一个有政治制度和法律制度的社会里，这种政治、法律环境对我们的职业选择和职业发展有着重要影响。

1. 政治环境

政治因素主要涉及国家的方针、政策，影响职业的政治因素包括教育制度、政治体制、经济管理体制、人才流动的政策，等等。一方面，现代教育体制的改革使更多的年轻人拥有接受高等教育的机会，使高学历人才迅速增多，高素质人才的竞争将更为激烈。但另一方面，我国教育体制改革忽略了职业技术教育，将来我们将面临技术工人匮乏的问题。政治和经济是相互影响的，政治不仅影响到一国的经济体制，而且影响着企业的组织体制，从而直接影响到个人的职业发展；政治制度和氛围还会潜移默化地影响个人的追求，从而对职业发展产生影响。

2. 法律环境因素

法律因素是指中央和地方的有关法规和有关规定，如政府有关人员招聘、工时制、最低工资的强制性规定，现行的户籍制度、住房制度、人事制度和社会保障制度，这些因素都会对职业的选择和发展产生重要的影响。

（三）经济环境

经济环境是影响职业选择和职业发展的重要因素，具体来说，经济环境因素主要有以下几个方面：

1. 经济形势

经济形势的变化对职业的影响是最为明显又最为复杂的。当经济处于萧条时期时，企业的效益降低，对人力资源的需求减少，因而职业选择和职业发展的机会减少；当经济处于高速发展时期时，企业处于扩张阶段，对人力资源需求量增加，职业选择和职业发展的机会增多。

2. 劳动力市场供求状况

劳动力市场的供求状况对职业选择和职业发展产生重要影响。如果某类职业的人才供不应求，则职业选择和职业发展的机会增多；相反，若某类人才供过于求，则职业选择和职业发展的机会减少。

3. 收入水平

社会对人力资源的需求是一种派生的需求，当人们的收入水平提高时，对商品消费的需求会增加，于是企业扩大生产，从而增加对人力资源的需求，而职业选择和职业发展的机会也会增多；反之，则职业选择和职业发展的机会减少。

4. 经济发展水平

在经济发展水平高的地区，企业相对集中，优秀企业也比较多，个人职业选择的机会就比较多，因而有利于个人职业发展；反之，在经济落后地区，个人职业发展也会受到限制。

（四）技术环境

技术环境包括产业结构的调整、高新技术的影响、现代化技术与管理的发展，等等。科学技术对职业发展的影响是全面的，它具体的影响表现在以下两个方面：

1. 自动化冲击

工业自动化的普及与提高，对工业科学化、技术化的发展起到了促动作用，给就业市场也带来了一定的影响。一方面，自动化增加了新的工作岗位；另一方面，自动化又淘汰了一些旧的工作岗位。从长远看，自动化程度的提高，有利于就业岗位供给的增加；但短期内，有可能由自动化带来新增工作岗位的数目小于被淘汰的旧的工作岗位的数目。自动化程度的提高既为大家带来了机遇，又使就业竞争加剧，带来危机。

2. 产业结构调整冲击因素

我们处在一个科学技术迅猛发展的世界里，产业结构也在不断地调整。从劳动密集型产业转化到资本密集型再转化到知识密集型，这给我们人生的发展提出新的挑战。这要求我们根据环境的变化不断地更新自己的知识结构，顺应产业结构的调整和社会的发展。如果不及时学习新的技能，就会落后于社会的发展，表现为难以胜任工作，导致自己的事业失败。产业结构的调整给我们带来危机感，但同时也为我们提供了更多机遇，尤其对于创新型人才来说，他们的发展空间更大了。

（五）组织环境

个人所在的组织环境对个人职业发展有着重要的影响，当组织环境适宜于个人发展时，个人职业更容易取得成功。但组织环境同社会环境一样，也在不断地变化，这些变化同样对职业提出了不同的要求。因此，在制定职业生涯规划时，个人所在的组织环境也是应考虑的重要因素。从组织内部环境看，影响职业发展的因素也是多方面的，主要包括组织状况、人力资源管理现状、管理人员的支持和组织文化等。

1. 组织状况

组织规模不同的企业，其对职业管理的程度也不相同。一般来说，组织规模越大，越有利于组织对员工进行职业管理，个人职业选择和发展的机会就越多。

组织结构直接决定了组织所属岗位的分布情况，并反映了组织运行时的状态。如组织结构制定合理，那么组织促进职业管理的力度就会很强。

组织特征不同的企业对人力资源有不同的要求。该企业的行业属性、产品的组合结构、生产的自动化程度、产品销售方式等，决定了所属员工的发展空间。例如：对于传统性产业部门的企业，生产技术和生产手段都接近规范化和程序化，对员工的要求主要是能掌握熟练的生产技术，这类企业对创新型的高科技人才的发展不利；而一些从事新产品开发的高科技企业，需要技术创新的开发人员，创新型人才的发展空间比较大，职业也易取得发展。

每个企业都有自己的发展目标，企业的所有生产经营活动都是围绕企业发展目标展开的，在人员的安排上同样也要体现企业的总体发展目标。如企业的发展目标定为进军新的产品行业，那么企业对新的行业产品的人才需求就会增加，而适应新行业要求的员工就容易在职业上取得较好的发展。

企业生产规模扩大、产品结构调整或升级、采用新生产工艺等，会导致人力资源层次、结构及数量的调整，这些因素会为某类员工的发展提供机会，同样会使某类员工的发展失去机会。因此，在制定职业生涯规划时应考虑所在组织的发展目标，把个人的发展与所在组织的发展结合起来考虑。

2. 人力资源管理现状

企业人力资源管理现状包括：人力资源规则、供给与需求的预测、招聘方式、晋升管理、工资报酬、福利措施、员工关系、发展政策等。

（1）人力资源规则。

现在，大型的比较正规的企业一般都制定人力资源规划。通过人力资源规划，可预测组织未来的人力资源需求总量和人力资源供给总量，从而确定组织未来的人力资源净需求量，这包括企业未来需要什么类型的人才和各种类型人才需要多少。如果了解企业的人力资源规划，了解企业未来对人力资源的需求，就会知道自己的职业发展是否有机会和有什么样的机会，进而把企业的人力资源需求与自己的职业发展目标结合，制订比较恰当的职业发展计划。

（2）人力资源政策运用。

员工的职业发展，归根到底要靠人力资源管理政策来保障，包括合理的培训制度、晋升制度、考核制度、奖惩制度等。企业价值观、企业经营哲学也只有渗透到制度中，才能得到切实的贯彻执行。没有制度或者制度制定得不合理、执行不到位，员工的职业发展就难以实现，甚至可能流于空谈。

（3）人力资源结构因素。

企业自身的人力资源结构对个人职业的发展有重要的影响。例如，企业年老的管理人员比较多，这意味着员工晋升的可能性比较大，发展的机会比较多。当然，企业的晋升制度、绩效考核制度、薪酬制度、培训制度等，都对员工个人的职业发展产生重要影响，这是员工个人制定职业生涯规划时应当着重考虑的因素。

3. 管理人员的支持

一个企业的文化和管理风格，与领导者的素质和价值观有直接的关系，企业经营哲学往往就是企业家的经营哲学。如果企业领导者不重视员工的职业发展，那么员工在这个企业内的职业发展就很可能受挫。反之，如果企业的领导者非常重视员工的职业发展，关心员工的生活，注重与员工的情感沟通，能及时帮助员工分析职业发展过程中所遇到的困惑，那么其所属员工在获得职业发展满意的同时，会为企业创造更大的价值和财富。

4. 组织文化

组织文化决定了一个企业如何看待它的员工，员工的职业生涯也在很大程度上被企业文化左右。一个主张员工参与管理的企业，显然比一个独裁的企业能为员工提供更多的发展机会；渴望发展、追求挑战的员工也很难在论资排辈的企业中受到重用。企业文化是影响企业经营效益的重要因素。如果员工个人的价值观与企业文化有冲突，难以适应企业文化，这就决定了他在组织中难以发展。因此，企业文化是个人在制定职业生涯规划时应当考虑的一个因素。尽量避免与组织的文化冲突，是员工在职业发展过程中应遵循的原则。

（六）家庭环境

每个人孩提时的生长环境，对他们今后的职业目标、职业选择有很大影响：

（1）教育方式的不同，造成他们认知世界的方法不同。

（2）父母是孩子最早观察和模仿的对象，孩子必然会受到父母职业技能熏陶。

（3）父母的受教育状况、社会地位、家人的期望、价值观、态度、行为、人际关系等，对个人的职业选择和职业发展产生直接和间接的深刻影响。因而，我们常常看到艺术世家、教育世家、商贾世家等。

（七）朋友、同龄群体环境

俗话说：“近朱者赤，近墨者黑。”朋友、同龄群体的工作价值观、工作态度、行为特点等不可避免地会影响到个人对职业的偏好，以及对从事某一类职业的机会和变换职业的可能性等方面的选择。

【阅读】>>>>>

屏蔽会导致职场受困、友情破裂

当一个人决定在朋友圈屏蔽另一个人时，会持有两种心情：要么是“应该不会被发现”的鸵鸟态度，要么是“被发现又怎样”的不怕开水烫的态度。不过你是否会继续思考下去，被你屏蔽的人，他们发现了会怎么想？更关键的是，这些想法对你会产生什么影响？

希区柯克的电影《后窗》里，人永远都想知道陌生窗户里的男女在干什么，而这扇窗户背后发生的事情永远比你想象的要复杂那么一点点。

职场圈

屏蔽领导的请举手

领导在朋友圈搞视觉轰炸，发现被屏蔽把下属骂哭

领导们如果看到《中国青年报》这个民意调查，肯定要哭了：受访的 2 503 人中，除

"陌生人"外，"领导"是被屏蔽最多的人，近三成的人已在朋友圈把领导屏蔽了。

Linda一直觉得用"奇葩"不足以形容自己那位热爱朋友圈的上司。虽然从事会计这个理性职业，但领导在朋友圈面前毫无理性可言，一丁点儿事都要发朋友圈，翻开领导的相册，简直就是视觉轰炸。领导还叮嘱Linda要关注她的朋友圈，Linda口头答应着，却悄悄将她屏蔽了。

直到这位领导生日当天，部门聚会，她鼓励大家发微信，而后到每位下属的朋友圈"点赞"，蓦然发现，自己竟然被好几个人默默屏蔽了，这位领导一气之下拉黑了他们，而直接下属Linda甚至被骂哭。这个故事最后有了一个戏剧性的结局：这位领导也有自己的上司，她因为在朋友圈吐槽上司忘记屏蔽对方，直接被炒掉了。

与这样的极品故事相比，球迷小范的遭遇过程舒爽，结局却更惨烈。为了通宵看世界杯，他跟领导请假谎称自己第二天上午要去医院看病，结果看完球赛后的满足感让他忘乎所以，顺手在朋友圈发了一条消息："看了一夜球再睡懒觉真舒服。"然后，领导点了个赞，而截止到本报发稿日，小范还没接到领导让他再去上班的通知。

领导怎么看自己被屏蔽？

正面：看中能力，不会纠结，公事公办

负面：微信也是业务工具，有秘密瞒着我

你以为领导不知道你屏蔽他？错！家居企业老板Maggie说，身为领导想不发现自己被屏蔽都难，只需要在年会、集体活动时稍微留意，"不过不会因此影响我和员工的工作关系，我们看中的是员工的工作能力"。

在深圳一家五星级酒店工作的Alfred坦言若是两三年前，必然会觉得丢脸，为自己得不到信任而患得患失，甚至考虑是否在工作中对他/她再宽松点。但现在完全不会为此忧虑，"审视自己，但绝不降低工作要求，不会为了收获'信任'而降低标准"。

不过完全没有心理波动是不可能的，年近五十的郝先生在深圳经营一家企业，当发现跟了自己将近十年的市场总监竟然也在朋友圈屏蔽了他时，他愕然了。尽管也用上下级之间不需要直接分享生活的理由来安慰自己，但郝先生还有另外的考量："微信不是一个纯私人社交软件，工作沟通和客户联络功能也占据了大比重，市场总监这么重要的岗位，对我完全屏蔽，难道有什么事不想让我知道？"

专家论屏蔽：

屏蔽领导影响职业发展

资深人力资源专家、北大纵横管理咨询集团股东高级合伙人曹子祥直指，一旦"屏蔽"被领导发现，或多或少会对职业发展有一定影响，"领导是管理者，但根本上也是人"，尤其是比较感性的人，更容易被这样的事影响。另外，员工在企业所处的位置也会决定这种影响的大小。骨干力量多半不会受影响，但对于处于边缘位置的员工来说，努力获取领导的信任，不是件坏事，而开放朋友圈还是对此有裨益的。

屏蔽同事和客户的请举手

实习生屏蔽老师，然后，他就再没有过老师

《甄嬛传》火爆那会儿就有人畅想，如果这后宫有朋友圈这回事，单单是"屏蔽"这一个元素就可以演足50集钩心斗角。现实生活也不比电视剧差，小主换成一名实习生同样可以掀起波澜。

“90 后”男实习生来到公司报到后，虚心而有礼貌，和几个负责带他的前辈互相加了朋友圈，正当大家兴致勃勃要看看这位小朋友的朋友圈时，发现几乎所有人都被他屏蔽了，只有一个例外——公司第一美女，不但不屏蔽，而且实习生同学还在美女朋友圈里点了赞，被屏蔽的老师们自此再也没“带”过该实习生。

同事和客户怎么看自己被屏蔽?

同事：被屏蔽后产生心结

客户：觉得对方不坦诚

在广告公司工作的小乔最近发现被一位关系普通的同事屏蔽，尽管任贤齐老师教育大家：不是你的，就别再勉强。可小乔发现，自己再面对该同事时，很难保持一颗平常心，“怎么看他怎么不顺眼，仔细探究，可能是他屏蔽我这件事就意味着看我不顺眼，所以我以眼还眼”。

红酒供应商朱承旭坦言，在与客户合作过程中，如果在对方朋友圈看到一些私人的内容，会在印象中“加分”，觉得此人愿意袒露自己，让人信任，而若是被屏蔽，想法则完全相反。

专家论屏蔽：

同事屏蔽因兴趣不合，不必惊讶

深圳大学管理学院副院长刘军认为屏蔽的出现主要原因在于每个人对朋友圈的定位有不同，朋友圈是承载在实体圈子之上的，否则这些虚拟的朋友圈会逐渐变成死的账户。即便是同事要长久活跃于同一个圈子，也需要是一些同好者——有共同特征的人聚在一块儿，通过信息的需求产生的圈子，因此如果兴趣不同，屏蔽自然会发生，不必惊讶。

私人生活圈

出来混是要还的……当你屏蔽了别人，你就要做好被别人屏蔽的准备，反之亦然。微信朋友圈是社交关系的延伸，在私人生活范畴这种延伸则会显得更加敏感和微妙。“不看 ta 的朋友圈”表达了对对方的视觉疲劳或内心反感，而“不让 ta 看我的朋友圈”的动机则更为强烈，表达着对被屏蔽者有着更强烈的自我保护意识。

屏蔽亲戚的请举手

表哥过度关心导致表妹因压力太大屏蔽对方

最近一次家庭聚会上，小路的表妹拿着手机玩儿，没过一会儿其他兄弟姐妹就笑开了，说表妹朋友圈发的漫画好好笑。小路也连忙拿起手机来看，却发现朋友圈没有更新啊。话到了嘴边突然醒悟，硬吞了回去：我是不是被表妹屏蔽了？

小路非常郁闷，工作了两年的他跟刚上大学的表妹同在深圳，对表妹非常照顾，时不时还请她吃饭或出去玩儿，感觉表兄妹二人亲密无间，她怎么会把自己给屏蔽？随后几天他试图忘记这事儿，但每次一看朋友圈，一跟表妹联系，心里就特别堵。终于有一次请表妹吃饭时，他忍不住把这事给捅出来，表妹才很不好意思地道出缘由。

原来，因为小路对表妹非常关心，无论她发什么朋友圈，小路总会或多或少地评论一下，譬如表妹偶尔生个小病在朋友圈“作”一下、求小伙伴关怀，小路都会非常紧张地关心询问。久而久之表妹开始觉得不太自在，在小路的关注下无法放开了吐槽，说点负能量又怕小路担忧，干脆就把小路给屏蔽了。

听完表妹的解释，小路倒是释然了：“越亲近的人越需要彼此有些空间吧。有时对亲人的事情太过紧张，对方就会觉得拘束。毕竟朋友圈带有情绪和虚饰，真有事情一个电话就好。”

屏蔽同学的请举手

白富美微信晒高大上，贫困同学为免受刺激开屏蔽

被不熟悉的朋友屏蔽是正常事，被来往不密的同学屏蔽也能接受，问题是，同在一个屋檐下每天低头不见抬头见的，你为什么屏蔽我？王雪发现自己被舍友C屏蔽，肺都要气炸了："整个宿舍她就屏蔽了我一个，我跟她没仇没恨的，平时也不发心灵鸡汤，凭什么屏蔽我？"

疑惑的是，王雪跟宿舍里的人关系一直蛮和谐的，没什么摩擦，而C同学平时对她的态度还像往常一般亲切友好，让她几度怀疑自己是不是看错了，"感觉太分裂了"。

直到有一次C同学不在宿舍，王雪忍不住咨询其他舍友，舍友D才一语道破："你知道吗，C家里条件很差，心里多少有些自卑，你这白富美虽然不刷屏，但每次发照片总是特别高大上，不是在国外旅游就是在买包包，叫C怎么受得了。"

王雪这才明白，同学既是朋友又不完全是"朋友"，因成长环境不同，很多自己习以为常的事情别人未必能接受。日常生活不动声色躲避的尴尬，朋友圈却必须通过屏蔽来实现。

屏蔽好友的请举手

被好友屏蔽，注册陌生号加她看是否说自己坏话

"烦烦烦，连我都屏蔽，算什么好友，我们之前的关系定位太不准了。"陈莉最近发现好友A小姐的朋友圈很多没更新了，点进"个人相册"一看，啥图片都没有只剩一条黑线：自己被屏蔽了。

她不愿意自讨无趣地质问A小姐，思来想去，可能是最近A小姐介绍了另一个姐妹B跟她认识，陈莉跟B玩得比较好，常在朋友圈互相点赞、评论，A小姐大概心生酸意，不爽就把她屏蔽了。

"这也太小心眼了，我决定无视她。"话虽如此，陈莉后来又注册了另一个微信号，假装陌生人加了A小姐，时不时关注她的更新。"看她有没有说我的坏话。"世界上最远的距离不是生与死，而是我当你是好友，你却关闭了朋友圈。

专家论屏蔽：

微信仍是传统交往方式的投射，被屏蔽意味着对方的不认可

"微信朋友圈只是传统的交往方式投射到新技术的一种形式，人和人交往的原则并没有变化。"中山大学教授冯原说。"屏蔽"变成一种信号，实际上直接关联的是"别人的认可"，"别人的认可"是影响一个人发展的最首要规则，朋友圈开放被解读成"认可"，屏蔽则反之，新技术只是给了这种情绪一种表达方式。

冯原认为现在的"屏蔽"功能也许会让人感到不安，也会随着媒介技术的发展，出现新的功能和软件解决这一问题，而尽可能少刺激到别人。

你被屏蔽的10大理由

被屏蔽的理由跟屏蔽别人的理由是全等的，比如说老发代购广告、养生心得、心灵鸡汤、成功学，成天无病呻吟怨男怨女传播负能量等，都是臭名昭著、被公认为"杀无赦"的对象。我们要指出一些你还没发觉就莫名其妙被屏蔽了的理由。

1. 工作狂：艺术界的晒展、文学界的晒作品、公关界的晒活动、金融界的晒K线图、做报纸的整天发什么"解救纸媒"……别人真的那么在乎你那旮旯行当吗？这都是明显的自恋！而对自恋的人我们通常的处理方法是让他自己待一会儿。

2. 生活直播：一天发N条朋友圈，一日三餐吃什么必拍，走个路得拍下自己的脚步、头顶的树叶，过个马路也要拍下红绿灯斑马线，需要您发给我看吗？我天天走路自己还看得不烦吗？

3. 长期晒娃晒宠：有的娃和宠又萌又漂亮，都被屏蔽了；有的娃和宠又丑又作，请问微信有删除记忆的功能吗？

4. 正能量充沛：有些人总是特别正能量，价值观特别正面，情绪长期亢奋，发一个朋友圈，每句话都以感叹号结尾，阅读时压力山大，总感觉相比之下自己对人生的看法太负面，屏蔽后感觉幸福指数瞬间飙升。

5. 光点赞或不会说话：常在你朋友圈发评论的人比较受欢迎，但有些人从来只点赞，自己也不发朋友圈，让你有种被监视的感觉，却对对方信息一无所知，心里发毛却又毫无对策；又或者他也评论，但说的话要么潜台词丰富，要么不能理解，那也只能屏蔽了。

6. 弄虚作假：经常转发一些未经证实的乱七八糟的小道消息，或者各种阴谋论什么的，蛊惑人心，自己都被忽悠多次、丢丑多次，索性屏蔽。

7. 伪公知：社会常识梁文道也普及很多了，还在朋友圈整天扛着普世价值大旗，支持同性恋婚姻、保护动物福利、反对愤青、呼吁捐血……除了打口炮自己什么也没干，真要叫他捐血马上变脸，伪装公知，假扮圣母。

8. 心口不一：比如明明希望别人点赞，还说“点赞的都什么心态”；或者明明化了个大浓妆，天天说“素颜好舒服啊”；又或者说“×××真的很不错，××万也不贵，但是如果有×××的颜色款式我就买了”……拜托，当别人是瞎的吗？没发现你用手指戳脸扮萌时，有一半指甲盖儿都陷到粉里了吗？用点50块以上的粉底吧。

9. 自言自语：给自己点赞，故意不用“回复”，而用“评论”让所有人都看见自己的高见，于是经常看到他发的朋友圈下面一长列自己给自己的话……总觉得地址栏里应该显示的是“发自某某精神病院”。

10. 存在即不对：很多时候，屏蔽一个人可能不需要什么理由：你走过很多风景，你容貌姣好美丽，你善良单纯天真，你知性温和有礼，你就是完美无瑕的人类……偏偏，你的存在就造成不爽了，哪怕是一个用词、一个观点，或一个发型，都让我手指不由自主地划向另一边……

（资料来源：《南方都市报》）

第三节 探索职业世界

【活动】>>>>>>

说说你的家族职业树

就像家谱可以追溯每个人的根源一样，透过家庭职业谱，大家可以更好地了解自己的父母对自己所从事职业的期待，可能是代代相传的家族企业，也可能是继承衣钵。下面大家来做一做家族职业树的信息表，然后在同学之间分享。

个人信息：姓名________年龄________性别________专业________年级________

家族所选择的职业中，重复最多的是：________

家族中对各种职业的评价，是否都有强烈的好恶呢？

例如：什么都好，就是不要去画画，否则连老婆都养不活。

做公务员好，工作有保障……

他们认为从事__________最好；

最好不要从事__________。

家族对彼此的职业，感到最满意或羡慕的是什么？

例如，要是不开出租，哪有那么多自由的时间。别人家就是有个医生女婿，看病也方便。人家的父母都是医生，难怪能教育出那么有出息的孩子。

家人希望我将来从事什么工作？理由是什么？

通过讲述家人的职业树，可以了解到很多职业种类，以及自己之前从未知晓的，比如当有的同学在说，自己的姐姐最喜欢做调酒师时，很多同学会不理解，一个研究生毕业的高才生回去从事这样的职业？其实，这是一种现在市场上急缺的人才。据说，目前全世界只有几百个专业的调酒师。还有就是在大家介绍家人的职业时，也可以发现：对于外部职业世界不甚了解的自己，也会受家人职业观念的影响。比如，有的同学说“我家里人现在从事什么样的职业，我毕业后也要去做这样的工作”，什么样的工作是热门的、挣钱多的，等等。

一、职业概念

《现代汉语词典》将职业解释为“个人在社会中所从事的作为主要生活来源的工作”。

从社会学的角度界定职业的概念，日本社会学家尾高邦雄认为，职业是某种社会分工或社会角色的实现，因此职业包括工作、工作的场所和地位。美国学者泰勒认为，职业是一套成为模式的与特殊工作经验有关的人群关系，这种成为模式的工作关系的结合，促进职业结构的发展和职业意识的形成。我国学者姚裕群认为，职业指的是人们从事相对稳定的有收入的专门类别的工作。这些界定强调了职业满足个人物质需求、维持个体生命与生活的功能，突出了活动与报酬的交互性。

从经济学的角度界定职业的概念，美国社会学家塞尔兹认为，职业是一个人为了不断取得个人收入而连续从事的具有市场价值的特殊活动。美国著名哲学家、教育学家杜威认为，职业是人们从中可以得到利益的一种“生活活动”。日本劳动问题专家保谷六郎拓展了职业的内涵，认为职业是有劳动能力的人为了生活所得而发挥个人的能力，向社会做贡献的连续活动。法国一个权威字典将职业定义为：为了生活而从事的经常性活动。

综上所述，职业的合理界定应包括从事职业的主体、职业的个体与社会功能、职业的时限以及职业的性质等要素。由此可以定义，职业是指具备劳动能力的个体，运用自身的知识、技能与态度，从事社会生产服务，为社会创造物质财富与精神财富，并获取合理的个人报酬，以满足自身的物质与精神需求的持续性活动。

职业须同时具备下列特征：

(1) 目的性，即职业以获得现金或实物等报酬为目的。

(2) 社会性，即职业是从业人员在特定社会生活环境中所从事的一种与其他社会成员相互关联、相互服务的社会活动。

(3) 稳定性，即职业在一定的历史时期内形成，并具有较长生命周期。

(4) 规范性，即职业必须符合国家法律和社会道德规范。

(5) 群体性，即职业必须具有一定的从业人数。

二、职业分类

在我国有这样一句俚语："三百六十行，行行出状元。"那么，在我国社会中，是否真的有三百六十行呢？对于这问题要给出正确回答，需要我们了解一下职业分类系统。正确了解社会职业分类系统，也有利于我们提高探索工作时间的效率。职业分类是指以工作性质的同一性为基本原则，对社会职业进行的系统划分与归类。所谓工作性质，即一种职业区别于另一职业的根本属性，一般通过职业活动的对象、从业方式等不同予以体现。

(一) 工作世界地图

工作世界地图（World of-work Map）（如图 4－2 所示）是全世界范围内应用最广泛的职业分类系统。它是由美国大学考试中心（American College Test，ACT）于 1985 年发展出来。ACT 根据数据－观念（Data-Idea）和人群－事物（People-Thing）两个维度和四个向度

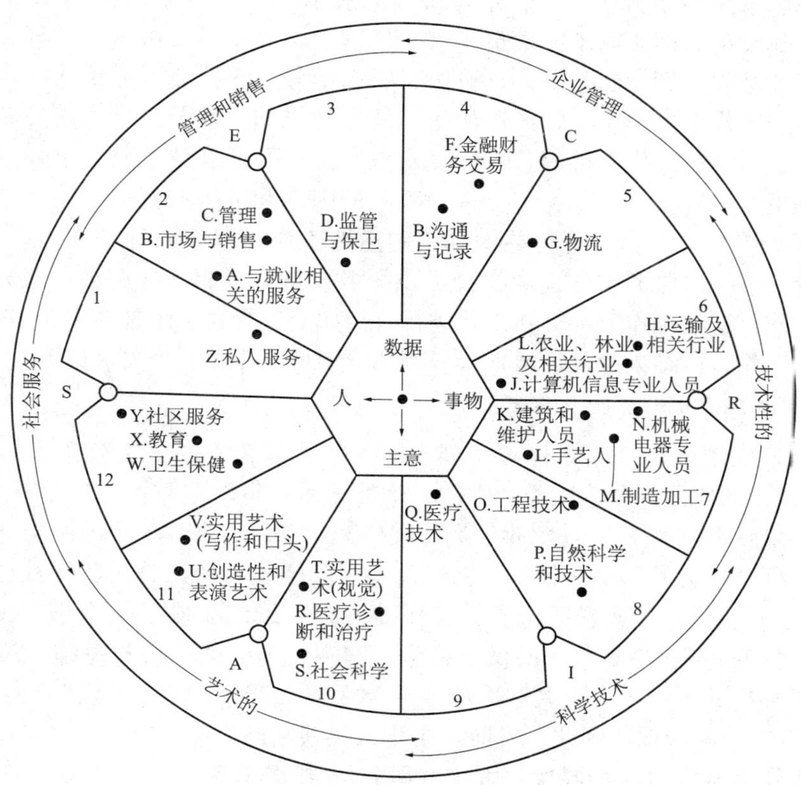

图 4－2 工作世界地图

区分出四个主要分类象限，工作世界地图还将分类系统与霍兰德的职业兴趣理论有机联系起来，这样 ACT 将职业分为 6 大类职业、12 个职业群、23 个职业簇。

数据是指文字、数字、符号等资料的收集、整理与归档等程序，使之有助于进一步分析和统整；观念是指想法的启发、观念的传播、思考的运作、创意的发挥、真理的探究等认知历程；人群是指和其他人进行接触与沟通，包括了解、服务、协助或教导，以及说服、组织、管理或督导等；事物是指处理物品、材料、机械、工具、设备和产品等与人或观念无关的实物。

从 ACT 中可以看到：社会服务类工作要求从业者具备社会型的职业兴趣与能力；管理和销售类要求从业者具备影响型的职业兴趣与能力；企业经营类工作要求从业者具备常规型的职业兴趣与能力；技术类工作要求从业者具备现实型职业兴趣与能力；科学技术类工作要求从业者具备研究型职业兴趣与能力；艺术类工作要求从业者具备艺术型职业兴趣与能力。

另外，从地图中我们还得知：与人有关的工作在西，越往西走，越要求与人进行交往；越向东走，人性渐泯，物性递增，于是与物有关的工作居东；用智慧创意的工作位于南，要求喜欢思考、好分析；朝北移，创意渐弱，强调治理，于是管事理财的工作坐北。如此，人群、事物为经，数据、观念成纬。

（二）工作世界十分法

依据工作的不同性质，还可以将工作世界分成 10 个类别：①实务工作，需要操作机器、工具及其他设备。例如电子技术员、汽车修理工、打字员、机械技工等。②自然界工作，料理牲畜和植物。例如园艺工人、兽医、农艺师等。③社会服务工作，帮助别人解决困难。例如社会工作者、护士、临床医生等。④文教工作，涉及文字，需要多读多写。例如教师、记者、图书馆工作人员等。⑤计算及数字工作，处理数字及从事计算工作。例如统计员、会计员等。⑥科学工作，需要认识事物的因由和形态。例如实验室技术员、化验师、药剂师等。⑦艺术工作，进行艺术性、创造性工作。例如设计师、摄影师、音乐家、画家、作家等。⑧一般服务工作，向社会提供服务。例如空姐，导游员、服务员、售票员等。⑨户外工作，这些工作大部分在户外进行。例如交通警察、土地测量员、勘探人员等。⑩说服、影响工作，广结人缘及说服别人。例如推销员、律师、公关人员等。

（三）《中华人民共和国职业分类大典》

1982 年，国家统计局、国家标准总局、国务院人口普查办公室公布了《职业分类标准》，将全国范围的职业划分为大类、中类、小类三层，即大类 8 个、中类 64 个、小类 301 个。1986 年，我国首次颁布了《职业分类与代码》。1992 年原劳动部编制了《中华人民共和国工种分类目录》。到了 1999 年，在广泛借鉴国际经验和深入分析我国社会职业构成的基础上，“国家职业分类大典和职业资格工作委员会”编制完成了《中华人民共和国职业分类大典》，对我国当前的职业状况做了科学、客观、全面的分析与总结。2005 年，劳动与社会保障部发布了《中华人民共和国职业分类大典（2005 增补本）》，分类大典 2005 增补本共收录了 77 个新职业。因此，目前《中华人民共和国职业分类大典》把我国的职业由大到小、由粗到细地分为四个层次：大类（8 个）、中类（66 个）、小类（413 个），细类（1 915 个）。细类为最小类别，亦即职业。具体见表 4 – 1。

表4－1　职业的种类

大类	中类	小类	细类（职业）
1. 国家机关、党群组织、企事业单位负责人	5	16	25
2. 专业技术人员	14	115	379
3. 办事人员与有关人员	4	12	45
4. 商业、服务业人员	8	43	147
5. 农、林、牧、渔、水利生产人员	6	30	121
6. 生产、运输设备操作人员及相关人员	27	195	1 119
7. 军人	1	1	1
8. 不便分类的其他从业人员	1	1	1
小计	66	413	1 915

需要说明的是，职业类别并不是非此即彼的，有些工作的性质可能涉及多个类别。例如记者的工作，由于要多读多写，因此算是“文教工作”，但是记者又要经常外出采访新闻，所以又具有户外工作类的性质。

三、职业标准

职业标准在整个国家职业资格体系中处于龙头位置，起着导向作用。它引导着职业教育、职业培训、鉴定考核、技能竞赛等活动，其举足轻重的地位现在越来越清晰地呈现出来。

一个统一的、符合劳动力市场目标和企业发展目标的职业标准体系，对国家职业技能开发事业的发展有决定性的意义和影响。人们越来越明确地认识到，国家职业资格证书制度的建立，职业教育、培训、鉴定、考核、竞赛和表彰系统的构架和改造，实质上是一场以职业标准为导向的改革。

从全球范围来看，标准导向的改革已经成为世界性职业教育改革潮流的共同目标，成为各国不约而同的行动纲领。然而，对我国来说，具有戏剧性的是，现在最不适应这个改革要求的，恰恰是作为改革方向的标准本身。职业标准已经首当其冲地成为整个改革的第一个目标。

国家职业标准编制工作应当在以职业活动为导向，以职业技能为核心的总原则指导下，运用职业功能分析法，按照模块化、层次化、国际化和专业化的方向发展，使国家标准成为以职业必备能力为基础的，具有动态性、开放性和灵活性的职业标准，以全面满足企业生产、科技进步以及劳动就业的需要。

职业标准结构逐渐模块化，摆脱传统的学科导向性的“基础知识—专业基础知识—专业知识—相关知识”模式，采用职业功能分析法指导下的职业功能模块结构。这一改革方向不仅有利于教育培训和考核工作，有利于与生产和就业的紧密结合，也有利于建立动态和开放的标准体系。按照这一理论模式，国家劳动保障部正在制定《国家职业标准制定技术规程》，并开始应用于新标准的制定和旧标准的改造。在若干个新职业、新工种的标准制定试验中，这个新模式已经取得了成功的经验；在对旧标准的改造试验中也表现出充分的生命力。

职业标准体系的分层次化已经成为一个国际趋势。通过对职业标准结构的改造，人们可以发现，尽管现代社会发展和分工细化正在创造出越来越多的职业、工种和岗位，然而它们实质上却具有许多相通的或共同的职业功能模块和职业技能模块。在每个具体的职业、工种和岗位领域，都需要一定数量的职业特定技能，从总量上看，它们是最大的，而从适用范围看，它们是最狭窄的。对每一个行业来说，又存在着一定数量的共同适用的技能，可以叫行业通用技能，从数量上看，它们比职业特定技能显然少得多，但是它们的适用范围涵盖整个行业领域。就更大范围而言，必定存在着一些从事任何职业或行业工作都需要的、具有普遍适用性的技能，这就是核心技能。在制定国家职业标准体系时，分层次地确定和制定核心技能标准、行业通用技能标准和职业特定技能标准，是满足全社会职业教育培训和考核的不同需要，提高职业标准的适用性和开放性的重要方法。

四、职业的发展与变迁

生产力的发展使人们的生活方式发生了改变，社会分工更加细致，人们的生活品质也有了相应的提高。以往人们使用寻呼机、电报等通信工具仅仅是为了传递信息，拍照是为了留念，需求相对单一，目的也很明确。而现在，人们使用手机不仅仅为了互通资讯，手机自带的拍照、摄像、上网、游戏等功能可以满足人们更多的需求，实现多元化的消费。如今很多新兴的职业，比如咖啡师、宠物驯导师，就是为了满足人们对生活品质提高的需求而产生的。当然，今天的新职业也许过不了多久也会成为被淘汰的旧职业，过去曾经消失的职业也可能在人们的需求中重新出现，一切职业的变迁都是由人们的需求决定的。

国家职业分类为数据的统计和学术研究提供了共同的平台。社会的变化性特征，决定了社会职业结构的动态性，不同职业的供给量不断变化，而且新职业在不断产生，落后职业则逐渐被淘汰。新职业，是指社会经济发展中已经存在一定规模的从业人员，具有相对独立成熟的职业技能。自 2004 年 8 月国家劳动和社会保障部建立新职业发布制度以来，经过充分而严谨的论证，经过深入而细致的筛选，经过市场经济公正无私的检验，已有近百个新职业浮出水面。新职业的确立，深刻地反映了我国劳动力市场的需求方向；新职业发布制度的建立和实施，对于促进就业和发展职业教育，具有不可置疑的牵引或者说导向作用。

劳动和社会保障部有关人士曾经表示，这些新职业的开发和评定，并不仅以是否是热门职业和从业人数多少为标准，更重要的是考虑这个职业是否具备了较高的技能性，是否具有向大众推广的可行性，以及这个职业将产生的社会影响和价值。这些新职业主要分为两种情况：一是全新职业，就是随社会经济发展和技术进步而形成的新的社会群体性工作；二是更新职业，是指原有职业内涵因技术更新产生较大变化，从业方式与原有职业相比已发生质的变化。

毋庸置疑，新职业的诞生和成长，不仅记录了职场发展的轨迹和程度，而且在更宏观的背景下折射出时代风云和社会变迁。

（一）新活法五花八门滋生新行当

随着我国经济社会的快速发展，老百姓收入水平不断提高，人们不再仅仅关注吃饱穿暖，而对生活质量提出更高的要求，对生活服务需求也日益增多。为满足广大人民群众的需要，大批提供相关服务的从业人员自然而然形成一个个稳定的群体，新兴职业应运而生。

新职业与人们对生活质量的要求息息相关。在“非典”、禽流感等疫情一波波袭来的今天，第四批公布的11种新职业中有个现象尤其引人注目——11种职业里面有7种职业涉及健康领域：健康管理师、公共营养师、医疗救护员、紧急救助员、芳香保健师、宠物医师、水产品质量检验员等。从这些新职业构成中，人们能清楚地感觉到随着生活水平的提高，“健康”二字的分量正逐步加重。刚刚发布的第5批新职业，如室内环境治理员、水域环境养护保洁员、花艺环境设计师、礼仪主持人等职业，也都与人们的日常生活相关。

无数个职业称呼的改变，反映了人们对生活质量的要求越来越高。如今，“理发员”变成了“美发师”、“炊事员”改叫“烹调师”“营养配餐师”，“保姆”改称“家庭服务员”，等等。从“炊事员”到“烹调师”再到“营养配餐师”，其间的变化最明显不过。“炊事员”的时代，人们满足于一个饱字；而如今，在“烹调师”“营养配餐师”等新称呼流行的时代，人们则追求的是好，既要吃得好还要讲究营养搭配。职业内涵的变化反映了经济的发展和生活水平的提高。

每多一种要求，就多一种供给；每多一种新职业，社会就可为我们多提供一项新服务。事实上，新生活滋生了新职业，新职业也在悄悄改变我们的生活。

（二）新职业浓墨重彩表现时代特征

分析最近两年诞生的新职业，不难发现，新职业带着鲜明的市场经济的色彩。在经济高速增长，产业结构产生重大变化的时候，目前已经发布的新职业，明确地体现出了职业结构发生的变化，“夕阳”职业逐步消失，“朝阳”职业纷至沓来。发布的新职业带有三大明显的特征：

1. 专业知识与操作技能相辅相成，“灰领”职业异军突起

这些新职业，主要集中在知识技能型人才和现代制造业“灰领”的领域内。例如，动画绘制员、汽车模型工、汽车加气站操作工、包装设计师、数字视频策划制作师等，都是现代制造业新兴的“灰领”人才。这些新兴职业之所以走俏，与我国将重点开发制造业、IT产业、现代服务业的政策密切相关。绝大多数新职业都要求从业人员动脑与动手能力的统一。

2. 科技创新与时尚创意紧密结合，高科技产业、创意产业催生新职业

迅速发展的高科技产业、创意产业已经成为催生新职业的主要领域。例如，路版图设计师、印前制作员、数字视频合成师、集成电路测试员、网络课件设计师、霓虹灯制作员、计算机乐谱制作师等新职业无不与高新技术相关。集成电路版图设计职业伴随IC产业的发展而产生，由于国内起步较晚，工作内容中科技含量较高，对从业人员的专业知识和技能要求较高，IC版图设计人员是IC行业的紧缺技术人才之一。创意产业则出现了包装设计师、工艺美术设计师、广告设计员、模具设计师、时装设计师、会展设计师、景观设计师、花艺环境设计师、机械产品设计师等新职业。家具设计师是创意设计类新职业的代表。房地产行业的高速发展，使人们对家庭装修、室内设计的要求日益趋向个性化、多样化，对家具设计也提出了更高要求。家具设计师因此逐步成为家具企业、家装企业的核心人物，并逐步成为成熟的职业。

3. 关注稀缺人才以及朝阳职业，体现人才市场需求

劳动保障部门在开发新职业时，十分注意收集人才市场上需求量大、人才短缺的新兴行当。因此新职业大多人才稀缺或者是朝阳职业。现已公布的新职业，大多集中在现代服务业，涉及管理、策划创意、设计、分析和制作等，多属于高技能人才中的知识技能型人才，是目前的人才市场所紧缺的。医疗器械维修人员作为一种新职业之所以被推出，乃市场需求使然。近年来，医疗部门购置了不少进口高科技医疗设备，但一些国内维修人员因为看不懂外文说明书，缺乏对新技术的了解，导致维修中出现很多问题。因此劳动保障部门请该领域的专家制定了“医疗器械维修人员”这一新职业的标准。而模具设计师的脱颖而出，则是因为我国机械、汽车、电子、通信、家电等工业产品制造业的发展迅速，急需大量既有操作能力，又能够运用各种新型数字化工具独立进行模具设计的人才。

（三）新职业分工明确细化人才种类

“三百六十行”这一中国人的传统说法，早已成为一个逝去的概念。随着社会需求的增多、技术的发展，以及产业细分导致社会分工的细化，职业内涵已远非“三百六十行”所能概括。有专家分析，我国近年来的职业变迁，体现了这样两个特点：

1. 职业分类越来越细，越来越专业

比如，银行职员这个职业有了更进一步的划分，更加专业化，出现了资金交易员、资金结算人员、清算人员等一些过去没有的职业。分工细化，使人才越来越专业化。劳动和社会保障部从 2004 年 8 月实行新职业发布制度以来，仅仅两年半的时间，就发布了 9 次新职业。随着策划风潮此伏彼起，仅“策划师”一项，就有四种之多，如商务策划师、会展策划师、数字视频策划制作师、房地产策划师等。

2. 职业的标准化程度提高，越来越与国际职业发展接轨

比如，我们把以前的供销员改为市场营销员；企业和公司负责人也不再笼统地称为厂长或经理，而演变出不同层级的职业，比如董事长、总经理、CEO、部门经理、项目经理等。

（四）新职业促进劳动力市场建设

我国公布新职业，采用的是国际上通用的“职业分析法”，对社会新职业进行系统划分与归类，并对某一特定职业进行分析与研究，描述出每个职业类别的内涵与外延，使从业者了解某个职业的活动领域和工作环境、工作范围、工作程序、工作对象和设备工具等与职业相关的各种要素。一般来说，每个新职业从被发现，到成为成熟、独立的职业并被公之于众，大概需要经过这样五个流程：

第一，建议——发现新职业：各级各类机关、社会团体（组织）、企业、学校以及个人可结合实际，向国家或各地的劳动保障部门提出新职业建议。

第二，汇总——认识新职业：劳动保障部门对各个领域的新职业建议进行登记、汇总、分类，准备进行开发。

第三，论证——研究新职业：由劳动保障部门组织专家分析、论证、审核新职业的重要性、独特性、规范性、技术性、稳定性等，看其是否成熟，是否适合作为独立的职业。

第四，公示——审核新职业：专家审核结果通过公共服务网络平台向社会公示，广泛征求意见，进行修改。

第五，发布——公布新职业：劳动和社会保障部按季度对外发布成熟的新职业。

当新职业有了职业定义、职业标准之后，从业人员的培训、考核鉴定方案也会相继出炉，新职业从业人员的职业培训和职业规范也就有了现实的依据。

（五）新职业引导就业新风向

目前，我国将新职业纳入国家职业分类和职业资格体系，反映了劳动力市场的需求方向，对于职业教育培训机构的课程设置和教学培训项目开发有重要的参考价值，有利于开发就业，促进培训就业结合。新职业发布后，劳动保障部将对其中部分职业制定职业标准，全面反映工作现场对从业人员知识和实际职业能力的要求，这有利于引导职业教育培训，有利于避免未来由于某些职业人才的匮乏而形成经济发展的瓶颈。

与此同时，在我国加快推进新型工业化、信息化和城镇化建设过程中，制造业、IT 业和现代服务等行业产生了许多新职业，蕴含了巨大的就业潜力，成为就业岗位的增长点。面对急剧的职业变化，职业转换频繁发生，就业再就业任务更加复杂。研究新职业，有利于开发就业岗位，加强职业指导，满足劳动力市场上的双向选择需要，促进劳动者就业再就业。

新职业的产生，将成为就业的新风标，引导着就业风向。众所周知的原因，在职场中，人才流动分布的动向一直比较难以把握，而从新涌现的职业进行分析，则可以发现一些特点并把握重要动向，从而避免流动的盲目性，使就业更加合理，人才流动逐渐有序。

（六）新职业研发助推产业结构调整

劳动和社会保障部公布的新职业，大多集中在现代服务业，涉及管理、策划创意、设计、分析和制作等工作，对从业人员的理论知识和实际职业能力都有较高的要求，多属于高技能人才中的知识技能型人才。

这一现象反映出我国职业结构的变化与发达国家职业结构的变化规律是基本一致的，同时也说明我国新职业的研发工作基本上与我国产业结构调整的步伐保持一致。经过几十年的努力，我国正在发展成为一个制造业大国，但并不代表我国已经成为经济强国。要成为经济强国，不仅要成为制造业强国，而且要成为现代服务业强国。这就需要为生产制造业打造一支庞大的高素质的管理、策划创意、设计、分析等领域的服务大军，以适应经济发展的新需要。

以信用管理师为例，这个职业的从业者是指使用信用管理技术与方法，从事企业和消费者信用风险管理工作的人员。在发达国家，设立信用管理部门或专职人员的企业达到 80% 以上。中国企业的信用管理从外资企业、外贸企业最先起步，之后逐步发展，目前已有 2 000 多家企业开始建立信用管理制度或培训专业信用管理人员。信用管理这一行业正在我国迅速发展。国家劳动保障部正式发布信用管理师这个新职业，从法律上确认了中国信用管理行业为一个界别行业，同时明确宣布了信用管理这个职业作为中国专业技术职务序列中的一员。专家预计，5 年之后，在中国将会有几十万甚至上百万人走上信用管理技术岗位。

（七）新职业衍生市场发展新契机

一个新的职业背后往往就是一个新的专业化市场，新职业的出现，连带的是职业认证、职业培训、职业中介等市场的繁荣，甚至会形成相关行业的“产业军”。

新职业发布后，劳动和社会保障部将对其中部分职业制定职业标准，反映对从业人员知识和实际职业能力的要求，有利于引导职业教育培训方向和规范行业发展。同时，新职业的出现给职业中介带来了新的发展契机。如今，家政工作介绍已成为职业中介的主打业务，其他的如广告设计员、美容顾问、英语译员等职业也出现在职业介绍所内。

【阅读】>>>>>

五大新兴时髦职业大起底

微信服务工程师、微博运营专员、网购咨询师……昨天的招聘会现场涌现出一批伴随新兴产业发展的时髦职业。部分职业给出的薪水还不低，一家生物制药企业提供给网购咨询师的薪水，底薪+提成每月最多能达到10 000元。这些时髦职业求职难度如何？未来发展前景怎样？扬子晚报记者进行了调查。

微信服务工程师

一对一专业服务，欢迎实时“骚扰”

热度：★★★★　求职难度：★★★★★　上升空间：★★★★★　薪酬：4 000元以上

“如果你平时醉心于摆弄计算机硬件，对计算机硬件问题如数家珍，欢迎来做一名在线工程师，学历、专业都不是问题。”昨天的南京博览中心招聘会上，某知名PC品牌推出的岗位“微信服务工程师”吸引了不少求职大学生的目光。该公司工作人员表示，随着微信、微博的发展，以及远程在线技术支持，传统PC品牌针对用户量身打造的个人专属工程师正在成为潮流，一对一的服务、朝九晚九的陪伴都体现了人性化的服务理念。专业工程师会针对客户提出的产品问题，提供真人客服的在线解答。

职业前景评估：招聘人员分析说，随着微信服务大热，“私人定制”工程师会越来越抢手。对于应聘者来说，一方面，兴趣带来的计算机硬件基础是前期需要的素质，较强的学习能力也是必需的，需要能够快速掌握各类业务知识，在经过实习、培训之后，专业听证会会对应聘者进行考核。另一方面，涉及服务岗位，也要求应聘者具备强大的抗压能力，要欢迎用户实时“骚扰”和用户保持长期友好的联系。职位对于人才的要求很高，同时上升空间也是可以预见的。

数据分析师

杂乱“数据”中挖掘实用信息

热度：★★　求职难度：★★★★★　上升空间：★★★★　薪酬：5 000元以上

苏州中科知图科技信息有限公司带来的招聘5个“大数据工程师”岗位。“这个岗位要求能够运用统计理论对资源数据进行分析和建模，同时能够运用大数据技术对用户在互联网上的学习数据进行分析，构建反馈学习系统。”招聘负责人王先生表示，“大数据分析”是单位不断发展的需要。

虽然中科知图科技信息有限公司的招聘要求并不算高，但现场的招聘情况完全出乎意料。“收到的简历数量并不多，而且真正能够符合我们岗位要求的学生也不多。”王先生有些无奈，尽管单位开出了月薪5 000元的不错薪水，但前来应聘的学生依然寥寥无几。“我们希望学生在学校期间能够接触过R软件、MATLAB软件等，来上班之后能够更快地上手。

但目前，只有南审的一位同学符合要求。”

在王先生展示的简历上，记者看到，符合要求的南审付同学在简历的显眼位置标注了“能够基本运用SPSS，EVIEWS，MATLAB，R软件做数据分析研究”的字样。“这位学生是数理金融方向，但在计算机编程这一块依然有所欠缺。”王先生点评道。不仅是苏州的这家单位，上海安硕信息对于数据开发工程师的需求也高达20人。

职位前景评估：“大数据”“云计算”，随便拿出任何一个词，都能轻松“上头条”。如此热门的岗位，在招聘会上却“门可罗雀”的原因在哪里？一家信息公司的招聘负责人表示，毕业生的“专业技能”储备不够完整，成为应聘时的瓶颈所在。“R软件、MATLAB和机器学习的相关概念和知识，都是学生在校期间应该掌握的。”但骨感的现实却颇为尴尬，“计算机系的学生好歹还懂些数学知识，但数学系的学生却不懂计算机编程，入职后还得专门培训。找个二者兼备的学生真难。”该负责人说。

智能交通调查分析师

红灯亮几秒由他“说了算”

热度：★★★　求职难度：★★★★　上升空间：★★★　薪酬：4 000元左右

路口的红灯为什么是30秒而不是45秒？左拐弯时的待转区到底应该怎么设立？智能交通调查分析师能解答。江苏华睿交通经济研究院摊位前，交通工程等专业毕业生排起长队，等待应聘“交通调查分析师”一职。

“未来，和交通相关的APP都会逐步被开发。这个职位男生会更占优势一些。”华睿交通经济研究院的招聘负责人徐女士表示该岗位职能将相当重要。

职位前景评估：徐女士表示，该职位对学生的学历及掌握技能的要求相对较高，研究生就业前景会更广。“希望学生能‘一专多能’，如将Java语言学精学透，同时还能够掌握其他的语言和算法。‘蜻蜓点水’式的技能掌握不能够满足岗位的需要，语言和算法千万不要学得过浅。”

私人搭配师

为姑娘们答“衣”解惑

热度：★★★★　求职难度：★★★　上升空间：★★★　薪酬：3 000元+提成

昨天，好几家服装企业推出“私人搭配师”职位。据了解，私人搭配师主要工作是指导有需求的女生穿衣搭配，依据客户穿衣风格，通过微信、微博平台与女生交流，进行一对一的指导。“应聘者进入应聘后期，将会有专门的色彩搭配、服装搭配技巧的培训，其实在最初的应聘阶段，主要还是考察时尚敏感度，以及对于服装搭配方面的专注和热爱。”

职业前景评估：在这个“私人定制”服务大热的当下，私人搭配师当然也会变得吃香。如果你是宿舍里其他姑娘穿衣搭配的“资深顾问”，就可以过来试试。据了解，目前来应聘的比较多的还是艺术系的女生。

网购咨询师

在电脑那头尽情“忽悠”你

热度：★★★　求职难度：★　上升空间：★★　薪酬：2 000~10 000元

“每天工作8个小时，底薪2 000元，业绩好的月收入轻松过万。”招聘会现场，一家母婴生产商推出的“网购咨询师”职位吸引了不少学生驻足。“通过网购平台向顾客介绍推销企业的产品。”记者注意到光这家企业招了20名“网购咨询师”，而且职位学历要求只要大专。记者现场发现，不仅是电商，很多传统制造企业推出了“网络销售”或“网络客服”职业。“今年我们关了几家实体店，网店的规模变大。”一家服装企业的招聘人员说。据某电商企业的人事专员李小姐介绍，“指媒”时代，“微商”热给企业提供了新的营销平台的思路，许多企业顺应潮流推出了微信营销专员、社交广告专员等岗位。

职业前景评估：招聘人员分析说，这个职位入职门槛较低，但需要应聘者有足够的耐心与责任心，同时有较好的沟通能力，能适应两班制倒班。从上升空间来说，从普通的网店客服做起，上升的通道有客服经理、网店店家、网店运营统筹。也有网购咨询师熟悉流程后辞职创业。“前期有好几个客服辞职后自己开了网店，做代理商卖我们公司的产品。”

（资料来源：《扬子晚报》）

本章练习

- 思考题

（1）找出自己专业的人才培养方案，简述本专业未来的就业方向、对应职业以及岗位要求。

（2）收集资料，尝试分析自己所在专业未来的发展趋势，以及自己的应对策略。

第五讲　未来职业对我的要求

知识目标

- 了解自己未来职业的基本要求和准入条件。
- 了解职业资格证书的重要意义和作用。
- 了解工作胜任力的有关知识。

能力目标

- 能有效利用专业人才培养方案对自己未来职业准入条件进行简要描述。

第一节　职业素质与要求

李乐的一位学长告诉他，其实在大学课堂上学的东西并没有什么用，到了企业里面，看的还是你的为人和素质。这让李乐感到很困惑：如果课堂上学的东西都没有用，那么我们学它干什么呢？而学长口中所谓的素质又是什么呢？究竟企业对从事自己未来职业的人有着怎样的要求呢？

一、职业素质

（一）什么是职业素质

职业素质，由“职业”和“素质”共同组成，其含义为从业人员具有的与从事具体职业相关的、对职业活动起关键作用的内在品质及能力。简单地说，就是满足职业生涯所需要的一种特定品质及能力。职业素质的培养过程是学校教育与企业培养的结合，是高等职业院校校园文化与行业文化、企业文化相融合的集中体现。

（二）我国专家学者对职业素质的理解与诠释

我国许多的专家、学者对高职学生职业素质、职业素质培养方面的问题做了相关的研究。

就职业素质教育的意义而言，董红波在《高职毕业生素质现状调查的实证分析》一文中通过对宁波市镇海经济技术开发区的100余家企业进行的调查，提出加强学生的职业道德教育是高职院校人才培养的重中之重，培养学生的创新能力是高职院校提高教育质量的关键，提高学生的学习能力，培养积极、主动的学习态度，有助于学生走上工作岗位后胜任工作，有助于提高高职学生的职场竞争能力，拓展学生的职业发展空间。

就职业素质结构而言，宋楚华于《论高职高专职业素质教育的内容体系》中指出，职业素质教育是高职高专院校素质教育的个性化要求，是素质教育发展的必然选择，并提出我国当前高职高专教育在实施职业素质教育方面，应当选择职业理想、职业能力和职业道德作为构建职业素质教育内容体系的三大基本要素的观点。其中，职业理想教育是基础，职业能力教育是核心，职业道德教育是重点。许远在《职业教育与培训课程开发中的“职业素质”内涵探讨》中阐述了职业素质是职业能力形成和发展的基础，其核心是职业生理要求的人格化、职业态度的持久化和职业道德的具体化。

就职业素质培养而言，孙志春、唐曙光、李文清在《试论高职学生的职业素质培养》一文中强调培养高职学生职业素质，必须从职业道德、职业形象、职业心理、职业创造力等多方面入手。巩建闽、岳昌君在《高校毕业生职业素质问题研究》中则强调要从人才培养的管理体制改革入手，在专业课程体系中增加那些能有效进行职业素质培养的要素，以弥补当前素质教育中存在的不足，即明确具体课程的素质培养目标，同时将隐性课程纳入课程体系。

（三）国外研究机构对职业素质的理解

美国的通识教育与我国的素质教育就有相通之处。美国的通识教育研究始自20世纪40年代，1945年哈佛大学校长科南特（James Bryant Conant）领导的委员会发表了《自由社会中的通识教育》，提出了通识教育的目的是培养“完整的人”，即能有效地思考、清晰地交流、明确地判断和正确地辨别普通价值的人。这种培养“完整的人”的教育目标实质上就是我们所说的素质教育。20世纪50—70年代，德里克·博克（D. Bok）提出通识教育的目的是培养有教养的人。罗索夫斯基（1978）把哈佛通识课程分为五个领域，即文学艺术、科学、历史研究、社会分析、道德思考和外国文化，从而既强调了教学内容的基础性与全面性，又强调课程的整合性和融通性，这也可以视为一种素质教育的理论探索。美国学者本森·斯奈德（Benson R. Snyder）的《隐蔽课程》因对麻省理工学院的学院文化和社会文化做了深刻的分析而引起学者的广泛关注。2001年，由罗伯特·M·赫钦斯（Robert M. Hutchins）编著的《美国高等教育》提出许多观点，如高等教育中的职业教育化倾向、大学应强调学生的思维训练等，有很强的现实意义。

（四）国内外相关研究综述

从总体上看，当前我国的高职学生职业素质的培养研究大体上可以分为两种情况。其一是“舶来研究”。即引入和运用西方的高职学生职业素质的培养理论，并用其来指导研究中国的高职学生职业素质的培养研究。这种研究立足点较高、理论性较强，但是与中国的实际情况容易产生脱节。其二是“本土研究”。这种研究主要是立足于我国高职学生职业素质的培养中的实际问题，面向实践，从解决问题的角度来开展研究。这种研究比较适合中国目前的实际情况，根据中国国情进行不同程度的研究探讨，多数会触及体制改革层面。

国外历来重视学生职业素质的研究，无论在理论还是实践层面都值得我们借鉴。在培养过程中，树立和贯彻人本思想，注重引导学生、重视学生自我教育的作用，积极发挥学生的自塑能力，特别重视实训环节，鼓励和要求学生多参加实践，在真实的工作环境中不断提高职业技能、职业道德水平。

二、职业社会对人才的要求

（一）职业社会对人才的整体要求

2002 年，中国青年报社会调查中心完成了“人力资源：青年职业前景与跨国公司在华战略”的研究。该项研究采用问卷调查与“结构性访谈”的方式，围绕人才招聘的简历筛选、笔试、面试等过程，对惠普、西门子等 30 家世界最为知名的跨国公司进行了调查，调查结果见表 5－1。

表 5－1　企业对应聘者能力、特征的重视程度

应聘者的能力及特征	看重该项能力或特征的企业数量	普遍程度/%
创新能力	30	100.0
沟通表达能力	30	100.0
团队精神	30	100.0
忠诚度	30	100.0
工作兴趣	29	96.7
健康状况	29	96.7
外语	29	96.7
工作经验	28	93.3
计算机操作能力	28	93.3
个人信用	27	90.0
性格特征	25	83.3
专业	21	70.0
获奖经历	17	56.7
毕业的学校	16	53.3
户口所在地	10	33.3
年龄	10	33.3
留学经历	7	23.3
身材容貌	4	13.3
性别	2	6.7
政治信仰	2	6.7
婚否	1	3.3
宗教信仰	1	3.3

2004 年，刘俊彦从 2001 年 2 月至 2003 年 6 月的《北京青年报·人才时代》《中国大学生就业》杂志和 2002 年 1 月至 2003 年 4 月的《中国青年》杂志上随机抽取 100 家企业的招聘启事及人力资源经理对本企业选才用人标准的阐述资料，进行统计分析得到如下结果，见表 5－2。

表 5－2　“百家著名企业用人标准研究”用人要素统计表

序号	用人要素	提及企业数	占总企业比例/%
1	综合素质	46	46
2	团队精神	36	36
3	专业能力和背景	32	32
4	创新能力	25	25
5	适应公司文化的能力	23	23
6	发展潜力	21	21
7	外语（英语）能力	20	20
8	社会实践能力与经验	18	18
9	学习能力	17	17
10	沟通能力	14	14
11	品德	13	13
12	责任意识	11	11
13	诚信	11	11
14	职业操守	8	8
15	学习成绩	8	8
16	动机目标	7	7
17	学生党员、学生干部	6	6
18	性格个性	6	6
19	工作扎实努力	5	5
20	积极主动	5	5
21	名校名专业	5	5
22	情商	5	5
23	可塑性	5	5
24	知识基础扎实	5	5
25	奉献精神	4	4
26	反应能力	4	4
27	逻辑思维能力	4	4

续表

序号	用人要素	提及企业数	占总企业比例/%
28	正直	3	3
29	创业激情	3	3
30	思考判断能力	3	3
31	价值取向	3	3
32	心理素质	3	3
33	对企业的忠诚度	3	3
34	技能证书	3	3
35	悟性	2	2
36	谦虚	2	2
37	政治素质	2	2
38	独立工作的能力	1	1
39	承受压力的能力	1	1
40	市场意识	1	1
41	身体健康	1	1

2005 年，《中国大学生就业杂志》对企业用人标准的调查结果见表 5－3。

表 5－3　用人单位招聘毕业生时对素质能力重视程度/%

项目	非常重视	比较重视	一般	不太重视	不重视
专业基础知识	51.3	41.8	6.3	0.6	
综合测评名次	28.8	50.0	18.6	1.9	
学习成绩	13.9	67.7	17.7		0.7
思想道德修养	59.9	36.5	3.8		
应变能力	51.9	45.6	2.5		
创新能力	59.9	35.4	5.1		
外语水平	26.4	57.2	16.4		
责任意识	77.8	21.5	0.7		
团队合作精神	69.4	30.0	0.6		
问题解决能力	60.0	36.3	3.7		
人际沟通能力	45.0	50.6	4.4		
学习能力	56.3	40.5	3.2		
口头表达能力	31.3	55.5	12.9		
领导能力	16.3	45.1	35.3	3.3	

续表

项目	非常重视	比较重视	一般	不太重视	不重视
写作能力	16.3	52.9	28.8	2.0	
适应能力	44.4	52.5	3.1		
主动性	63.8	33.8	2.4		
分析能力	48.1	46.1	5.8		
计算机能力	22.0	17.0	0.6		
实践经验	22.1	48.1	26.0	2.6	1.2
敬业精神	71.3	28.1	0.6		
学校品牌	13.4	49.0	31.8	4.5	1.3
学历层次	15.1	48.7	32.2	2.6	1.4
专业对口	35.9	41.5	19.6	2.0	0.7

职业社会对人才素质的要求会随着时代变化而发生改变。近年来我国的科学技术突飞猛进，经济快速发展，思想观念更新加快，与国际接轨步伐加快，这些新情况使我国社会对人才的要求呈现以下五个特点：

第一，由操作型向智能型转换。所谓操作型是指从业者的职业活动以体力劳动为主、动手能力强为特征的工作过程。所谓智能型是指从业者的职业活动中以脑力、智力的参与为主，以高科技、高智能化为特征的工作过程。随着高科技、智能型的生产工艺流程在我国各行业的广泛运用，其工作所需的人才也逐渐倾向以智能型为主。

第二，由单一型向复合型转换。随着现代工业生产的大型化、智能化和系统化，它对人才的要求不再局限于一人一岗、一人一技的工作形式。一人多岗、一人多技的专而全的复合型人才开始逐渐成为人才市场的“新宠”。这一变化反映在大学生身上，就是要求大学毕业生具备较高的综合素质。

第三，从职业型向社会型转换。随着社会化大生产的深入发展，各个单一岗位、职员的力量显得越来越小，难以应对实际需要。因此，跨岗位、跨部门、跨行业之间的通力配合与协作在企业的运行中越来越频繁。在这种社会背景下，从业者的团队合作精神被越来越多的企业重视。

第四，从就业型向创业型转变。创业有两层含义，一是在就业中的创新，而不是只知道年复一年地简单完成重复性的生产工作；二是创造事业为社会提供就业，这是一种更高层次、更具社会意义、更能体现个人价值的“就业”。面对市场经济的激烈竞争，企业只有不断开发出新的产品或服务，才能获得可持续发展。这一变化反映在大学生身上，就是要求大学毕业生具备良好的创新意识与能力。

第五，由阶段性学习向终身性学习转变。过去的社会生产结构简单，产品升级换代周期长，生产工艺流程新陈代谢缓慢，所学知识技能不需要更新。现代科技日新月异，产品和生产工艺流程更新换代加速，新兴的生产工艺、新技术要求从业者必须不断学习，才能及时跟上。这一客观现实要求大学毕业生具备良好的学习能力。

（二）不同职业对人才素质的要求

社会对人才既有共同的要求，也会因为行业、职业、工作内容不同而有其特殊的要求。了解了整体要求，然后再了解一下自己心仪工作的具体要求，能够提高我们职业生涯规划的效率。

各类职业虽然各自对人才素质有不同的要求，但是也有共性，即都必须具备一定的思想道德素质、职业道德素质、生理素质和心理素质等。

1. 思想道德素质

近年来，用人单位对大学生的思想道德素质越来越重视，他们认为思想道德素质高的学生不仅用起来放心，而且有利于本单位文化的发展和进步，人的思想道德素质会体现在人的一言一行中。

2. 事业心和责任感

事业心是指干一番事业的决心。有事业心的人目光远大、心胸开阔，能克服常人难以克服的困难而成为社会上的佼佼者。责任感则要求把个人的利益和社会的发展紧密联系起来，树立强烈的社会责任感。有些大学生在工作中怨声载道，稍不顺心就“跳槽”，是严重缺乏责任感的表现。

3. 专业基础

现代职业对从业人员的专业基础要求越来越高，专业化的倾向越来越明显，“万金油”式的人才已经不能满足市场的需要，只有“一专多能”，才能在职场中取胜。

4. 学习能力

现代社会科学技术飞速发展，一日千里。只有基础牢、会学习、善于汲取新知识，才能不断在各方面完善自己，跟上时代的步伐。

5. 人际交往能力

随着社会分工的日益精细以及个人能力的限制，单打独斗已经很难完成工作任务，人际的合作与沟通必不可少。

6. 吃苦精神

用人单位认为近年来所招录的大学生最缺乏的素质是实干精神。

7. 创新精神

现代社会日新月异，我们不能墨守成规。在市场经济条件下，各企业都要参与激烈的市场竞争。用人单位迫切需要大学生运用创新精神和专业知识来帮助它们改造技术，加强企业管理，给企业带来新的活力。

8. 身心素质

现代生活节奏快，工作压力大，没有健康的体魄很难适应。健康的心理也是一个人事业能否取得成功的关键，它是指自我意识的健全、情绪控制的适度、人际关系的和谐和对挫折的承受能力。大学生走出校园后，会遇到更加复杂的人际关系，更为沉重的工作压力，这都需要大学生们进行自我调适。

机遇总是垂青有准备的人。一个人的职业素质如何，将决定他在求职择业时的自由度和取得职业岗位的层次。求职择业的准备是漫长的，要想选择一个理想的职业，更需要为之付出艰辛的汗水。求职择业的征程从你迈入大学校门的第一天就开始了，并且贯穿在大学生活的始终。因此，大学生应自觉地把大学生活同求职择业乃至将来的职业生活紧密联系在一起，努力做好知识、能力、素质等方面的准备。

三、职业素质教育的基本路径

根据职业素质教育内容及特点，职业素质教育的内容分为六个模块，即职业规划教育、职业道德教育、职业适应教育、职业文化教育、职业技能教育和创新创业教育，分别对应学生六项职业核心能力和素质。同学们可以根据以下路径，参与到教育活动中，提升自己的职业素质。

（一）职业规划教育

职业规划教育着眼于构建学生的职业规划能力，引导学生进行职业认知，培养其职业兴趣，帮助其做出职业决策，具体包括以下步骤：①对学生进行职业趋向测试，帮助学生完成自我认知，帮助学生全面认识和了解自身的特点和主要职业倾向；②开展职业认知教育，在新生入学时安排专业介绍和专业熟悉活动，带领学生参观和熟悉相应的企业和行业，帮助学生进行职业探索；③配备兼职专业导师，在行业和企业中聘任兼职教师担任专业导师，建立班级导师制度，建立学生与行业和企业人士深入接触、沟通的渠道和平台；④强化职业生涯课程建设，积极引导学生在自我认知和职业探索的基础上，完善职业生涯规划，提高职业决策的科学性和合理性。

（二）职业道德教育

职业道德教育着眼于构建学生职业道德素养，培养学生爱岗敬业、乐于奉献的职业操守，为社会和用人单位贡献自己的才智，主要包括：①营造职业环境，塑造职业性格。开展职业态度启蒙和职业素养养成教育；组织参观教育基地和企业实训基地，强化社会实践，开展员工岗位体验活动。②通过主题活动、专题讲座和素质拓展活动，加强团体协作、诚信感恩和企业忠诚度教育，培养学生对家庭、学校、社会（企业）的感恩心与回报意识。

（三）职业适应教育

职业适应教育着眼于培养学生的职业适应能力，主要包含心理健康教育和职场适应实践两方面内容：①注重职业心理素质教育培养。针对不同专业及其岗位对员工心理素质的不同要求，开设不同的心理教育课程和不同的主题活动，以此提高职业心理素质培养的针对性和实效性。②开展入职特训专项活动。对一次吸纳学生顶岗实习或就业人数较多的，学校和企业可以联系组织对该批次学生的入职特训专项活动，通过校企合作开展入职教育和培训，帮助学生顺利度过在进入职场初始阶段的调整期，提高学生的适应能力。

（四）职业文化教育

职业文化教育主要着眼于提升学生职业文化素养，即通过以实习实训基地建设为抓手、行业企业专家讲堂为平台，建立校企文化融合机制，促进校园文化与企业文化的互动融合，主要包含：①融合企业制度文化。在实习实训环节中，充分尊重企业和行业的管理制度，以对相关管理制度的履行和遵守作为学生在实习实训环节成绩评判的重要依据，使学生尽快适应管理，熟悉业务。②认知行业理念。充分利用专业认知教育和就业指导课程的平台，邀请行业企业专家到校举行讲座或担任就业指导课程兼职教师，向学生传递本行业的职业诉求和主要精神理念。③感知企业精神。对校企合作较为深入的重点企业，应适时举行企业文化推介活动，通过企业文化宣讲、文化宣传片放映、现场参观等方式促进校园文化与企业文化融合和交流。

（五）职业技能教育

基于能力本位的职业素质教育视野下的职业技能教育主要着眼于在专业教育中融入职业素质教育的理念和思想，强化职业技能竞赛的组织。主要内容有：①将职业素质教育全方位渗透到教学各个环节，促使技能培养与职业素质教育有机结合。从学生职业能力形成出发，教学部门从人才培养方案、课程标准到考核标准的制定，教师从理论教学到实践教学的每个环节，都要将该课程和环节主要着眼于培养学生什么样的职业能力放在重要位置，并告知学生，使其了解该部分教学内容对自己今后职业生涯的重要作用，激发学生的自觉性。②有效组织开展职业技能竞赛活动，构建“专业技能竞赛体系”和“专业学习型学生社团体系”两大主干活动体系。积极承办或参加各级各类职业技能与素质竞赛；尤其在竞赛过程中注重强化对学生的指导，通过竞赛活动全方位检验学生的职业技能和在紧张氛围中的身心适应、调节能力。

（六）创新创业教育

创新创业教育主要着眼于培养学生创新创业能力，主要内容有：①开设创新创业教育课程。通过专业教研室开设创新创业教育课程，将专业教育与创新创业教育融合起来，鼓励和引导学生通过专业视角挖掘深入研究和实践的突破口，寻找自主创业的市场切入点。②强化创新创业团队辅导和项目孵化。开辟创业孵化基地，设立创业扶持基金，建立创新创业学分奖励制度和创业导师制度，积极联系专业创业孵化园区和机构，积极构建校内创新创业团队与校外企业之间的帮扶、指导机制。③组织创新比赛和创新创业大赛，积极构建创新空间和创业孵化基地。

第二节　职业资格与准入

职业资格考试要报名了。正好赶上王叶最近买了护肤品，生活费紧张。她“财政赤字”严重，不得不再次向家里寻求“赞助”。在挨了一顿训斥之后，王叶觉得有些“冤”：大专学生拿个毕业证和文凭不就够了吗？为什么非要考什么职业资格证呢？

一、职业资格

职业资格是对从事某一职业所必备的学识、技术和能力的基本要求。职业资格包括从业资格和执业资格。从业资格是指从事某一专业（工种）学识、技术和能力的起点标准。执业资格是指政府对某些责任较大、社会通用性强、关系公共利益的专业（工种）实行准入控制，是依法独立开业或从事某一特定专业（工种）学识、技术和能力的必备标准。职业资格分别由国务院劳动、人事行政部门通过学历认定、资格考试、专家评定、职业技能鉴定等方式进行评价，对合格者授予国家职业资格证书。从业资格通过学历认定或考试取得。执业资格通过考试方法取得。

高职大学生经过高等职业教育序列中的专业教育，首先具备的是从业资格，即从事该专业所对应职业的最低标准。而要真正说明自己具备从事该职业的能力，并且让行业和企业认可，则需要通过相应的考试来取得职业资格证书。这种学历证书+职业资格证书的教育和认证制度就是“双证书”制度。

高职学历证书与职业资格证书既有紧密联系，又有明显区别。高职学历教育与职业资格证书制度的根本方向和主要目的具有一致性，都是促进从业人员职业能力的提高，有效地促进有劳动能力的公民实现就业和再就业，二者都以职业活动的需要作为基本依据。但是，二者又不能相互等同、相互取代。职业资格标准的确定仅以社会职业需要为依据，是关于“事”的标准，主要是为了维护用人单位的利益和社会公共利益。高职教育活动是根据职业活动的社会需要和学习者的个人发展需要来开展的，要按照社会职业需要和学校办学条件划分专业，专业培养目标面向具有相近职业功能的职业群。通过专业学习，学习者在获得毕业证书的同时可以获得多个职业资格证书，而对于没有对应职业标准的专业，就无法获得职业资格证书。学历教育与职业资格的考核方式也存在明显不同。职业资格鉴定只是一种终结性的考核评价，而学历教育既注重毕业时和课程结束时的终结性考核评价，更注重学习过程中的发展性评价。为了达到教育目标，学历教育可以采用标准参照，也可以采用常模参照，而职业资格鉴定仅采用标准参照。此外，职业资格鉴定要规定从业者的工作经历，而毕业证书的发放则要规定学习者的学习经历。

实施“双证书”制度，实际上就是通过改革消除或减弱两种证书的差异，增强二者的一致性和兼容性。“双证融通”应主要体现在以下几个方面：

（一）课程标准与职业标准的融通

高职教育作为高层次、高标准、高水平的职业教育，应该能够更好地适应经济和社会发展的需要，将职业标准融入课程标准之中，实现社会发展目标、人才培养目标和学习者发展目标的融通。如果课程标准不能适应职业标准的要求，毕业证书就无法与职业资格证书实现融通。因此，双证融通的实质是两种标准的融通，而两种标准的融通又依赖于学生个人发展目标与社会发展目标的融通。高职教育改革的核心在于课程改革，课程改革的基本思路就是学习过程与工作过程的融通。

（二）课程评价方式与职业技能鉴定方式的融通

为了使高职教育更好地满足社会发展的需求，评价方式应保持自己的特色。职业技能鉴定是一项基于职业技能水平的考核活动，是由国家认定的考试考核机构对劳动者从事某种职业所应掌握的技术理论知识和实际操作能力做出客观的测量和评价，主要内容包括职业知识、操作技能和职业道德三方面。这些内容是依据国家职业（技能）标准、职业技能鉴定规范和相应教材来确定的，并通过编制试卷来进行鉴定考核。因此，仅就知识要求而言，学校的考核一般可以兼容职业技能鉴定的要求，但技能考核仅凭答卷是不能满足要求的。

（三）学历教育管理与职业资格管理的融通

高职院校的课程设置和课程标准是由教育行政部门审定的，而职业资格标准和职业技能鉴定机构是由劳动与社会保障部门审定的，两种标准的融通客观上也要求双方管理者的沟通。通过非政府组织（NGO）建立起一种经常性的沟通机制，是实现社会管理协调的重要形式。我国高等职业教育研究会成立“院校双证书工作协作委员会”，吸纳相关部门的人员参加，就是实现管理沟通的一种新尝试。

【阅读】>>>>>>

李克强：推行学历职业“双证书”制度

2014 年 2 月 26 日，国务院总理李克强主持召开国务院常务会议，部署加快发展现代职业教育，审议通过《事业单位人事管理条例（草案）》。

推行学历职业“双证书”制度

会议确定了加快发展现代职业教育的任务措施。

一是牢固确立职业教育在国家人才培养体系中的重要位置，促进形成“崇尚一技之长、不唯学历凭能力”的社会氛围，激发年轻人学习职业技能的积极性。

二是创新职业教育模式，扩大职业院校在专业设置和调整、人事管理、教师评聘、收入分配等方面的办学自主权。建立学分积累和转换制度，打通从中职、专科、本科到研究生的上升通道。引导一批普通本科高校向应用技术型高校转型。

三是提升人才培养质量。大力推动专业设置与产业需求、课程内容与职业标准、教学过程与生产过程“三对接”，积极推进学历证书和职业资格证书“双证书”制度，做到学以致用。完善企业工程技术人员、高技能人才到职业院校担任专兼职教师的政策。

四是引导支持社会力量兴办职业教育。积极支持各类办学主体通过独资、合资、合作等形式举办民办职业教育。社会力量举办的职业院校与公办职业院校具有同等法律地位。

五是强化政策支持和监管保障。各级政府要完善财政投入机制，分类制定和落实职业院校办学标准，加强督导评估。健全就业和用人政策。

（资料来源：《新京报》）

二、职业资格证书与就业准入

职业资格证书是表明劳动者具有从事某一职业所必备的学识和技能的证明。它是劳动者求职、任职、开业的资格凭证，是用人单位招聘、录用劳动者的主要依据，也是境外就业、对外劳务合作人员办理技能水平公证的有效证件。职业资格证书与职业劳动活动密切相连，反映特定职业的实际工作标准和规范。

（一）就业准入相关规定

所谓就业准入是指根据《中华人民共和国劳动法》和《中华人民共和国职业教育法》的有关规定，对从事技术复杂、通用性广、涉及国家财产、人民生命安全和消费者利益的职业（工种）的劳动者，必须经过培训，并取得职业资格证书后，方可就业上岗。实行就业准入的职业范围由劳动和社会保障部确定并向社会发布。

职业介绍机构要在显著位置公告实行就业准入的职业范围；各地印制的求职登记表中要有登记职业资格证书的栏目；用人单位招聘广告栏中也应有相应职业资格要求。职业介绍机构的工作人员在工作过程中，对国家规定实行就业准入的职业，应要求求职者出示职业资格证书并进行查验，凭证推荐就业；用人单位要凭证招聘用工。

从事就业准入职业的新生劳动力，就业前必须经过一到三年的职业培训，并取得职业资格证书；对招收未取得相应职业资格证书人员的用人单位，劳动监察机构应依法查处，并责令其改正；对从事个体工商经营的人员，要取得职业资格证书后工商部门才办理开业手续。

（二）就业准入的法律依据

《中华人民共和国劳动法》第八章第六十九条规定："国家确定职业分类，对规定的职业制定职业技能标准，实行职业资格证书制度，由经过政府批准的考核鉴定机构负责对劳动者实施职业技能考核鉴定。"

《中华人民共和国职业教育法》第一章第八条明确指出："实施职业教育应当根据实际需要，同国家制定的职业分类和职业等级标准相适应，实行学历文凭、培训证书和职业资格证书制度。"这些法规确定了国家推行职业资格证书制度和开展职业技能鉴定的法律依据。

（三）等级与分类

1. 等级结构与标准

根据劳动和社会保障部规定，国家职业资格分为五个等级，从高到低依次为高级技师、技师、高级技能、中级技能和初级技能。其框架结构及各等级标准如下：

国家职业资格五级（初级技能）：能独立完成本职业的常规工作。

国家职业资格四级（中级技能）：能独立完成本职业的重要工作。

国家职业资格三级（高级技能）：能完成较为重要复杂的工作。

国家职业资格二级（技师）：完成较为非常规性的工作。

国家职业资格一级（高级技师）：完成本职业各个领域的复杂的、非常规性的工作。

根据实际情况，有些职业可不设立高等级或低等级。

2. 等级与待遇

取得中级技能（中级工）资格，相当于技术员待遇；取得高级技能（高级工）资格，相当于助理工程师待遇；取得技师资格，相当于工程师待遇；取得高级技师资格，相当于高级工程师待遇。

3. 分类

目前，劳动和社会保障部依据《中华人民共和国职业分类大典》确定了实行就业准入的 88 个职业目录。

（1）生产、运输设备操作人员。

车工、铣工、磨工、镗工、组合机床操作工、加工中心操作工、铸造工、锻造工、焊工、金属热处理工、冷作钣金工、涂装工、装配钳工、工具钳工、锅炉设备装配工、电机装配工、高低压电器装配工、电子仪器仪表装配工、电工仪器仪表转配工、机修钳工、汽车修理工、摩托车维修工、精密仪器仪表维修工、锅炉设备安装工、变电设备安装工、维修电工、计算机维修工、手工木工、精细木工、音响调音员、贵金属首饰手工制作工、土石方机械操作工、砌筑工、混凝土工、钢筋工、架子工、防水工、装饰装修工、电气设备安装工、管工、汽车驾驶员、起重装卸机械操作工、化学检验工、食品检验工、纺织纤维检验工、贵金属首饰钻石珠宝检验员、防腐蚀工、锁具修理工。

（2）农林牧渔水利业生产人员。

动物疫病防治员、动物检疫检验员、沼气生产工。

（3）商业、服务业人员。

营业员、推销员、出版物发行员、中药购销员、鉴定估价师、医药商品购销员、中药调剂员、冷藏工、中式烹调师、中式面点师、西式烹调师、西式面点师、调酒师、营养配餐员、前厅服务员、客房服务员、保健按摩师、职业指导员、物业管理员、锅炉操作工、美容师、美发师、摄影师、眼镜验光员、眼镜定配工、家用电子产品维修工、家用电器产品维修工、钟表维修工、办公设备维修工、养老护理员。

（4）办事人员和有关人员。

秘书、公关员、计算机操作员、制图员、话务员、用户通信终端维修员、速录师。

第三节　工作分析与职业胜任

经过一段时间的大学生活，李乐加入了学生会，并开始在丰富的校园活动中崭露头角。有一家大学生教育培育机构找到他，希望他到公司去担任机构的销售人员，待遇和发展空间都让李乐非常满意。但是，他又有点担忧，自己是学物流的，对营销的知识完全不了解，自己能做好这份工作吗？

一、工作分析

工作分析又称职位分析、岗位分析或职务分析，是通过系统全面的情报收集手段，提供相关工作的全面信息，以便组织进行改善管理效率。工作分析对工作进行整体分析，以便确定每一项工作的6W1H：用谁做（Who）、做什么（What）、何时做（When）、在哪里做（Where）、为什么做（Why）、为谁做（Whom）和如何做（How）。分析的结果或直接成果是岗位说明书。岗位说明书是记录工作分析结果的文件，它把所分析该岗位的职责、权限、工作内容、任职资格等信息以文字形式记录下来，以便管理人员使用。

工作分析由两大部分组成：工作描述和工作说明书。

（一）工作描述

工作描述具体说明了某一工作职位的物质特点和环境特点，主要包括以下几个方面：

（1）职位名称。这是组织对从事一定工作活动所规定的职位名称或职位代号。以此对各种工作进行识别、登记、分类以及确定组织内外的各种工作关系。

（2）工作活动和工作程序。它包括所要完成的工作任务、工作责任、使用的原材料和机器设备、工作流程、与其他人的正式工作关系、接受监督以及进行监督的性质和内容。

（3）工作条件和物理环境。这主要包括工作地点的温度、光线、湿度、噪声、安全条件、地理位置、室内或室外等。

（4）社会环境。这主要包括工作群体中的人数、完成工作所要求的人际交往的数量和程度、各部门之间的关系、工作地点内外的文化设施、社会习俗等。

（5）聘用条件。包括工时数、工资结构、支付工资的方法、福利待遇、该工作在组织中的正式位置、晋升的机会、工作的季节性、进修的机会等。

（二）工作说明书

工作说明书又称职位要求，要求说明从事某项工作职位的入职人员必须具备的生理要求和心理要求，主要包括以下几个方面：

（1）一般要求。它主要包括年龄、性别、学历、工作经验等。

（2）生理要求。它主要包括健康状况、力量和体力、运动的灵活性、感觉器官的灵敏度等。

（3）心理要求。它主要包括观察能力、集中能力、记忆能力、理解能力、学习能力、解决问题的能力、创造性、数学计算能力、语言表达能力、决策能力、特殊能力、性格、气质、兴趣爱好、态度、事业心、合作性、领导能力等。

就职业生涯规划而言，对未来职业或岗位进行工作分析的捷径是企业的招聘简章，一个合格的招聘简章必然会包含工作描述和工作说明书的内容。对非人力资源管理专业同学而言，阅读和分析招聘简章是简单易行而又十分必要的。

【练习】

上海迪士尼世纪公园培训专员（少儿英语助教）招聘简章

没有人比迪士尼更了解孩子们的想法，没有什么能比一个精彩的故事更能启发他们的想象力。迪士尼英语结合迪士尼的故事艺术，突破现有的语言学习方法，以创新的技术激发孩子们学习英语的热情。自我们的旗舰中心于 2008 年在上海开幕以来，迪士尼英语已与中国成千上万的孩子们分享了学习英语的乐趣。迪士尼英语以备受赞誉的学术课程，让孩子们融入最喜爱的迪士尼故事、音乐与人物之中，营造出一个有趣、活泼、高效的学习环境。

迪士尼英语此次提供了一个机会，让您可以参与到改变孩子们生活的事业之中，同时还可以享受到华特·迪士尼公司提供的持续职业发展计划以及宝贵的经验。成为迪士尼英语的一员可能是一生中的最值得回味的经历。这里给了您施展才华、创造力和个人阅历的机会，您会发现迪士尼就是您的事业梦想天地。

（一）我们的目标

我们的目标是结合沉浸式的学习环境、创新型的技术与互动参与型的学习方式，转变孩子的英语学习模式，激发孩子自信地用英文与全世界交流。

（二）工作责任

迪士尼英语培训专员支持外籍培训师指导在我们语言学习中心的 2～12 岁学员。培训专员将使用创新和沉浸式的迪士尼课程，利用迪士尼深受欢迎的角色、故事、歌曲、动画和其他材料，来提供一个高度互动和有效的学习体验。

（1）作为一个以客户为中心的团队一员，该团队围绕迪士尼质量的四个标准——安全、礼貌、展示和效率开展工作。

（2）为营造一个积极、合作和服务为导向的工作环境做贡献。

（3）遵守学术标准，通过成功教授迪士尼英语内容来确保学习效果与公司目标一致。

（三）职责

1. 主要职责

（1）教学。熟练教授迪士尼英语交互式的教学内容：

① 每节课开始之前充分准备，有效运用课件、道具、打印材料、技术等。

② 每周教学不超过25小时（正常安排的班级）。

③ 持续评估并找出办法来提高学员的成绩。

④ 在整个教学中进行非正式和正式的评估并紧密地关注学员的记录。

⑤ 领导为测评低分学员做的补习班，为他们量身定做课程来迎合其学习需求。

⑥ 保持他/她所教课堂的持续的高教学质量。

⑦ 与外教和语言学习总监一起准确地排班。

⑧ 每周课上检查每个学员的作业，如需要，要做出订正。

⑨ 如有培训师生病或缺勤，需要去代课。

⑩ 与语言学习总监一起参加每周例会，交流学员相关或课堂管理的事件。

⑪ 提供出色的课堂管理，包括儿童照顾、处理突发或需要及时反应的不可预见的情况。

（2）家教联系。培训专员负责家校联系项目，在与家长互动以提高他们孩子的体验、学习进展和总体满意度上发挥重要作用。

① 通过培训师/家长页面，持续地交流学员成绩，保持家校联系交流。

② 每学期至少两次与家长通电话或面对面交流每个学员的进展，回答并解决家长的问题。

③ 在家长手册里认真记录所有家长的交流记录，包括学员出勤、软技能发展和家长交流笔记。

④ 负责定期在家长/培训师联系网页上更新学员每周的出勤、进展、测评结果、照片和声音记录。

⑤ 安排所有的家长/培训师会议、补习班和补课班。如有需要在课上和在中心提供口头和书面的翻译。

2. 业务责任

（1）通过提供优秀的客户服务、可衡量的教学结果并支持销售流程，确保中心达到新单销售和现有客户续约指标。

（2）理解中心业务目标。

（3）根据语言学习总监安排，举办一些语言学习的活动，包括但不限于展示、推荐活动、中心活动、补习班、家长会和新家长培训等。

3. 安全和安保

（1）参加定期的安全安保培训和演习，理解和执行中心的应急措施计划。

（2）通过合适渠道及时准确报告任何安全或安保有关的事件。

（3）确保所有客人在语言学习中心和教室里有一个安全的学习环境。

（四）服务和营运标准

（1）与所有中心演艺人员一起，营造一个互动式的、学院需求为第一位，并且以服务为导向的环境。

(2) 遵守迪士尼英语营运标准。

(3) 遵守主时间表中的课程表和工作时间表。

(4) 与销售和营运团队日常紧密合作，确保中心顺利营运。

(5) 给每个孩子提供基本的儿童护理。

(五) 基本资格

1. 职位资格

(1) 大专学历，教育专业优先考虑。

(2) 至少有一年与孩子一起工作的经验，或有一年相关服务行业的经验，或曾经成功完成迪士尼英语的相关实习生项目。

(3) 英语和中文普通话的会话和翻译能力为中上水平。

(4) 独特的个性将创造力和兴奋带入迪士尼英语的课堂上，包括音乐、艺术和表演等天赋。

(5) 能够站立一段时间，蹲和弯腰。可以频繁提举 0.4～1.9 公斤[①]或 1～5 磅[②]的重量，偶尔能举起最多 15～19 公斤或 40～50 磅的重量。

(6) 拥有激情，能与孩子和他们的家庭保持联系。

2. 核心能力

(1) 在英语学习环境里联系并和小学员互动。

(2) 在一个快节奏、高需求的环境中快速成长，能够灵活应对变化，处理多项重点。

(3) 承诺做出高质量的客户服务。

(4) 能够很好地独立工作和团队工作。

(5) 构建内、外部的较强关系。

(6) 高度诚实可信的个性。

(7) 专业的口头和书面表达。

(8) 随机应变，创造性解决问题的技能。

3. 岗位技能

(1) 能够在一个包含外籍和中籍演艺人员的多元化的团队中工作。

(2) 较强的对服务和经验的理解能力。

(3) 熟练掌握办公软件，如 Word，Excel，PowerPoint 和其他软件，包括 Notebook。

思考：上海迪斯士尼世纪公园培训专员（少儿英语助教）的基本能力要求是什么？主要做些什么事情？主要职责是什么？如何开展工作？工作的标准是什么？这个工作在公园中的地位和作用是什么？

二、职业胜任

如果说工作分析主要解答了“未来的职业和岗位是怎么样的”这个问题，那么职业胜

---

① 1 公斤 =1 千克。

② 1 磅 =453.59 克。

任主要解答“如何判断我是否能干好工作”的问题。

（一）职业胜任的概念

职业胜任是指在职业活动中，个人能力、人格等品质特征能够满足职业要求的状态。

不同的职业，对每个人的要求是不一样的。

要做到职业胜任，就必须做到人职匹配。

一般来说，我们将胜任特征分为两个部分：表面的部分和深层次的部分。我们可以将胜任特征比作水中漂浮的冰山暴露在水面的部分，也是我们一般人可以看得到的那部分，包括知识、技能、社会角色、自我认识等；潜在水下的部分，如动机，是一般人无法直接了解的。

（二）职业胜任的特征

并不是所有的知识、技能、个人特征都是职业胜任力的构成条件，职业胜任特质必须具备以下两个要素：一是与工作绩效有密切联系，可预测员工未来工作业绩；二是与工作情景相关联，具有动态性。

（1）职业胜任是一种潜在的、持久的个人特征。

（2）职业胜任是个体的相关行为类别。

（3）职业胜任与工作绩效有着密不可分的联系，这可以区分优秀的人员与普通人员。

（4）职业胜任与工作情景有着密切关系。

（5）职业胜任是的对象不仅是面对个体员工，还可以是一个小组、一个团队甚至一个企业。

（三）职业胜任的要素

职业胜任主要由三大方面要素构成，即知识水平、技术能力、个人特质。

1. 知识水平

这是职业胜任最为基本的一个方面。有些是书本上能学到的，有些是书本上所不能包括的，如人际关系及其正确处理方法。

2. 技术能力

技术能力是指一种需要经过训练而获得的，可以顺利完成某种工作任务的动作方式和动作系统。

能力包含两层含义：一是对于某项任务或者活动的现有成就水平；二是个体具有的潜力，或者完成某种任务的可能性。

3. 个人特质

个人特质包括个性的因素、自我形象、社会角色，是一种相对持久的个体行为的特征。

个性因素主要指人格。

自我形象是个体有关身份、个性和价值的概念，是人们对自己的知觉和认识，包括个人的价值观、对人或者对事的态度和看法。

社会角色是一种因为属于某种社会团体或者组织而得到强化的个体行为和方式。

个人特质是一种相对持久的特征，是目前职业测试中最重要的测量方面。

【阅读】

人格测试的两种主要方法

一、卡氏16种人格因素测验

卡特尔16种人格因素测验，是美国伊利诺州立大学人格及能力测验研究所卡特尔教授在综合采用观察法、实验法和多因素分析法，确定人格结构为16种特质的基础上所编制的理论构想型测验量表。该测验量表自20世纪50年代推出以来，已被世界上许多国家所采用，并广泛应用于心理健康诊断、人才选拔等领域。

卡特尔所确定的16种人格特质的名称和符号为：

(A) 乐群性　(B) 聪慧性　(C) 稳定性　(E) 恃强性　(F) 兴奋性

(G) 有恒性　(H) 敢为性　(I) 敏感性　(L) 怀疑性　(M) 幻想性

(N) 世故性　(O) 忧虑性　(Q1) 试验性　(Q2) 独立性

(Q3) 自律性　(Q4) 紧张性

上述这些人格特质的含义解释如下：

1. 因素A

高分者：开朗、热情、随和、易于建立社会联系，在集体中倾向于承担责任和担任领导。推销员、企业经理、商人、会计、教士、社会工作者等多具有此种特质。在性方面倾向于自由、早婚。在职业中容易得到晋升。典型代表人物如狄更斯、富兰克林、罗斯福等。

低分者：保守、孤僻、严肃、退缩、拘谨、生硬。在职业上倾向于从事富于创造性的工作，如科学家（尤其是物理学家和生物学家）、艺术家、音乐家和作家。典型代表人物如达尔文、爱迪生、牛顿等。

2. 因素B

这是一个智力因素，并非产生于因素分析。高分者较聪明，低分者较迟钝。

3. 因素C

高分者：情绪稳定、成熟，能够面对现实，在集体中较受尊重。容易与别人合作，多倾向于以下职业：飞行员、空中小姐、护士、研究人员、优秀运动员。不容易患精神疾患，较少患慢性病。典型人物如华盛顿等。

低分者：情绪不稳定、幼稚、意气用事。当在事业和爱情中受挫时情绪沮丧，不易恢复。多倾向于从事会计、办事员、农工、艺术家、售货员、教授等职业。身体易患慢性疾病。婚姻稳定性较差。典型人物如尼采、哈姆莱特等。

4. 因素E

高分者：武断、盛气凌人、争强好胜、固执己见，有时表现出反传统倾向，不愿循规蹈矩，在集体活动中有时不遵守纪律，社会接触较广泛，有时饮酒过量，睡眠较少，不太注重宗教信仰，在婚后更看重独立性。在学校学习期间，学习成绩一般或稍差。在大学期间可能表现出较强的数学能力。在职业上，倾向于飞行员、竞技体育运动员、管理人员、艺术家、工程师、心理学家、作家、研究人员等。创造性和研究能力较强，经商能力稍差。典型代表人物如恺撒、威廉二世、希特勒等。

低分者：谦卑、温驯、惯于服从、随和。职业倾向于教士、咨询顾问、农工、教授、医生、办事员等。典型人物如释迦牟尼、达尔文、莎士比亚等。

5. 因素F

高分者：轻松、愉快、逍遥、放纵、身体较健康、经济状况较好、性方面自我约束力较差、社会联系广泛、在集体中较引人注目。在家庭中，夫妻相互独立性较强。职业倾向于运动员、商人、飞行员、战士、空中小姐、水手等。惯犯中具有此种特质的人较多。不容易得各种精神疾患和冠心病。典型人物如威尔斯（英国作家）、伏尔泰等。

低分者：节制、自律、严肃、沉默寡言。职业倾向于会计、行政人员、艺术家、工程师、教士、教授、科研人员等。不容易犯罪。在经济生活、道德行为、体育活动等方面都较谨慎，不喜欢冒险。学术活动能力比社会活动能力强一些。典型人物如达尔文、欧文（英国诗人）等。

6. 因素G

高分者：真诚、重良心、有毅力、道德感强、稳重、执着、孝敬父母、对异性较严谨、受到周围人的好评、社会责任感强、重视宗教、工作勤奋、睡眠较少、在直接接触的小群体中会自然而然地成为领导性人物。职业倾向于会计、教士、民航驾驶员、空中小姐、百货经营经理等。很少有犯罪违法行为。宗教先知和宗教领袖多具有此特质。典型人物如华盛顿、林肯等。

低分者：自私、唯利是图、不讲原则、不守规则、不尊重父母、对异性较随便、缺乏社会责任感、轻视宗教。职业倾向于艺术家、社会工作者、社会科学家、竞技运动员、作家、记者等。具有此种特质的人可能有违法行为。那些声名狼藉的人多具有此特质。典型人物如卡萨诺瓦（意大利作家、间谍，以放荡不羁闻名）、切利尼（意大利雕塑家）。

7. 因素H

高分者：冒险、不可遏制、在社会行为方面胆大妄为。副交感神经占支配地位。职业倾向于竞技体育运动员、商人、音乐家、机械师等职业。典型人物如丘吉尔、杰克逊（美国总统）、查理一世。

低分者：害羞、胆怯、易受惊怕。交感神经占支配地位。职业倾向于牧师、教士、编辑人员、农业工人等。典型人物如狄更斯、卡文迪许等。

8. 因素I

高分者：细心、敏感、依赖。通常身体较弱、多病，不太爱参加体育锻炼，很少喝酒。遇事优柔寡断、缺乏自信。儿童期间多受到家庭的溺爱和过分保护。一般女性得分高于男性。职业倾向于美术、牧师、教士、教授、行政人员、生物学家、社会科学家、社会工作者、编辑等。在学习方面，语文优于数学。典型人物如罗素、富兰克林·罗斯福的夫人等。

低分者：粗心、自立、现实。通常身体较健康，喜爱参加体育活动。遇事果断、自信。职业上倾向于物理学程师、飞行员、电气技师、销售经理、警察等。典型人物如马克·吐温、拿破仑等。

9. 因素L

高分者：多疑、戒备、不易受欺骗、易困、多睡眠。在集体中与他人保持距离，缺乏合作精神。职业倾向于艺术家、编辑、农业工人、管理人员、创造性科学研究人员等。有时有自杀、同性恋、违法、吸毒等行为。典型人物如斯大林、戴高乐等。

低分者：真诚、合作、宽容、容易适应环境、在集体中容易与人形成良好关系。职业倾向于会计、飞行员、空中小姐、炊事员、电气技师、机械师、生物学家、物理学家等。典型人物如居里夫人、艾森豪威尔等。

10. 因素 M

高分者：富于想象、生活豪放不羁、对事漫不经心。通常在中学毕业后努力争取继续学习。在集体中不太被人们看重。不修边幅，不重整洁，粗枝大叶。经常变换工作，不易被晋升。具有此种特质的人大多属于艺术家或有吸毒、同性恋、违法等方面的行为。典型人物如斯宾诺莎、毕加索、拜伦等。

低分者：现实、脚踏实地、处事稳妥、具忧患意识、办事认真谨慎。典型人物如卡耐基等。

11. 因素 N

高分者：机敏、狡黠、圆滑、世故、人情练达。不易罹患精神疾患。在社会中容易取得较好的地位。善于解决疑难问题，在集体中受到人们的重视：职业倾向于心理学家、企业家、商人、空中小姐等。典型人物如米歇尔、伏尔泰等。

低分者：直率、坦诚、不加掩饰、不留情面，有时显得过于刻板，不为社会所接受。在社会中不易取得较高地位。职业倾向于艺术家、教士、汽车修理工、矿工、厨师、警卫等。典型人物如托尔斯泰、第欧根尼（希腊哲学家）等。

12. 因素 O

高分者：忧郁、自责、缺乏安全感、焦虑、不安、自扰、杞人忧天。朋友较少。在集体中既无领袖欲望，也不被推选为领袖。常对环境进行抱怨，牢骚满腹。害羞、不善言辞、爱哭。职业倾向于艺术家、教士、农工。大多数宗教领袖都具有此种特质。典型人物如基督、释迦牟尼等。

低分者：自信、心平气和、坦然、宁静，有时自负、自命不凡、自鸣得意，容易适应环境，知足常乐。职业倾向于战斗飞行员、竞技体育运动员、行政人员、物理学家、机械师、空中小姐、心理学家等。典型人物如成吉思汗、斯大林等。

13. 因素 Q1

高分者：好奇，喜欢尝试各种可能性，思想自由、开放、激进，接近进步的政治党派，对宗教活动不够积极，身体较健康。在家庭中较少表现出大男子主义。职业倾向于艺术家、作家、会计、工程师、教授等。典型人物如 A·赫胥黎（文学家、神秘主义者）、萧伯纳、马克思等。

低分者：保守、循规蹈矩、尊重传统。职业倾向于运动员、教士、农工、机械师、军官、音乐家、商人、警察、厨师、保姆等。典型人物如丘吉尔、道格拉斯等。

14. 因素 Q2

高分者：自信、有主见、足智多谋，遇事勇于自己做主、不依赖他人、不推诿责任。职业倾向于创造性工作，如艺术家、工程师、科学研究人员、教授、作家等。典型人物如哥白尼、牛顿等。

低分者：依赖性强，缺乏主见，在集体中经常是一个随波逐流的人，对于权威是一个忠实的追随者。职业倾向于空中小姐、厨师、保姆、护士、社会工作者等。典型人物如奥斯汀（英国诗人）等。

15. 因素Q3

高分者：有较强的自制力、较准确的意志力量，能坚定地追求自己的理想，有良好的自我感觉和自我评价，通常注重性道德，饮酒适度。在集体中，可以提出有价值的建议。职业倾向于大学行政领导、飞行员、科学家、电气技师、警卫、机械师、厨师、物理学家等。典型人物如威尔逊（美国总统）等。

低分者：不能自制、不遵守纪律、自我矛盾、松懈、随心所欲、漫不经心、不尊重社会规范、不太注重性道德、饮酒无节制。职业倾向于艺术家等。典型人物如罗宾汉、第欧根尼等。

16. 因素Q4

高分者：紧张、有挫折感、经常处于被动局面、神经质、不自然、做作。在集体中很少被选为领导，通常感到不被别人尊重和接受，自叹命薄。在压力下容易惊慌失措，多患高血压症。职业倾向于农业工人、售货员、作家、记者等。典型人物如爱德华八世、威尔斯等。

低分者：轻松、平静、有时反应迟钝、很少有挫折感、遇事镇静自若。职业倾向于空中小姐、飞行员、海员、地理学家、物理学家等。典型人物如阿诺德（英国诗人）等。

上述人格特质因素是各自独立的。将16个分量表的得分放在一起，可以得到关于被试者个性的剖析图。在卡特尔16种人格因素测验的经验效度标准资料中，包括50种不同职业的剖析图类型和“职业方程式”，这些方程是通过对不同职业组的测验结果的回归分析得到的，可以用来评价被试在不同职业上的发展潜力，并作为就业咨询的参考因素之一。表5－4为卡特尔16种人格因素测验报告（以某学生测试结果为例）。

表5－4　卡特尔16种人格因素测验报告（以某学生测试结果为例）

人格因素	原始	标准	低分特征	标准分										高分特征
				1	2	3	4	5	6	7	8	9	10	
乐群A	6	5	缄默孤独	☆	☆	☆	☆	★	☆	☆	☆	☆	☆	乐群外向
聪慧B	3	2	迟钝、学识浅薄	☆	★	☆	☆	☆	☆	☆	☆	☆	☆	聪慧、富有才识
稳定C	13	4	情绪激动	☆	☆	☆	★	☆	☆	☆	☆	☆	☆	情绪稳定
恃强E	13	6	谦逊顺从	☆	☆	☆	☆	☆	★	☆	☆	☆	☆	好强固执
兴奋F	12	6	严肃审慎	☆	☆	☆	☆	☆	★	☆	☆	☆	☆	轻松兴奋
有恒G	ll	4	权宜敷衍	☆	☆	☆	★	☆	☆	☆	☆	☆	☆	有恒负责
敢为H	13	6	畏怯退缩	☆	☆	☆	☆	☆	★	☆	☆	☆	☆	冒险敢为
敏感I	9	5	理智、着重实际	☆	☆	☆	☆	★	☆	☆	☆	☆	☆	敏感、感情用事
怀疑L	11	6	信赖随和	☆	☆	☆	☆	☆	★	☆	☆	☆	☆	怀疑、刚愎
幻想M	14	6	现实、合乎常规	☆	☆	☆	☆	☆	★	☆	☆	☆	☆	幻想、狂放不羁
世故N	ll	7	坦白直率、天真	☆	☆	☆	☆	☆	☆	★	☆	☆	☆	精明能干、世故
忧虑O	10	6	安详沉着、有信心	☆	☆	☆	☆	☆	★	☆	☆	☆	☆	忧虑抑郁、烦恼多端
试验Q1	10	5	保守、传统	☆	☆	☆	☆	★	☆	☆	☆	☆	☆	自由、批评激进

续表

人格因素	原始	标准	低分特征	标准分										高分特征
				1	2	3	4	5	6	7	8	9	10	
独立 Q2	10	5	依赖、随附群众	☆	☆	☆	☆	★	☆	☆	☆	☆	☆	自立、当机立断
自律 Q3	9	3	矛盾冲突、不明大体	☆	☆	★	☆	☆	☆	☆	☆	☆	☆	知己知彼、自律谨严
紧张 Q4	14	6	心平气和	☆	☆	☆	☆	☆	★	☆	☆	☆	☆	紧张困扰
心理健康：20 创造因素：47 成就因素：45 专业因素：30 适应能力：13 内向与外向性：6 管理能力：15 在新环境中成长能力的个性特征：27														

乐群性：得分为5，表示热情对待他人的水平。表明该学生较为友好、随和，也具有一定的独立性，能够关注人和事情之间的平衡，对他人的关注和感兴趣的程度处于平均水平之上。

聪慧性：得分为2，表示刺激寻求与表达的自发性。表明该学生反应较慢，学识浅薄，抽象思维能力弱，学习与理解能力不强，不能“举一反三”，迟钝可能是由于情绪不稳定、心理病态或失常所致，适合从事简单、重复性工作，如打字员、接线员等。

稳定性：得分为4，表明该生可以平静地应付环境等变化，通常较为沉着冷静，有一定的自我控制、心态调整能力。

恃强性：得分为6，表示力图影响他人的倾向性水平。表明该生倾向于以沟通互动的方式与他人讨论自己的观点，不会将自己的观点、看法强加他人，愿意接受不同的、正确的观点。

兴奋性：得分为6，表示寻找娱乐的倾向和表达的自发性水平。表明该学生的心理能量处于中等水平，言行的自发性适中。

有恒性：得分为4，崇尚并遵从行为的社会化标准和外在强制性规则，但并不僵硬地认为制度是为人和事情服务的，能够在适当的情况下灵活运用。

敢为性：得分为6，表示在社会情境中感觉轻松的程度。表明该学生在社会环境中通常感到较为轻松，在人际关系中通常表现得不卑不亢，但不愿过分凸显。

敏感性：得分为5，表示个体的主观情感影响对事物判断的程度。表明该学生在判断和决策时会考虑到事情的实用意义，也能意识到问题的情绪性后果，通常在判断事情时会在人和事之间、主客观之间寻找平衡。

怀疑性：得分为6，表明该学生喜欢探究他人表面言行举止之后的动机倾向，通常认为他人是值得信任和真诚的，可能会对值得怀疑的目的较为警觉，但当完全了解他人后会乐于接受他们。

幻想性：得分为6，表示个体在外在环境因素与内在思维过程两者之间寻求平衡的水平。表明该学生既能关注事物的事实和细节，又会从更开阔的思路去考虑问题。

世故性：得分为7，表示将个人信息私人化的倾向。表明该学生愿意较为公开地展现自我，有天真、直率的一面，但在很多情况下可以表现或处理得更精明、更得体。

忧虑性：得分为6，表示自我批判的程度。表明该学生对自己的优点和缺陷有较现实的认识，能为自己的失误承担责任，能够对失败进行客观的分析，并吸取教训。

试验性：得分为5，表示对新观念与经验的开放性。表明该学生对新观念和经验的开放程度与绝大多数人一样，在遵循常规的基础上保持一定的开放性。

独立性：得分为5，表示融合于周围群体及参与集体活动的倾向性。表明该学生力求在融合于群体及独立于群体这两个极端中寻找平衡。

自律性：得分为3，表示以清晰的个人标准及良好的组织性对行为进行规划的重要性程度。表明该学生对事情的控制、事先计划和组织的愿望不强，通常较为被动，任由事情变化，可以容忍某种程度的无组织性。自律性较低者在生活适应性上容易出现问题。

紧张性：得分为6，表示在和他人的交往中的不稳定性、不耐心以及由此所表现的躯体紧张水平。表明该学生的耐心和躯体紧张水平与大多数人相同，通常心态较为平和放松，但有时也感到紧张、不满和厌烦。

综合以上16种人格因素，该学生在聪慧性、自律性方面表现得比较明显、突出，其他方面则与其他学生相同。

二、大五人格量表

大五人格量表，即NEO人格量表，建立在大五人格理论的基础之上，由美国心理学家科斯塔Costa和麦克雷McCrae在1987年编制成，后来经过两次修订；该测验的中文版由中科院的心理学家张建新教授修订；属于人格理论中特质流派的人格测试工具。

随着统计技术的进步和计算机在数据处理中的应用，研究者们在对人格进行因素分析时，有了惊人的并且相当一致的发现。一些不同的研究群体从许多不同的人格资料中不断地发现关于五个人格维度的证据。这五个因素在大量不同方法的研究中都是那么突出，以至于研究者们称为“大五”，它们就是外向性、宜人性、尽责性、情绪稳定性和开放性。

外向性：它一端是极端外向，另一端是极端内向。外向者爱交际，表现得精力充沛、乐观、友好和自信；内向者的这些表现则不突出，但这并不等于说他们就是以自我为中心的和缺乏精力的，他们偏向于含蓄、自主与稳健。

宜人性：得高分的人乐于助人、可靠、富有同情心；而得分低的人多抱有敌意，为人多疑。前者注重合作而不是竞争；后者喜欢为了自己的利益和信念而争斗。

尽责性：指我们如何自律、控制自己。处于维度高端的人做事有计划、有条理，并能持之以恒；居于低端的人马虎大意，容易见异思迁，不可靠。

情绪稳定性：得高分者比得低分者更容易因为日常生活的压力而感到心烦意乱。得低分者不易于出现极端反应。

开放性：对经验持开放、探求态度，而不仅仅是一种人际意义上的开放。得分高者不墨守成规、独立思考；得分低者多数比较传统，喜欢熟悉的事物多过喜欢新事物。

大五人格的构建基础，包含了有关品格的词汇或行为表现，由大五人格量表测试出来的结果就有好坏之分。从它的各个因素的描述也很明显地看出来。

假设要你和另一个人合作，你有两个候选人可以选择，一个是好交际、对人友好、工作认真、情绪稳定、人又聪明的A先生，另一个是性格内向、对人不友好、缺乏责任感、情绪反复无常、人变愚钝的B先生，你会选择哪一个人呢？答案不言而喻。事实上，很多企业主认为尽责性高的人是优秀的雇员，更倾向于录用这一类的求职者。

在测试中，大五人格量表要探测到人的品格层面，这是心理上更深层领域，既难测量，又容易受到测试者伪装和反应倾向的影响。如果测试者能清晰地认识自己，诚实地在测试中作答，那么，可以将测试结果作为人格的量化结果，为职业生涯规划提供有价值的信息。

（四）基于胜任的用人标准

基于职业胜任的标准，一些知名的大公司在招聘时明确列出了相应的用人标准和核心能力，下面举的例子可供大家参考：

1. 宝洁

宝洁强调的是员工的自身素质，包括诚实正直、领导力、勇于承担风险、积极创新、发现问题和解决问题的能力、团结合作能力、不断进取等。

2. 索尼

索尼公司企业文化的核心是自由、创新。因此索尼员工需要具备好奇心、冒险精神、执着精神、灵活性和乐观精神。具体到对大学毕业生的招聘，索尼的原则是以具体业务为导向，因地制宜，根据不同部门的需要和各地区的具体情况来招聘最适合的员工。

3. 毕博管理咨询有限公司

在招聘过程中更注重沟通技巧和个性特征。因为作为未来的咨询师，他们一定要具有与客户沟通、协调的能力。此外，潜在的领导能力、学习能力、团队精神、创新精神、分析能力、归纳能力，都是不可或缺的因素。

4. IBM

在 IBM 成功的条件包括：

（1）智力。

（2）具有自我激励的习惯，要坚信自己比任何人都做得好，有强烈的渴望成功的欲望。

（3）接受新事物比较快，在此基础上要有创新精神。

5. 沃尔玛

招聘这样的人：

（1）有充沛的精力，并能带动他人。

（2）有团队精神。

（3）视变化为机遇。

（4）每天都追求完美，找到最好的方法推进工作。

（5）做全球化的人才。

（6）要学会平衡，要有承受压力的心态，能把压力变成动力，不断进步。

6. 百事

像百事这样做快速消费品的企业，对人才的要求，从技术方面来说不是很高。不需要应聘者具备这样或那样的专业知识，它们唯一需要的就是那种脚踏实地，非常愿意去做事情的人。通常会考虑那些年轻有活力的人，这个年轻并不是一味追求年纪上的年轻，而是要有一个年轻的心态，能不断地创新，不断接受新的挑战，更要有抗打击和受挫折的能力。相反，对于那种心浮气躁，这山望着那山高，在一个岗位上工作两天就想跳到别的岗位上去的人，百事是绝对不欢迎的。

7. 海信

选人不拘一格，不看出身，最看中的是企业的文化取向，即首先要认同海信的企业文化。要有事业心，要有做事的激情，要有学习精神。

8. 联想

不管毕业生过去的背景成绩多优秀，在联想都是从基层开始做起。联想的人才理念就是让员工把个人追求融入联想长远的发展之中。哪怕是学习成绩再优秀，如果觉得联想只是一个跳板，那他也不是一个理想的人才。只有认同公司的文化，把公司的发展和他自己的个人发展结合在一起，才是联想希望招到的毕业生。

9. 成长中的公司

成长中的公司最想聘用的人才：

（1）有吃苦耐劳和开拓精神。

（2）有较强的沟通能力。

（3）冷静、自信、应变能力强。

（4）有协作精神和协调能力。

（5）读写能力强。

【阅读】

南方航空公司空中乘务员（安全员）招聘条件

一、学历要求

（一）系国家教育部承认的大专（含）以上学历。

（二）不接受现役军人、武警报名。

（三）在读人员毕业时间须在2016年9月1日前，并承诺于2015年7月1日前参加南航的岗前培训和实习。

二、年龄条件

大专学历：18～24周岁，即1991年1月1日至1997年12月31日期间出生。本科及以上学历：18～25周岁，即1997年1月1日至1990年12月31日期间出生。

三、身体条件（需同时满足以下条件）

（一）女性

1. 身高：163～175厘米。

2. 任何一眼视力不低于0.1，矫正或未矫正远视力应当达到0.5或以上；接受屈光性角膜手术后3个月，如其远视力满足标准，视力和屈光度已保持稳定、无明显的手术并发症或后遗症可评定为合格；无斜眼、无色盲；如裸视力不足0.5，须配备框架眼镜矫正，在应聘时须携带框架眼镜；如视力经过屈光性角膜手术矫正，还需携带手术病历（并非诊断证明）。（请注意：此处视力标准均为《C字表》测量标准）

3. 体重标准（kg）：身高（厘米数）减110的正负10%之内。

4. 五官端正、身体匀称、肤色健康。

5. 无口吃，无晕车、晕船史。

6. 无慢性病史，无精神病家族史、遗传病史、癫痫病史。

7. 无明显的“O”形和“X”形腿。

8. 无久治不愈的皮肤病，如头癣、湿疹、牛皮癣、慢性荨麻疹等。

9. 无骨与关节疾病或畸形。

10. 无肾炎、血尿、蛋白尿。

11. 满足中国民用航空局颁布的《中国民用航空人员医学标准和体检合格证管理规则》(CCAR-67FS) 中规定的体检标准。

（二）男性（须兼职航空安全员岗位）

1. 身高：175~185 厘米。

2. 任何一只眼睛未矫正远视力应当达到 0.7 或以上；接受屈光性角膜手术后 3 个月，如其远视力满足标准，视力和屈光度已保持稳定、无明显的手术并发症或后遗症可评定为合格。无斜眼、无色盲；如视力经过屈光性角膜手术矫正，还需携带手术病历（并非诊断证明）。(注意：此处视力标准为《C 字表》测量标准)

3. 体重标准 (kg)：身高（厘米数）减 110 的正负 10%之内。

4. 五官端正、身体匀称、肤色健康。

5. 无口吃，无晕车、晕船史。

6. 无慢性病史，无精神病家族史、遗传病史、癫痫病史。

7. 无明显的“O”形或“X”形腿。

8. 无久治不愈的皮肤病，如头癣、湿疹、牛皮癣、慢性荨麻疹等。

9. 无骨与关节疾病或畸形。

10. 无肾炎、血尿、蛋白尿。

11. 满足中国民用航空局颁布的《中国民用航空人员医学标准和体检合格证管理规则》(CCAR—67FS) 中规定的体检标准。

12. 达到体能测试基本要求：3 000 米跑步不慢于 17 分钟，100 米跑步不慢于 15 秒，单杠引体向上不低于 3 个，双杠臂屈伸不低于 5 个，立定跳远不少于 2 米，1 分钟内屈腿仰卧起坐不少于 26 个。

（资料来源：南航官网）

（五）谁是企业最想聘用的员工

前文已述，人职匹配是职业胜任的核心，同时也是高职大学生职业规划和职业发展的核心。基于这样的观念，企业最青睐的员工应当具备这样几个特征：

1. 有特长

胜任本职工作就是人才。企业之所以聘用你就是因为你有特长，他们会根据你的特长，把你安排在合适的职位，在这个职位上，你能胜任工作。

2. 有强烈的责任心

完成本职工作是员工的责任，员工必须有对自己的工作极其负责的态度。

3. 有不断学习的能力

在这个不断发展的社会中，除了最基本的专业背景，企业更关注的层面就是一个人不断学习的能力，也就是是否是学习型人才。

4. 有较强的创新能力

优秀的员工不满足于现有的成绩和现有的工作方式，而愿意尝试新的方法，因为在不断变革中，只有未雨绸缪，才能化被动为主动，才有能力迎接新的挑战。

5. 有团队协作精神

一个人不可能完美，一个团队可以完美，个人的力量是有限的，只有发挥整个团队的作用，才能克服更大困难，获得更大的成功。

6. 有沟通技巧

管理的精要在于沟通，善于沟通的员工易于被大家了解和接受，也才能被大家认可。

7. 肯吃苦、脚踏实地

肯吃苦，愿意从基层干起，脚踏实地，这是现代企业对人才的基本要求。

本章练习

● 思考题

以下是小米公司投诉专员的招聘简章（部分）（表5－5），请分析该岗位的工作职责是什么，其提供的服务需要达到什么样的标准，应聘者应具备怎样的职业素质才能胜任该岗位的工作。

表5－5 小米公司投诉专员的招聘简章（部分）

职位名称	二线投诉专员（客服中心）	工作地点：	北京
职位类别	服务体系		
工作职责	1. 受理客户投诉，做好记录，并判定责任部门，及时反馈给相关责任部门，处理客户投诉，并跟踪监督处理结果，在限定时间内解决投诉，提升客户满意度，维护公司对外形象； 2. 负责一线提交的审核，进行二级工单投诉的处理； 3. 负责相关投诉工单、异常邮件的处理； 4. 协助相关部门分析、调查客户投诉的原因，提出处理方案、建议； 5. 定期对投诉情况进行总结，形成投诉处理报告，并向组长提出投诉处理流程等的改进建议； 6. 完成领导交付其他任务		
工作要求	1. 普通话标准，声音甜美，具有较强的条理性和抗压能力； 2. 熟悉 Office 软件（Word，Excel 和 Outlook 等）； 3. 有客户服务工作经验、有投诉处理或电子商务、手机技术类客服行业投诉处理经验优先考虑，具备较强的投诉处理能力者优先； 4. 具有良好的客户服务意识； 5. 有较强的沟通协调能力，工作细致负责； 6. 有责任心；性格踏实，有良好的职业道德和职业操守；有独立工作和承受工作压力的能力； 7. 善于沟通和协调，有良好的团队合作精神		

第六讲 我的职业决策

知识目标

- 了解职业目标、职业决策的相关概念。
- 熟悉职业目标的分类和特征。
- 掌握职业目标的分解实施步骤。
- 理解职业目标确定的原则。
- 了解职业生涯决策的相关理论。
- 理解影响职业决策制定的各种因素。
- 掌握职业决策的相关流程。

能力目标

- 能运用具体案例进行职业生涯目标分解。
- 能使用决策平衡单进行职业决策。
- 会运用 SWOT 分析法进行职业决策。
- 会使用决策树进行职业决策。

第一节 职业目标的确定

歌德说过，决定一个人的一生，以及整个命运的，只是一瞬。大学生必须有自己清晰而又合理的职业目标，并且根据不同的职业发展阶段，把职业目标分解成各个阶段的子目标，通过每个阶段的子目标的实现，进一步实现自己的总目标，实现自己的职业理想。

一、确立职业目标的意义与作用

（一）目标的含义

目标是个人、部门或整个组织所期望实现的成果。目标是人的追求，人在不同情况下的追求是不同的。目标再低的人也还是有目标的，生存实际上就是每个人的最低目标。不同的人生存的要求不同，形成了人的不同层次的需要和目标。

（二）职业目标的概念

职业目标是指人们对未来职业所表现出来的一种强烈的追求和向往，是人们对未来职业生活的构想和规划，它是追求成功的驱动力。职业目标是人们在职业上的追求、期望，如“人力资源总监”就是一个职业目标，而“人力资源方面的工作”就不是职业目标，只是一个职业发展方向。

（三）确立职业目标的意义

职业目标，是职业生涯路上的指南针和航标。它如同分水岭一样，轻而易举地把资质相似的人们分为少数的职业精英和多数的平庸之辈。前者主宰了自己的命运，后者随波逐流，碌碌无为。所以，确立职业目标是制定职业生涯规划的关键。

【阅读】

人伟大是因为目标伟大

一位哲学家到一个建筑工地分别问三个正在砌筑的工人：“你在干什么？”

第一个工人头也不抬地说：“我在砌砖。”

第二个工人抬了抬头说：“我在砌一堵墙。”

第三个工人热情洋溢、满怀憧憬地说：“我在建一座教堂！”

听完回答，哲学家马上就判断出了这三人的未来：

第一个眼中只有砖，他一辈子能把砖砌好就很不错了；第二个眼中有砖，心中有墙，好好干或许能当一位工长、技术员；唯有第三位必有大出息，因为他有“远见”，他的心中有一座殿堂。

（四）确立职业目标的作用

目标能让人产生积极的心态，使你看清使命，产生动力；目标能让你感受到生存的意义和价值，使你把重点从过程转到结果；目标有助于你分清轻重缓急把握重点，使你集中精力把握现在；目标能提高激情，有助于评估进展，使人产生信心、勇气和胆量；目标能督促人自我完善、永不停步，最终会使你成为一个成功的人。

【阅读】

哈佛实验

哈佛大学有一个非常著名的关于目标对人生影响的跟踪调查。调查对象是一群智力、学历、环境等条件都差不多的年轻人，调查结果是：

3%的人有清晰且长期的目标，25年来他们从未改变过目标，总是朝着同一个方向不懈地努力。25年后，他们几乎都成了社会各界的顶尖成功人士，他们中不乏创业者、行业领袖、社会精英。

10%的人有清晰的短期目标，这些人大都生活在社会的中上层。他们的共同特点是：不断完成预定的短期目标，生活状态步步上升。25年后，他们成了各行各业不可或缺的专业人士，如医生、律师、工程师、高级主管等。

60%的人目标模糊，他们能安稳地生活与工作，但都没有什么特别的成绩。

剩下的27%，是那些25年来没有目标的人，他们几乎都生活在社会的最底层。他们的生活过得很不如意，常常失业，靠社会救济，并且常常抱怨他人、抱怨社会、抱怨世界。

调查者因此得出结论：目标对人生有巨大的导向性作用。

其实，他们之间的差别仅仅在于：25 年前，他们中的一些人就已经知道自己最想要做的是什么，而另一些人则不清楚或不很清楚。“哈佛故事”生动地说明了明确目标对于人生成功的重要意义。

对于职业目标的作用可以这样讲，有了目标不一定就能实现，但如果没有目标那实现的机会就会更小了。

二、职业生涯目标的分类与特征

职业生涯目标是指个人在选定的职业领域内的未来时点上所要达到的具体目标，包括短期目标、中期目标和长期目标。目标有极强的时间性，在谈任何目标的时候首先要明确时间范围，然后才是内容范围。

职业生涯目标的确定包括人生目标、长期目标、中期目标与短期目标的确定，它们分别与人生规划、长期规划、中期规划和短期规划相对应。一般情况下，我们首先要根据个人的专业、性格、气质和价值观以及社会的发展趋势确定自己的人生目标和长期目标，然后再把人生目标和长期目标进行分化，根据个人的经历和所处的组织环境制定相应的中期目标和短期目标。

（一）人生规划

整个职业生涯的规划，时间长至 40 年左右，设定整个人生的发展目标。如规划成为一个有数亿资产的公司董事。

【阅读】>>>>>

如何确立人生终极目标

美国的柯维提出了一个绝妙而简单易行的方法，可以发掘出你的人生终极目标。

假设你正在前往殡仪馆的路上，要去参加一位至亲的丧礼，抵达之后，居然发现亲朋好友齐集一堂，是为了向你告别。也许这是三五十年，甚至是更久以后的事，但姑且假定这时亲族代表、友人、同事或社团伙伴，即将上台追述你的生平。

请认真想一想：你希望听到什么样的评语？你这一生有何成就，贡献或值得怀念的事吗？你是个称职的丈夫、妻子、父母、子女和亲友吗？你是个令人怀念的同事或伙伴吗？失去了你，对关心你的人会有什么影响？

以此为启发，谈一谈你的第一份工作目标。

（二）长期规划

5～10 年的规划，主要设定较长远的目标。如规划到 30 岁时成为一家中型公司的部门经理，规划到 40 岁时成为一家大型公司的副总经理，等等。长期职业目标具备以下六个方面的特征：①目标是自己认真选择的，和组织、社会的发展需求相结合；②目标很符合自己的兴趣、价值观，能为自己的选择感到骄傲；③目标能用明确的语言定性说明；④有实现的可能，并有更大的挑战性；⑤目标与志向相吻合，能够立志通过努力实现理想；⑥目标与人生目标相融为一，指导自己为创造美好未来坚持不懈。

（三）中期规划

一般为 2 ~5 年的规划。如规划到不同业务部门做经理，规划从大型公司的部门经理到小公司做总经理，等等。中期职业目标具备以下六个方面特征：①目标是结合自己的志愿、组织的环境及要求制定的，与长期目标相一致；②目标基本符合自己的兴趣、价值观，使人充满信心，且愿意公之于众；③目标切合实际，并且未来的发展有所创新，有一定的挑战性；④目标能用明确的语言定量与定性说明；⑤目标有比较明确的执行时间，根据外部环境变化可做适当的调整；⑥目标可以发挥自己的能动性，实现的可能性非常大。

（四）短期规划

2 年以内的规划，2 年内掌握哪些业务知识，等等。在确定以上各种类型的职业生涯目标后，就要制定相应的行动方案来实现它们，把目标转化成具体的方案和措施。在这一过程中，比较重要的行动方案有职业生涯发展路线的选择，职业的选择和相应的教育培训计划的制订。短期职业目标具备以下六个方面特征：①目标表述清晰、明确；②目标对于本人具有意义，与自我价值观和中长期目标一致，有可能暂时不能完全满足自己的兴趣要求，但可“以迂为直”；③目标切合实际，并非幻想；④有明确的具体完成时间；⑤有明确的努力方向，通过努力能达到，实现起来完全有把握；⑥目标精练。

三、如何确定自己的职业目标

人在职场，为什么一定要选择职业目标呢？如果你不清楚自己要朝哪个方向走下去，通常会原地踏步。就像大海中的航船、空中的飞机，没有目标无法前行。人生的职业发展要有明确的目标，学业和专业都要与职业目标协调一致。如果职业没有目标，随时有可能陷入停滞状态。

（一）大学生确定职业目标的原则

1. 可行性原则

可行性原则是指职业目标通过自己的努力可以实现。如果付出了艰辛努力仍然实现不了，这样的职业目标会给自己造成挫败感，影响自己实现职业目标的积极性，甚至对职业生活丧失信心。

2. 挑战性原则

挑战性原则是指职业目标要有一定的压力性，自己必须通过努力工作才能达到，这样的职业目标有利于促进个人的进步。把目标适当定高一点，只有当你用尽全部力气向上跳时，才可以摸到这个目标。

3. 清晰性原则

清晰性原则是指职业目标必须清晰、明确，实现职业目标的步骤必须务实有效。比如“我打算通过每天慢跑 1 小时在本周内减轻体重 0.5 千克”就比“我打算通过每天锻炼 1 小时减肥”更明确更具体。

4. 适应性原则

适应性原则是指职业目标必须适应社会发展的需要，对环境的变化有一定的弹性和缓冲性，能根据环境的变化做出相应的调整。

5. 一致性原则

一致性原则是指主要目标与分目标要一致，目标与措施要一致，个人目标与组织发展目标要一致。短期目标指向中期目标，中期目标指向长期目标，长、中、短期目标都指向总目标的最终实现。

6. 激励性原则

激励性原则是指职业目标符合自己的性格、兴趣和特长，对自己产生内在激励作用。

7. 全程性原则

全程性原则是指在整个职业生涯过程中，都有自己的职业目标相伴，作为自己职业生涯的指南针和航标。

（二）大学生确定自己职业目标的途径及注意事项

【阅读】>>>>>

一则西方寓言故事：合适的才是最好的

有一天，一群动物聚在一起，彼此羡慕对方的优点，抱怨自己的缺点，于是决定成立一所学校，希望通过训练，使自己成为一个通才。它们设计了一套课程，包括奔跑、游泳、飞翔和攀登。所有动物都注册了，选修了所有的科目。

结果是：小兔子在奔跑方面，名列前茅，但一到游泳课就浑身发抖；小鸭子在游泳方面，成绩优异，飞翔也还差强人意，但是奔跑与攀登的成绩却惨不忍睹；小麻雀在飞翔方面轻松愉快，但就是不能正经奔跑，碰到水就几乎精神崩溃；至于小松鼠，固然爬树的本领高人一等，奔跑的成绩也还不错，却在飞翔课中学会了溜课。

大家越学越迷惑，越学越痛苦，终于决定：停止盲目学习别人，好好发挥自己的长处。它们不再抱怨自己、羡慕别人，因此又恢复了往日的活泼和快乐。

1. 盘点自己

如果一个人清楚地知道自己想做什么、适合做什么、能做什么，就一定能够找到发展自己的人生舞台，并演绎出多彩的职业人生。盘点自己主要是盘点个人的能力、个人的兴趣与爱好、个人的性格与气质、个人的学识水平、个人的技能，进而综合评价职业自我。

2. 分析自己

这是一个非常有用的机会评估工具（SWOT 法）：

优势分析：你曾经做过什么？你学习了什么？最成功的是什么？

劣势分析：性格的弱点，经验或经历中所欠缺的方面。

机会分析：对社会大环境的分析，对自己选择企业的外部分析，对人际关系的分析、潜在的危险分析。

分析自己的学业、专业与职业。学业是职业发展的基础，应该根据自己的能力与专业来选择自己的职业，确立职业目标。清楚地认识自己，就是要对自己的专业和职业进行完美组合，处理好专业与职业的五种关系，即：专业包容职业；以专业为核心；专业与职业部分重合；专业与职业相切；专业与职业分离。

在对发展路线的抉择过程中，可以针对下面三个问题询问自己：我想往哪一条路线发展？我适合往哪一条路线发展？我可以往哪一条路线发展？如图 6－1 所示。

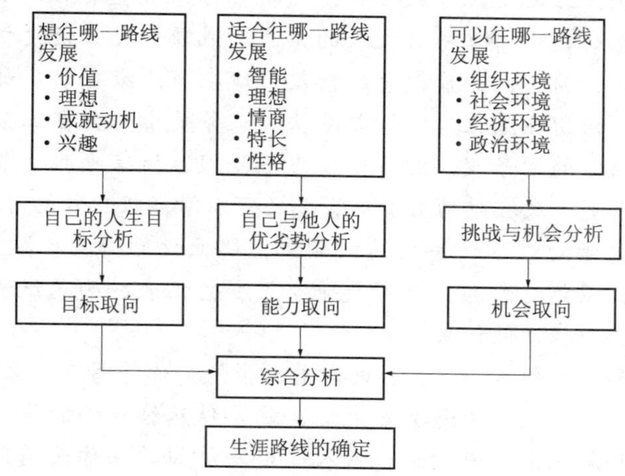

图 6－1　确定生涯路线的 SWOT 分析

3. 职业目标的标准

职业目标必须是自己认真选择的：对选择的结果要认真评估；对目标充满信心；要符合社会与组织的需求；愿付出行动来完成；适合你的生活模式；符合你的价值观。同时要注意：不要太贪心；目标要具体明确；高低适度；兼顾平衡；个人目标与企业目标要一致。就事业目标而言，同一时期目标不宜多，最好集中为一个。在选择的时间上不宜拖得过长；在选择的对象上不宜同时选两个以上目标；在考虑社会需要与个人的价值观、兴趣、个性、能力及年龄大小的因素，人际关系因素，经济状况因素，本职工作因素的基础上，注意扬长避短。

总的情况下有三种职业生涯发展路线可供参考：专业技术型发展路线、行政管理型发展路线和自我创业。选择适合自己的，把握好大的奋斗方向，才能减少走弯路。

4. 职业目标的设定

很多时候，我们所盼望的东西并不真正适合我们，可是往往为了别人的眼光，我们委屈了自己。人的一生，有很多这样美丽的诱惑，正如世间有太多好看的鞋子，我们所选择的只是适合自己的。一件东西、一项职业，抑或一生的选择，并不在于它是否美丽奢华、被人羡慕，关键在于对自己是否真的适合。

择己所爱，择己所长，择世所需，择己所利。

要以自己的最佳才能、最优性格、最大兴趣、最有利的环境等为依据。通常设定目标时分短期目标、中期目标、长期目标和人生目标。在确立目标时把握好“三定”原则：

（1）“定向”：定职业方向。

（2）“定点”：定职业发展的地点。

（3）“定位”：定自己的水平、能力、薪资期望。

除了这“三定”，还有很重要的“一定”，就是“定心”。

【游戏】>>>>>

墓志铭是死亡之书的书签

请想象自己坐在一架客机上，宽敞平稳，飞机在万米高空翱翔。突然，机身发抖，空姐要求大家把安全带系好。广播里传来机长的声音。他通知大家说飞机发生了严重的机械故障，正在紧急排除。但为了预防最危急的情况，现在将由乘务员小姐分发纸笔，你有什么遗言要向家人交代，请留在纸上。一切要尽快，乘务员小姐会在三分钟后收取大家的纸条，然后统一密闭在特制的匣子里，这样即便飞机坠毁，遗言也可完整保存下来。按照飞机现在的飞行高度，在完全失去动力的情况下，还可以滑翔极短暂的时间……

乘务员小姐托着盘子走过来，惨白的面颊上，职业性的微笑已被僵硬的抽搐所代替。盘子里盛的不是饮料，不是纪念品，也不是航空里程登记表，而是纸和笔。人们无声地领取这特殊的用品，有抽泣声低低传来。

你领到了半张纸和一支短笔。现在，面对着这张纸，你将写下什么？

这就是我们的游戏。在生命遭遇突发危险，就要猝然终止的时候，一生浓缩成一部几十秒的视频，在你的脑屏幕上急速放映。亲人像走马灯似的在你面前闪过，你对这个世界还有什么话说？

墓志铭：盖棺论定

“π = 3. 14159265358979323846264338327950288”（鲁道夫）

“37，22，35”（玛丽莲·梦露）

“我一辈子都花在为人填补蛀牙上头，现在这个墓穴得由我自己填进去啦。”（牙医）

“恕我不起来了！”（海明威）

“我早就知道无论我活多久，这种事情还是一定会发生。”（萧伯纳）

“墓碑下是我们的小宝贝，他既不哭也不闹，只活了二十一天，花掉我们四十块钱。他来到这世上，四处看了看，不太满意，就回去了。”（夫妻）

“莎拉休特，1803—1840 年，世人请记取教训，她死于喋喋不休和过多的忧虑。”（牧师）

古希腊著名数学家阿基米德的墓碑上刻着球内切于圆柱的图形，以纪念他发现球的体积和表面积均为其外切圆柱体积和表面积的三分之二这条著名的几何学原理。

德国数学家高斯因其发现了正十七边形的尺规做法，他的墓碑上刻上了一个正十七边形。

法国生物学家巴斯德的墓碑上刻着许多小鸡、小羊和小狗。

物理学家玻尔兹曼生前发现了热力学第二定律的统计解释，他的墓碑上只写着他发现的公式“$S = \mathrm{K}\ln\Omega$”。

5. 职业目标的调整

在现实生活中，想不通过自我调整就找到一个“完全适合”自己的职业，几乎是不可能的。在寻找完善自我的具体目标时，要相信兴趣是可以培养的，性格是可以完善的，能力是可以提高的，潜能是可以挖掘的。以此为基础，因势利导，适当调整。

6. 确立职业目标的常见问题

（1）从经济实惠出发，错用了自己的聪明才智；

（2）从一时兴趣出发，不清楚自己的真正志趣；

（3）从社会热门出发，没发挥自己的实际专长；

（4）从朋友爱好出发，缺乏个人的独立见解。

针对以上常见问题，在确立职业目标时青年学生们一定要注意：

（1）不能没有方向；不能同时有很多方向；不能总改方向。

（2）成功的最佳目标不是最有价值的那个，而是最有可能实现的那个。

（3）放弃“我不行”的念头，青年时期可塑性强，往往有许多潜能，却被自己以各种理由忽略和否定。

（4）淡化自己的弱点和缺陷，不管自己有何弱点和缺陷，都要坚信只要自己努力，就能够取得非凡成就。

（5）目标要留有余地。生涯目标要留有余地，也就是在实现目标的时间安排上，不要过急、过满或过死。

四、如何实现职业目标

个人在不同的发展阶段，对人生的追求和对职业的需要是不同的。孔子在《论语·为政篇》中曰：“三十而立，四十而不惑，五十而知天命，六十而耳顺，七十而从心所欲，不逾矩。”这是我国古人对人生和职业阶段的划分。现代人由于寿命的延长和工作节奏的加快，对职业发展阶段的划分也有所变化。一般来说，20 多岁时希望尽快进入工作角色，30 岁左右时希望走向重要岗位，40 岁时力求有所突破，50 岁时则力求平稳。大学生正确认识职业发展规律以及自己所处的发展阶段，对制定有效的职业生涯规划是非常重要的。职业生涯总目标的实现需要分阶段来实现。

（一）分解职业目标

【阅读】>>>

长跑路线图

1984 年，在一次国际马拉松邀请赛中，名不见经传的日本选手山田本一出人意料地夺得了冠军。当记者问他凭什么取得如此惊人的成绩时，他说了这么一句话：凭智慧战胜对手。当时许多人都认为这个偶然跑到前面的矮个子选手是在故弄玄虚。马拉松是需要体力和耐力的运动，只要身体素质好又有耐性就有望夺冠，爆发力和速度都还在其次，说用智慧取胜确实有点勉强。

两年后，意大利国际马拉松邀请赛在意大利北部城市米兰举行，山田本一代表国家参加比赛。这一次，他又获得了冠军。记者又请他谈经验。

他的回答仍是上次那句话：用智慧战胜对手。这回记者在报纸上没再挖苦他，但对他所谓的智慧迷惑不解。10 年后，这个谜终于被解开了，他在自传中是这么说的：每次比赛之前，我都要乘车把比赛的线路仔细地看一遍，并把沿途比较醒目的标志画下来，比如第一个标志是银行，第二个标志是一棵大树，第三个标志是一座红房子……这样一直画到赛程的终点。比赛开始后，我就以跑百米的速度奋力地向第一个目标冲去，等到达第一个目标后，我又以同样的速度向第二个目标冲去。40 多公里的赛程，就被我分解成这么几个小目标轻松地跑完了。起初，我并不懂这样的道理，我把我的目标定在40多公里外终点线上的那面旗帜上，结果我跑到十几公里时就疲惫不堪了，我被前面那段遥远的路程给吓倒了。

同样，在现实中，我们做事之所以会半途而废，这其中的原因往往不是目标难度较大，而是觉得成功离我们较远。所以，我们制定目标的时候，应该把我们的职业生涯的最终目标，分解成一个个的阶段性目标，这样的话，只要我们坚持下去，我们的职业生涯总目标也一定能够最终实现。

职业生涯目标是一系列目标的组合，需要分阶段来实现。目标分解是将目标清晰化、具体化的过程，是将目标量化成可操作的实施方案的有效手段。职业目标分解是根据观念、知识、能力差距，将职业生涯长期的远大目标分解为有时间规定的长、中、短期分目标，直至将目标分解为某个确定日期可以采取的具体步骤。

1. 按时间分解

按时间分解是最常见并且也是很容易掌握的目标分解方法，可分解为最终目标、长期目标、中期目标和短期目标，如图6－2所示。

2. 按性质分解

按性质分解可分为外职业生涯目标和内职业生涯目标。其中，外职业生涯目标包括工作内容目标、职务目标、工作环境目标、经济收入目标、工作地点目标等；内职业生涯目标则侧重于在职业生涯过程中的知识和经验的积累、观念和能力的提高以及内心的感受，主要包括工作能力目标、工作成果目标、提高心理素质目标、观念目标等，如图6－3所示。

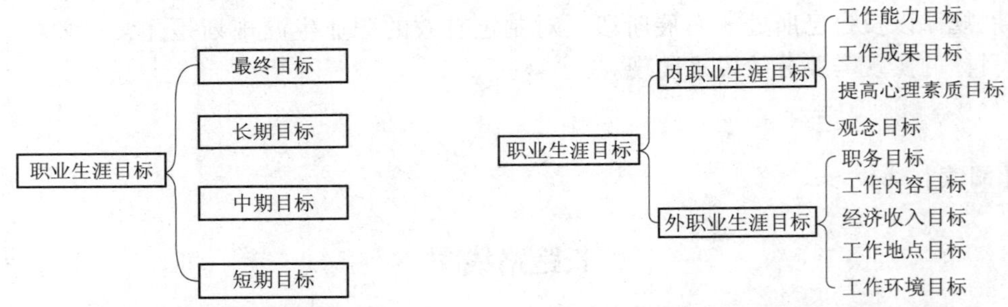

图6－2　按时间分解职业生涯目标　　**图6－3　按性质分解职业生涯目标**

【阅读】>>>>>

职业生涯目标分解

某大学四年级企业管理专业大学生林瑞面临毕业，通过学习职业生涯规划知识，在了解了职业自我和进行环境分析的基础上，制定了自己的5年职业生涯目标，并且分解成了各个阶段的子目标。

5年职业生涯目标：某外资企业战略发展部经理。

1. 2008—2009年

职务目标：企业战略发展部秘书。

经济目标：年收入3万元。

能力目标：具备从事具体法律事务性工作的理论基础，积累企业策划经验，接触了解涉外商务活动，英语应用能力具备权威资格认证。

成果目标：协助部门经理编制年度企业发展计划，取得律师从业资格证。

2. 2010—2011 年

职务目标：企业战略发展部主管。

经济目标：年薪 6 万元。

能力目标：熟练处理本职务工作，工作业绩在同级同事中居于突出地位；熟悉外资企业运作机制及企业文化，能与公司上层进行无阻碍的沟通。

成果目标：继续攻读 MBA，取得 MBA 文凭，负责公司部分发展战略的制定。

3. 2011—2012 年

职务目标：企业战略发展部经理。

经济目标：年薪 10 万元。

能力目标：形成自己的管理理念，有很高的演讲水平，具备组织、领导一个团队的能力；与公司决策层有直接流畅的沟通；具备应付突发事件的心理素质和能力；有广泛的社交范围，在业界有一定的知名度。

成果目标：领导一个团队制定公司企业发展的长期规划和年度规划工作。

无论从哪种职业生涯发展阶段理论来看，在校大学生这个群体都是处于职业探索和准备阶段，对未来的职业充满想象，需要系统地学习专业知识，了解职业的特性，为未来的职业生涯做好准备。在这个阶段，大学生需要形成自己的职业目标，并把总的职业目标按照一定的方法进行分解，形成适合自己的职业发展阶段以及各个阶段的子目标，一步一步前进，直到接近或实现自己的职业目标。

（二）树立正确的职业理想，明确自己的职业目标

职业理想在人们职业生涯设计过程中起着调节和指向作用。一个人选择什么样的职业，以及为什么选择某种职业，通常都是以其职业理想为出发点的。任何人的职业理想必然要受到社会环境、社会现实的制约。社会发展的需要是职业理想的客观依据，凡是符合社会发展需要和人民利益的职业理想都是高尚的、正确的，并具有现实的可行性。大学生的职业理想更应把个人志向与国家利益和社会需要有机结合起来。

（三）正确进行自我分析和职业分析

要通过科学认知的方法和手段，对自己的职业兴趣、气质、性格、能力等进行全面认识，清楚自己的优势与特长、劣势与不足。避免设计中的盲目性，达到设计高度适宜。其次，现代职业具有自身的区域性、行业性、岗位性等特点。要对该职业所在的行业现状和发展前景有比较深入的了解，比如人才供给情况、平均工资状况、行业的非正式团体规范等；还要了解职业所需要的特殊能力。

（四）构建合理的知识结构

知识的积累是成才的基础和必要条件，但单纯的知识数量并不足以表明一个人真正的知识水平，人不仅要具有相当数量的知识，还必须形成合理的知识结构，没有合理的知识结构，就不能发挥其创造的功能。合理的知识结构一般有宝塔型和网络型两种。

（五）培养职业需要的实践能力

综合能力和知识面是用人单位选择人才的依据。一般来说，进入岗位的新人，应重点

培养满足社会需要的决策能力、创造能力、社交能力、实际操作能力、组织管理能力和自我发展的终身学习能力、心理调适能力、随机应变能力等。

（六）参加有益的职业训练

职业训练包括职业技能的培训、对自我职业的适应性考核、职业意向的科学测定等。现在校内外这方面的培训比较多，参加一些有针对性的、专业的职业培训，可以快速提高个人能力，掌握职业的主动性。

第二节　职业决策的参考维度

大学生踏入社会之前，就面临一系列的职业决策。进行职业定向、确立职业目标、选择职业生涯路径，确定大学期间的目标、采取何种策略和方法实现目标，以及大学毕业时或走上工作岗位后如何选择职业，选择何种行业、何种职业，如何才能保证自我的个性特征与所选职业之间的高度匹配，等等，都是大学生需要分析与思考并最终做出决策的问题。

职业决策是职业生涯规划中的前导部分，制定的决策是否具有可行性，直接决定着职业生涯规划能否成功。希望获得最理想的职业发展目标，就需要认真地对自己进行完全的剖析，知道自己希望得到什么，这一生自己应该在这个社会里获得什么，这就需要自己认真制定职业决策了。而这些只有自己最清楚，也只有自己最了解自己。

一、职业决策的定义

决策是指为达到一定目标，从两种以上的可行方案中选择一个合理方案的分析判断过程。

职业决策（career decision-making）又称为职业生涯决策或职业决定，它有广义和狭义之分，广义的职业决策是指一个完整职业规划的过程，狭义的职业决策是指职业规划过程中的一个环节。

职业决策的七个重大人生选择：

（1）选择何种行业。

（2）选择行业中的哪一种工作。

（3）选择所适用的策略，以获得某一种工作。

（4）从数个工作机会中选择其一。

（5）选择工作地点。

（6）选择不同价值取向的工作。

（7）选择生涯目标或系列的升迁目标。

二、制定职业决策的注意事项

（一）制定职业决策需要结合自己的性格、特长和兴趣

职业生涯能够成功发展的核心，就在于所从事的工作的要求正是自己所擅长的。比如，

如果一个人性格内向、不善于与人沟通，没有很好的交际意识，那么这个人就很难成为一名成功的管理人员。制定职业规划一定要认真分析自己的优缺点。

从事一项自己擅长并喜欢的工作，工作会很愉快，也容易脱颖而出。这正是成功的职业规划的核心所在。

（二）要考虑到实际情况，并具有可执行性

很多大学生刚开始时满怀雄心壮志，一心想着出人头地。但是实际工作是一种积累的过程——资历的积累、经验的积累、知识的积累，所以职业规划不能好高骛远，而要根据自己的实际情况和社会情况，一步一个脚印，层层晋升，最终方能成就梦想。

（三）要学会借鉴经验，但不能照搬

影响一个人理性职业决策的因素，有上面提到的个人的性格、特长和兴趣等内在因素，还有一些具体的外部因素，比如说我们的专业、所从事的行业，该专业、行业的发展情况和前景。事实上，一个人的耐心度与细心度对一个人的职业决策影响是最大的，一个没有足够耐心和细心的人，不管制定什么样的职业决策都是无效的。

你知道的知名人士，不管是谁，不管是成功还是失败，其实都是可借鉴的。

比如说林肯，比如说海尔公司的张瑞敏，比如说张海迪，比如说你的父亲。我们了解他们成长的历史，去看看他们为什么成功，去了解他们为什么失败，这对我们的职业决策的制定是有着极大的帮助的。

在某种程度上，他们走过的路，就是我们将来的路。我们应该借鉴他们的经验，并把我们的兴趣特长组合起来，制定最适合我们的职业规划。

不管什么人，制定什么样的职业决策，都不能够照搬照套，哪怕你所选择的人所选择的模型跟你几乎完全一模一样，都不可以完全照搬使用。事实上也是，世界上本身就不存在相同的两个人，自然也不存在相同的职业决策。

（四）职业决策必须有可持续发展性

职业决策不能仅制定一个阶段性的目标，应该是一连串的、可以贯穿自己整个职业发展生涯的远景展望。如果职业决策定得过于短浅，后面又没有后续职业决策点来支撑，肯定会使人丧失奋斗的热情，且不利于自己长远发展。

三、影响职业发展决策的因素

职业发展决策是个复杂的过程，影响它的因素有很多，既有外在的，也有内在的。

（一）个人条件的影响

1. 健康

健康是最具影响力的一项，几乎所有的职业都需要健康的身体。张三是位学舞蹈的学生，因某种原因造成残疾，于是他再也不可能走其所喜爱的舞蹈职业这条道路了。当然，也有人因为与厄运做斗争而变得更加坚强，如霍金、张海迪等。

2. 个性特征

不同气质、性格、能力的人适合不同类别的工作。如多血质的人较适合做管理、记者、外交官等，不适合做过细的、单调的机械性的工作。如果做与自己个性特征不相吻合的工作，容易觉得自己的活力被束缚，思想被禁锢。

3. 兴趣爱好

与职业选择有关的兴趣称为职业兴趣。不同职业兴趣要求对应的职业不同。如喜欢具体工作的，相应的职业有室内装饰、园林、美容、机械维修等；而喜欢抽象和创造性工作的，相应的职业有经济分析师、新产品开发、社会调查、各类科研工作等。

4. 负担

负担是指对别人（多为家人和朋友）、对社会及对财务状况所承担的义务。成人必定会受各种义务的束缚，选择职业也绝不可能毫不考虑个人的生活状态。

5. 性别

虽然法律规定男女平等，但性别因素仍然在职业发展中扮演着重要的角色。职业性别隔离严重存在，很少有人能漠视性别问题。当然，如果你坚信男女两性在智慧和能力上基本相同，那么你的性别应该不会影响你的事业选择和事业成功。

6. 年龄

对工作的看法和态度、对机会尝试的勇气、对胜任任务的能力和经验，不同的年龄表现都有所不同。

7. 所受的教育

一个人所受到的教育程度和水平，直接影响他的职业选择方向和获得他喜欢的职业的概率。

（二）家庭的影响

每个人所生长的家庭环境，对他们的就业大有影响。首先，家庭教育方式的不同，造成他们认知世界的方法不同；其次，父母的职业是孩子最早观察模仿的角色，孩子必然会得到父母职业技能的熏陶；最后，父母的价值观、态度、行为、人际关系等对个人的职业选择起到直接和间接的深刻影响。因而，我们常常看到艺术世家、教育世家、商贾世家等。

（三）朋友、同龄群体的影响

朋友、同龄群体的工作价值观、工作态度、行为特点等不可避免地会影响到个人对职业的偏好、选择从事某一类职业的机会和变换职业的可能性等方面。

（四）社会环境的影响

社会环境中流行的工作价值观、政治经济形势、产业结构的变动等因素，无疑都在个人职业选择上留下深深的烙印。“50 年代的兵，70 年代的工人，90 年代的个体户，21 世纪的 IT 业商人”，每年的职业地位排序都对高考志愿的选择和就业选择起到不可低估的影响。不同的社会环境所给予个人的职业信息是不同的。

不能否认，一个人的职业生涯决策的决定因素中也有称为机遇的随机性的成分，但完全让命运摆布的人毕竟是少数，多数人对自己未来的发展能够从内外因素进行理性分析，从而有效地进行职业生涯的选择。

【阅读】

表 6－1 为影响职业决策的个人与环境因素。

表6－1　影响职业决策的个人与环境因素

王淑敏（1992）

个人特质因素	价值结构因素	机会因素	文化因素
智能 各种能力 技能 成就 过去的经验 成就动机 责任感 毅力 守时 热情 冒险的个性 开朗 刚直 自我优点 自尊 决策能力 职业成熟 性别 种族 年龄 生理优点 健康	一般价值 工作价值 生活目标 生涯目标 职业与课程（专业）的名声 职业与课程（专业）的刻板化态度 职业与课程（专业）价值观的心理位置 人、资料、事的导向 工作态度 工作道德 休闲 变异的需求 秩序的需求 教养的需求 救助的需求 权力的需求 稳定感 安全感 利他	农村、城市 职业机会的接触 教育机会的接触 职业机会的范围 教育机会或范围 职业的要求条件 课程（专业）的要求条件 补习计划的提供 各种辅导的提供 经济状况	社会阶级的期待 家庭的抱负与经验 友伴的影响 社区对教育或工作的态度与倾向 教师的影响 咨询师的影响 角色楷模的影响 文化中教育或职业机会的形象 学校气氛与奖惩方式 主要参照团体的影响

四、如何做好职业决策

人生是一连串选择和决策的过程：从你早上起来要穿哪一套衣服出门开始，你就在选择；中午要去哪里吃饭，你又在选择；交往中你选择朋友，恋爱时你选择伴侣，工作前你选择职业，等等。约翰·坎贝尔曾指出："正是你在生活中每个环节的选择和决策塑造了你的人生，决定了你的成败。"

（一）职业决策理论参考

职业生涯决策理论是指当一个人在面对职业、生涯等重大问题的抉择时，所做的选择尽量能够获得最大收益或满意度。目前，职业生涯决策的理论常见的有标准化模型、描述性模型和规范性模型三种。

1. 标准化职业生涯决策模型

标准化职业生涯决策理论认为，决策者能够加工所有相关信息，能够做出完全理性的选择，在选择时遵循着效用最大化原则。该理论的主要代表是奇兰特的职业决策过程模式和克朗伯兹的社会学习论。

【阅读】>>>>>>

奇兰特（Gelatt）的职业决策过程模式

该理论认为，决策是一连串的决定的组合，任何一个新决定都是由先前的决定的影响所致，而新做出的决定又会产生连锁影响，导致后来的一个决定的出现，所以，决策是一个又一个决定连锁反应的发展过程，而非单一的、孤立的事件。这也说明生涯决策不是一次性选择或一个结果，而是持续不断地做决定及修正的终生历程，具有系统工程的特征。

为了使决策过程理性化、系统化，奇兰特职业决策模式特别强调资料的重要性和过程的严整性，为此他提出了资料处理的三个策略系统和决策过程的七个步骤。

1. 关于个人处理资料的三个策略系统

（1）预测系统。预测不同的选择可能会造成的结果，及估算出每个行动可能造成该结果的概率，以作为该采取哪个行动方案之参考。

（2）价值系统。个人对于各种可能的行动之喜好程度。

（3）决策系统。评判各种行动方案的标准，其选择取向包括：

① 期望取向，即选择可能达成自己最想要的结果之方案，就是与自己的职业观相一致，与自己的兴趣、特长最相符的方案。

② 安全取向，选择最安全、最保险的方案。这方案适合追求稳定的人，但该方案也许与你的职业兴趣是不一致的。

③ 逃避取向，避免选择可能造成最不好结果的方案。这适合追求稳妥、不爱挑战的人，选择的结果也许是与你的期望有一定差距。

④ 综合取向，就是考虑自己对于行动结果的需求程度、成功概率及避免最不好的结果，权衡这三个方面，然后选择一个行动方案。

2. 关于职业生涯决策的七个步骤

（1）个体意识到做决策的需要，根据需要制定决策的目的或目标。

（2）搜集与目标或目的有关的信息资料，并调查可能的行动方案。

（3）根据所得的资料，预测各个可能的行动方案的成功概率及其结果。

（4）根据价值系统，评价结果是否满足需要。

（5）评估各种可能方案，选择其中的一个方案执行。

（6）若达成目标则终止决定，然后再等待下一个决定的出现。

（7）若没有成功，则继续调查其他可行的办法。

克朗伯兹的社会学习理论

社会学习论由班都拉（Bundura）于20世纪70年代提出，强调的是个人独特的学习经验对其人格与行为的影响。克朗伯兹将这一观念引用到职业生涯辅导上，用以了解在个人决策过程当中，社会、遗传与个人因素对于决策的影响。在此基础上他提出了影响职业选择的四因素，其后又提出了职业生涯决策的七个步骤。

1. 决策影响的四因素

（1）遗传特征与特殊能力。遗传因素包括种族、性别、外在的仪表和特征、身体健康程度等；个人的特殊能力包括职业偏好、智力、音乐能力、美术能力、动作协调能力等。

（2）环境条件与特殊事件。克朗伯兹认为，在影响教育和职业的选择因素中，有许多来自外部环境，非个人所能控制。这些外部因素大多由人为所致（如社会、文化、政治或经济的活动），也可能由自然力量引起（如自然资源的分布或自然灾害）。

（3）学习经验。克朗伯兹认为，每个人独特的学习经验，在决定其生涯路径时扮演重要的角色作用。学习经验包括人作用于环境的经验和环境作用于人的经验两种。

（4）工作取向技能。前面提到的三种因素会以一种交互影响的方式使个人形成特有的工作取向技能，这些工作取向的技能包括解决问题的能力、工作习惯、工作的标准与价值、情绪反应、知觉和认知的历程（如选择、注意、保留、符号知觉等心理过程）等。

2. 职业生涯决策的七步骤

1977 年，克朗伯兹以社会学习理论对职业生涯决策技巧的作用进行研究，提出了进行职业生涯决策的七个步骤：

（1）界定问题。厘清自己的需求及时间或个人限制，并制定明确的目标。

（2）拟订行动计划。思考可能达成目标的行动方案，并规划达到目标的流程。

（3）澄清价值。界定个人的选择标准，作为评量各项方案的依据。

（4）找出可能的选择。搜集资料，论证可行的方法。

（5）评价各种有可能的选择。依据自己的标准，对各种可能的选择方案进行评价。

（6）体系地删除。有系统地删除不合适的方案，挑选最合适的方案。

（7）开始执行方案。方案确定之后开始实施。

克朗伯兹的理论是以社会学习的观点来解释人类生涯选择的行为，特别强调社会影响因素和学习经验对实际的生涯辅导工作应用，提供了不少方法和启示，具有较高的实用价值。

2. 描述性职业生涯决策模型

描述性职业生涯决策理论，主要是解释个体如何从实际生活的职业选项中做出决策，其代表性理论有泰德曼的决策历程理论和丁克里奇的职业生涯决策风格理论。

泰德曼（Tiedeman）的决策历程理论

泰德曼生涯决策理论的特点是把职业选择作为一个连续不断的过程，而非发生在单一事件上。他将生涯发展概念化为一个不断辨别自我认定、处理发展性任务和解决心理社会危机的过程。这些持续的活动被认为是发生在一个时间阶段的架构之内。根据他的观点，生涯决定是经由一个有系统的问题解决的形态而达成的，包括两个阶段七个步骤。

第一个阶段，预期阶段。

在该阶段内个体采取各种方式，先行拟出几个可行的方案，然后考虑澄清各个方案的利弊得失，预估其可能的结果，最后做出具体的选择。这一阶段可分为四个步骤：

（1）探索，考虑不同选择方向及可能目标。

（2）具体化，经过对各种不同选择方向或目标的优缺点的斟酌，情况逐渐清楚。

（3）选择，制定一个能够解除目前困扰的目标。

（4）澄清，再审视、修正与调整准备要行动的目标。

第二个阶段，实践与适应阶段。

该阶段的任务是将选择的方案落实于现实生活，然后评估其结果，并根据个人对结果的满意程度，对方案进行调整或改变。这一阶段可分为三个步骤：

（1）入门，开始执行自己的预选择，这是新经验的开始，以新的角色出现，应积极争取周围人们的认可。

（2）革新，调整步伐与心态，专心致志，全力以赴适应新环境。

（3）整合，个人的信念与集体的信念达到平衡与妥协。

丁克里奇（Dinklage）职业生涯决策风格

风格是指不同的人在做事方式上所表现出来的习惯偏好。决策风格是影响决策效果与决策效率的一个重要因素。丁克里奇在1968年，通过访谈研究，将人们做职业生涯决策时所采用的风格归结为八类：

（1）冲动型（Impulsive）：抓住遇到的第一个选择，不再考虑其他的选择或收集信息。其想法是“先决定，以后再考虑”。比如，先找到一份工作干着再说。这种决策方式风险太大，等看到有更好的选择时自然追悔莫及。

（2）宿命型（Fatalistic）：将决定留给境遇或命运。迷信“我这个人永远也不会走运”，显得无力和无助，人生态度消极低沉，这样的人容易成为环境的“受害者”。

（3）顺从型（Compliant）：顺从别人的计划而不是独立地做出决定。相信“他们都觉得好，我就觉得好”。从众的人固然在追随群体的过程中获得了一种虚拟的安全感，却忽略了自身的独特性，其选择在很大程度上并不适合自己。

（4）延迟型（Delaying）：把问题往后推迟。比如“我还没有准备好工作，所以打算先考研”。延迟型的人总是希望：也许事情过几天就自动解决了。

（5）烦恼型（Agonizing）：过度搜集信息，使用信息时又顾虑重重，反复比较，当断不断，心境表现常常是“我就是拿不定主意”。

（6）直觉型（Intuitive）：因为“感觉到是对的”而做决策，但不能说明原因。直觉对人们在环境情况无法获得充分信息时会有效，但可能会不符合事实。

（7）瘫痪型（paralytic）：接受做决策的责任，但是感觉过于焦虑而不能对决策做出有建设性的工作。他们知道自己应该开始了，可能内心深处总是笼罩着“一想到这种时就害怕”的阴影。结果，他们无法真正为决策和决策的后果承担责任。

（8）计划型（Planning）：使用如同标准化决策模型所推荐的理性策略。

上述8种决策风格没有绝对的优劣之分，各有其适用的范围和局限性。例如，直觉型决策反映了决策者能够迅速提取相关信息的能力，或者也可以说他是一个反应快的理性决策者。那种喜欢到处咨询或模仿他人者，有依赖的倾向，但也有可能把个人的认知偏差减小到最小。决策风格既受到个性的影响，又受到环境的塑造，并非绝对无法改变。

3. 规范性职业生涯决策模型

规范性职业生涯决策模型，比较有代表性的理论是彼得森等人的认知信息加工理论。

1991年，盖瑞·彼得森（Gary Peterson）、詹姆斯·桑普森（James Sampson）和罗伯特·里尔敦（Robert Reardon）三人，合著《职业生涯开发和服务：一种认知的方法》（*Career development and Services: A Cognitive Approach*）。在书中，他们提出了一种新的思考职业生涯发展的方法并进行了论述，这就是认知信息加工理论（Cognitive Information Processing，CIP）。

（1）基本观点。

认知信息加工理论认为，生涯发展是关于一个人如何做出生涯决策以及在生涯决策过程中如何使用信息的。做出生涯选择是一项解决问题的活动，生涯决策需要动机，有赖于我们想什么、如何想，而生涯的质量有赖于我们是否很好地学习和掌握了做出生涯决策所需的技能。所以，通过改进认知信息加工技能，可以提高生涯管理的能力。

金字塔的最高层是称为元认知的执行加工领域，是个人完成一项任务或达到一定目标而投身其中的记忆和思考，是一种思维活动过程。元认知的作用是对认知过程进行调节、监督和控制，主宰着如何思考生涯问题和制定决策，它包括自我言语、自我觉察、控制与监督。

中间层是决策技能领域，关注的是“个体如何做决策的”，其功能相当于计算机的程序软件，让我们对所存储的信息进行加工处理。

最底层是知识领域，包含自我知识和职业知识。自我知识包括了解自己的价值观、兴趣、需要和技能；职业知识包括理解特定的职业、学校专业、休闲及组织状况等。知识领域相当于计算机的数据文件，需要我们进行存储，这是职业生涯决策的基础。

在这三个层次中，执行加工领域相当于计算机的工作控制功能，操纵计算机按指令执行程序，对其下的两个领域进行监控和调节；决策技能领域相当于计算机的应用软件，对所存储的信息进行加工处理；而知识领域相当于计算机的数据文件。从这个模型可以看到，任何一个层次出问题，都会影响职业生涯规划决策的质量。

（2）通用信息加工技能的五个步骤。

金字塔中间层的决策技能领域是关键环节，它对所有的信息进行加工处理，进而形成决策。它由五个环节构成，即沟通（Communication）、分析（Analysis）、综合（Synthesis）、评估（Valuing）和执行（Execution），缩写为CASVE，构成了决策的循环。

① 沟通：个体意识到理想和现实情境之间存在差距，于是意识到有做出职业选择的需要。这一步是决策的开始，个人如果没有意识到自己的需要，后面的步骤就无从谈起。沟通包括内部沟通和外部沟通。内部沟通包括情绪信号和身体信号，比如，你所接收到的信息对你的职业计划带来的焦虑感（不满、厌烦、失望）；外部沟通包括老师、父母、媒体传递给你的有关就业不容乐观的信息。

② 分析：将问题的各个组成部分相互联系起来，对现状进行评估，对所有的信息进行分析。检查自我知识和职业知识领域，改善自己在兴趣、技能、价值观、职业、学习机会、工作组织、行业类型等方面的知识，考虑和分析可能影响职业决策的积极或消极想法。分析的目的在于避免决策时冲动、盲目行事。

③ 综合：把前一步骤分析阶段提供的各种信息放到一起，进行综合和加工，制定消除问题或差距的行动方案。在此阶段，个体首先要搜索查找各种解决问题的可能性，扩展解决问题的选项，对每一个选项进行思考。然后再逐步缩小选项的范围，保留最好的，通常要减缩到三至五个。

④ 评估：从可行性和满意度两方面评估保留下来的选择方案，并按照评估结果予以排序，得出最终的选择。在评估中，每个人都必须面对这样的抉择：

A. 对个人而言哪个选择是最好的；

B. 对我生活中重要的人，如父母亲友而言，哪个选择是最好的；

C. 对社会而言哪个选择是最好的。

每一种选择都要从对自己和对他人的代价和利益两个方面进行考虑。在排序时，能够最有效地消除在沟通阶段所确定的存在于现实与理想状态之间的差距的那个选择排在第一位，次好的选择排在第二位，以此类推。

⑤ 执行：这是整套 CASVE 的最后一个部分，它意味着对你的选择付诸积极行动并解决在沟通阶段所确定的职业问题。需要注意的是，决策是一个循环的过程，也就是说，在行动之后，还需要对自己的决定及其结果进行评估，由此可能进入新一轮的决策过程。

以上是对职业规划基本理论的介绍。综合而言，职业选择理论从静态的角度来探讨个人特质与职业之间的匹配问题，重视个人的需要、能力、兴趣、人格等内在因素在职业选择中的作用；职业发展理论从动态的角度探讨个人职业生涯的成长历程，强调自我概念、自我职业决策能力的发展；职业适应理论强调个人能力、个人需要与工作环境增强系统之间的配合与协调发展，很好地解释了个人对组织的满意度问题和组织对个人的满意度问题；职业决策理论重视个人生涯发展的历程及抉择，重视决策过程中对个人价值观的了解和澄清，认为个人主观的价值评论其实才是最重要的决策依据。

（二）做好职业决策的具体要求

（1）要有明确的职业目标。今天的生活状态不由今天决定，它是我们过去生活目标的结果；明天的生活状态不由未来决定，它将是我们今天生活目标的结果。

（2）职业决策需要结合自己的气质、性格、特长、兴趣和能力。

（3）要考虑到实际情况，并具有可执行性。

（4）正确面对问题，不要逃避问题。

（5）职业决策的三条底线：一是不要危害社会；二是不要危害他人；三是不要危害自己。好决定的三个特征：一是最好十全十美；二是一般三全其美；三是最次也要你好我也好。不要把自己的思维局限太多，否则思考问题本身就成了问题。

（6）向你信任的人求助：可以与你的朋友、学长、家长、配偶来交流，这个阶段也可以求助职业顾问。

（7）善于系统地、长远地分析，但不要只做利弊分析，在生涯发展中没有统一有效的程序，所以你要琢磨的是在职业中如何发挥你的优势，如何让你更自如。从长远来看能促进你发挥优势，让你更加自信的都是好的决定。所以，不要把自己拘泥在对个人是否有利益个方面去思考。

（8）对已经做了的决定特别是重要事项的决定，不要朝秦暮楚，不要游移不定，更重要的是只有行动——积极地行动才有助于问题的解决！

（三）做好职业决策的流程参考

职业决策的流程如图 6－4 所示。

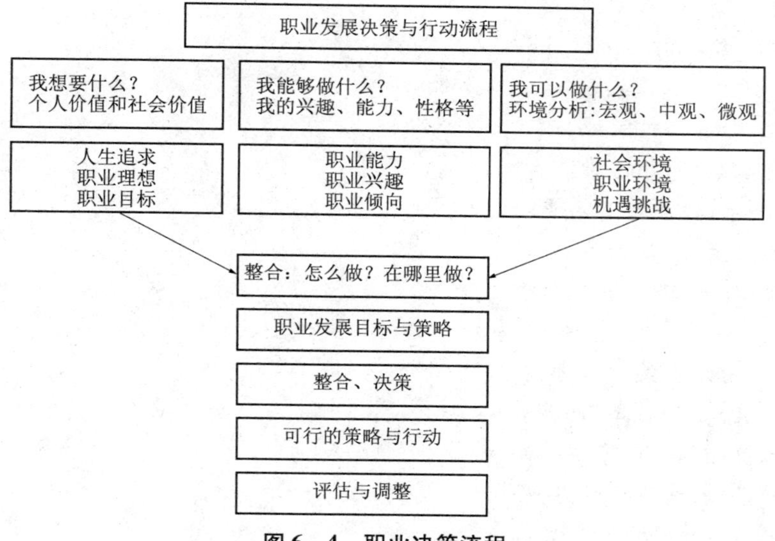

图 6－4　职业决策流程

五、决策的责任与风险

决策风险，是指在决策活动中，由于主体、客体等多种不确定因素的存在，而导致决策活动不能达到预期目的的可能性及其后果。

任何一种决策，都是在一定环境下，按照一定程序（流程），由单个人或多个人的集体做出的。决策不只是一个客观过程，还涉及大量的个人的情感以及价值判断等主观因素。降低决策风险，减少决策失误，一直以来都是为人们所关注和探讨的问题。

如果员工不愿意犯错误，那么他们永远不可能做出正确的决策。如果他们总是犯错误，你就应该让他们去为你的竞争对手工作。（花旗集团经营格言）

【阅读】

未选择的路

［美］弗罗斯特

黄色的/树林里/分出/两条路，
可惜/我不能/同时/去涉足，
我/在那路口/久久伫立，
我/向着/一条路/极目望去，
直到它/消失在/丛林深处。

但我/却选了/另外一条路，
它/荒草萋萋，十分幽寂，
显得/更诱人，更美丽；

虽然/在这两条/小路上，
却很少留下/旅人的/足迹。

虽然/那天清晨/落叶满地，
两条路/都未经/脚印污染。
啊，留下一条路/等改日再见！
但我知道/路径延绵/无尽头，
恐怕我/难以/再回返。

也许/多少年后/在某个地方，
我将/轻声叹息/将往事/回顾：
一片/树林里/分出/两条路——
而我/选择了/人迹更少的/一条，
从此/决定了我/一生的/道路。

分析：

在第一节中，诗人面临着两条路的选择，这时他伫立、思索。

在第二节中，诗人选择一条凄荒之路，这是他的决定、选择。

在第三、第四节中，诗人对未选择的路进行了思想和描述，表达了选择之后的怅惘和多年后的回顾叹息。

诗人感叹人生有许多道路可供选择，但一个人只能走一条路，而还有其他许多条路，因为人生短暂而只能放弃。人生道路的选择带有偶然性、随意性。人只能选择一条人生之路，必须慎重；人生道路的选择，不要随波逐流，而要经过自己的思考，做出独立自主的选择。

第三节　做出我的决策——平衡单与决策树

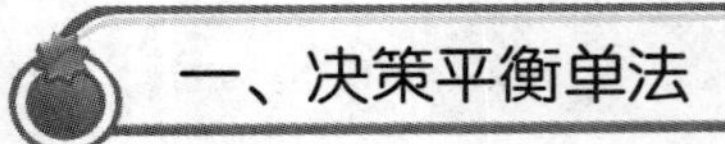

一、决策平衡单法

（一）决策平衡

1. 决策平衡的内涵

决策平衡是指在决策实践中，一般难以如古典决策理论所主张的那样求得绝对最优解，决策者只能在各种因素之间做出权衡，寻求一个在折中协调基础上大致平衡的结果，并且这个“平衡点”随着决策对象和决策环境的动态变化而不断变动。

2. 决策平衡的方法

决策者通常要在以下几个方面做出平衡：

（1）不同目标与准则之间的平衡。

（2）不同时间之间的平衡。

（3）效益与代价以及风险之间的平衡，效益好必然伴随代价高、风险大。

（4）局部与整体之间以及局部的彼此之间的平衡。

3. 决策平衡的经典案例

日本尼西奇公司在战后初期仅有30余名员工，生产雨衣、游泳帽、卫生带、尿布等橡胶制品，订货不足，经营不稳，企业有朝不保夕之感。公司董事长多川博从人口普查中得知，日本每年大约出生250万婴儿，如果每个婴儿用两条尿布，一年就需要500万条，这是一个相当可观的尿布市场。多川博决心放弃尿布以外的产品，把尼西奇公司变成尿布专业公司，集中力量，创立名牌，成了“尿布大王”，资本仅1亿日元，年销售额却高达70亿日元。为了适应市场的需要，在权衡各种因素后，多川博选择了适应市场的需要而进行新产品的开发。

（二）决策平衡单

1. 决策平衡单的内涵

“决策平衡单”（decision-making balance sheet）经常被应用于问题解决模式和职业咨询中，用以协助咨询者有系统地分析每一个可能的选项，判断分别执行各选项的利弊得失，然后依据其在利弊得失上的加权计分排定各个选项的优先顺序，以执行最优先或偏好的选项。

2. 决策平衡单的主体框架与要素（如图6-5所示）

（1）自我物质方面的得失（utilitarian gains or losses for self）。

（2）他人物质方面的得失（utilitarian gains or losses for significant others）。

（3）自我赞许与否（self-approval or disapproval）。

（4）社会赞许与否（social approval or disapproval）。

（5）相关要素。

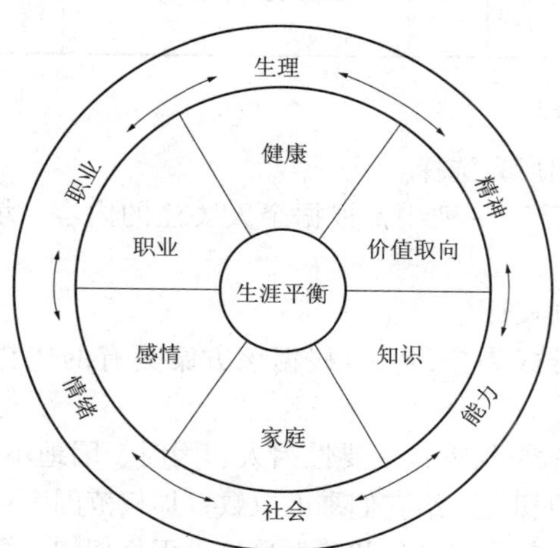

图6-5 决策平衡单的要素

3. 职业决策平衡单

很多人在遇到职业选择问题时都会感到困惑迷茫，因为每个决策都对我们的人生起着至关重要的作用。与其在茫然中挣扎，不如拥有一个正确科学的方法，恰当地权衡得失。职业决策平衡单，可以帮我们更好地进行有效的决策。

（1）职业决策平衡单模板，如表6－2所示。

表6－2　职业决策平衡单

序号	考虑项目（加权范围1～5倍）	第一方案		第二方案		第三方案	
		得（+）	失（-）	得（+）	失（-）	得（+）	失（-）
1	适合自己的能力						
2	适合自己的兴趣						
3	符合自己的价值观						
4	满足自己的自尊心						
5	较高的社会地位						
6	带给家人声望						
7	符合自己理想的生活形态						
8	优厚的经济报酬						
9	足够的社会资源						
10	适合个人目前处境						
11	有利于择偶以建立家庭						
12	未来有发展性						
合计							
得失差数							

填表方法：

第一步：在第一行列出所有选择。

第二步：在“考虑项目”一列中，根据个人关注的内容，填入在选择中需要考虑的因素。

第三步：将表的各项加权计分。

注意：每个项目的得分或失分，可以根据该方案具有的优势（得分）、劣势（失分）来回答，计分范围1～10分。

给每个“考虑项目”赋予权重：重要性因人、因时、因地不同。对于此刻的你，可以根据考虑项目的重要性与迫切性，给它们乘上权数，加权范围1～5倍。

第四步：合计每个方案的优点总分和缺点总分，正负相加，算出客观的得失差数。

注意：根据自己的真实想法作答，方可正确评估每个方案对自己的重要性。

（2）职业决策平衡单分析法案例。

【案例】>>>>>

琳琳的“生涯决策平衡单”

琳琳的基本情况：琳琳大学三年级，会计专业。她心里很矛盾，既希望工作稳定，又希望工作能有挑战性。她的个性外向、活泼、能力强、自主性高，目前她考虑的三大方向是：考公务员、国内读研究生、到国外去读 MBA。对于这三条路径，她的考虑如表 6－3、表 6－4 所示：

表 6－3　琳琳的考虑因素

考虑方向	考公务员	国内读研究生	国外读 MBA
优点	① 满意的工作收入； ② 铁饭碗； ③ 工作稳定轻松，工作压力较小； ④ 一劳永逸	① 和国内产业发展不会脱节； ② 能建立与师长、同学、朋友的人际关系网； ③ 较高文凭； ④ 日后工作升迁较容易	① 圆一个国外留学的梦； ② 增广见闻、丰富人生； ③ 英文能力提高； ④ 训练独立； ⑤ 日后工作升迁较容易； ⑥ 激发潜力； ⑦ 旅游
缺点	① 铁饭碗会生锈，容易产生厌倦； ② 不易升迁； ③ 不容易专业，而且无法想象； ④ 自己会做一辈子公务员； ⑤ 不符合自己的个性	① 课业压力大； ② 没有收入	① 课业压力大； ② 语言、文化较不适应； ③花费较大（一年需几十万）； ④ 挑战较高； ⑤ 没有收入
其他	爸妈支持	男朋友的期望（男朋友也是研究生并已工作）	工作两年有积蓄，但是不够 自己一直想到国外走走

表 6－4　琳琳的生涯决策平衡单（原始分数）

考虑项目 （加权范围 1～5 倍）	第一方案 （考公务员）		第二方案 （国内读研）		第三方案 （出国留学）	
	得（＋）	失（－）	得（＋）	失（－）	得（＋）	失（－）
1. 适合自己的能力		－4	5		6	
2. 适合自己的兴趣		－3	4		8	
3. 符合自己的价值观	5		3		7	
4. 满足自己的自尊心		－2	3		7	
5. 较高的社会地位		－5	3		6	
6. 带给家人声望	2		1		2	

续表

考虑项目 （加权范围 1～5 倍）	第一方案 （考公务员）		第二方案 （国内读研）		第三方案 （出国留学）	
	得（+）	失（-）	得（+）	失（-）	得（+）	失（-）
7. 符合自己理想的生活形态	3		5			-3
8. 优厚的经济报酬	7			-1		-8
9. 足够的社会资源	2		8			-1
10. 适合个人目前处境	5		2		1	
11. 有利择偶以建立家庭	7		5			-5
12. 未来有发展性		-5	5		8	
合计	31	-19	44	-1	45	-17
得失差数	12		43		28	

说明：经过这一番考虑后，琳琳的最终决定是在国内读研。比较每一种方案的综合得分据此做出生涯决策，此决策就是用生涯决策平衡单所做出的综合效用最大化的决策。

二、SWOT 分析法

（一）SWOT 分析法简介

SWOT 是用来确定企业自身的竞争优势、竞争劣势、机会和威胁，从而将公司的战略与公司内部资源、外部环境有机地结合起来的一种科学的分析方法。

所谓 SWOT 分析，即基于内外部竞争环境和竞争条件下的态势分析，就是将与研究对象密切相关的各种主要内部优势、劣势和外部的机会和威胁等，通过调查列举出来，并依照矩阵形式排列，然后用系统分析的思想，把各种因素相互匹配起来加以分析，从中得出一系列相应的结论，而结论通常带有一定的决策性。

运用这种方法，可以对研究对象所处的情景进行全面、系统、准确的研究，从而根据研究结果制定相应的发展战略、计划以及对策等。

S（Strengths）是优势、W（Weaknesses）是劣势，O（Opportunities）是机会、T（Threats）是威胁。按照企业竞争战略的完整概念，战略应是一个企业“能够做的”（即组织的强项和弱项）和“可能做的”（即环境的机会和威胁）之间的有机组合。

（二）SWOT 分析的步骤

（1）罗列企业的优势和劣势，可能的机会与威胁。

（2）优势、劣势与机会、威胁相组合，形成 SO、ST、WO、WT 策略。

SO 策略：着重考虑优势因素和机会因素，目的在于努力使这两种因素都趋于最大依靠内部优势，利用外部机会。

WO 策略：着重考虑弱势因素和机会因素，目的是努力使弱势趋于最小，使机会趋于最大。利用外部机会，弥补内部劣势。

ST 策略：着重考虑优势因素和威胁因素，目的是努力使优势因素趋于最大，使威胁因素趋于最小。利用内部优势，规避外部威胁。

WT 策略：考虑弱点因素和威胁因素，目的是努力使这些因素都趋于最小。减少内部劣势，规避外部威胁。

（3）通过分析，选择和自己的优势以及外部机会最匹配的职业目标。

① S 和 W：优势和弱势（评估自己的优势和弱势）。

优势和弱势主要从以下方面考虑：个性特征、主要经历和体验分析，教育背景分析，成功和失败的事件分析，等等。

找出我们的弱势和找出我们的优势同样重要，我们可以基于自己的优势和劣势做出两种选择：一是努力弥补和提高自己的弱势之处；二是努力发扬自己的优势之处。

② O 和 T：机会和威胁（评估行业的机会和威胁）。

每一个行业在发展中都存在机会和威胁，看清楚了你向往的行业所存在的机会和威胁，有助于你成功地进入使自己的能力得以充分发挥的领域。如果你所从事的职业刚好处于一个常受到外界不利因素影响的行业里，那么你的发展将受到很大的限制。相反，充满了许多积极的外界因素的行业将为职业者提供广阔的职业前景。因此，在决策之前，先列出自己感兴趣的一两个行业，然后认真地评估这些行业所面临的机会和威胁。

（三）应用 SWOT 分析法的注意事项

（1）进行 SWOT 分析的时候必须对公司的优势与劣势有客观的认识。

（2）进行 SWOT 分析的时候必须区分公司的现状与前景。

（3）进行 SWOT 分析的时候必须考虑全面。

（4）进行 SWOT 分析的时候必须与竞争对手进行比较，比如是优于还是劣于你的竞争对手。

（5）保持 SWOT 分析法的简洁化，避免复杂化与过度分析。

（6）SWOT 分析法因人而异。

（四）SWOT 分析法的个人案例解析

1. 对于个人职业决策的意义

SWOT 分析法能帮你清晰地把握全局，分析自己在资源方面的优势与劣势，把握环境提供的机会，防范可能存在的风险与威胁，对我们的成功有非常重要的意义。

图 6－6 为个人 SWOT 分析参考图：

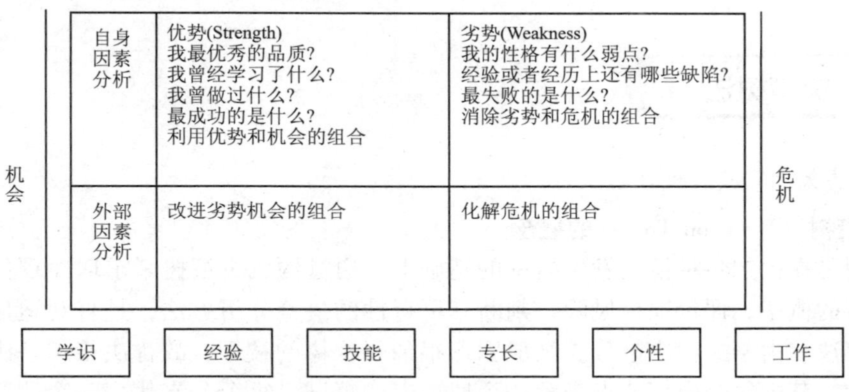

图 6－6　个人 SWOT 分析参考图

2. 案例

一名师范大学毕业的男研究生，心理学专业，在校期间专业成绩优秀，曾多次获得奖学金，发表论文若干，且一直担任学生干部。但他性格急躁，容易冲动，而且没有直接的工作经历，唯一的工作经历是二年级时在一家大型电子公司的人力资源部门实习了半年。现在他想谋求一份人力资源管理的工作。

3. 利用 SWOT 分析（如表 6－5 所示）

表 6－5　SWOT 分析表

外部环境分析	机会： （1）人力资源管理部门逐渐受到企业的重视； （2）外资企业的进入导致人力资源管理人才需求量的增加； （3）心理学在人力资源管理中的重要性		威胁： （1）人力资源管理方向的毕业生； （2）MBA 的兴起； （3）人力资源管理在很多企业中仍然处于刚起步阶段，运作很不规范； （4）比起学历，我国许多企业更看重工作经验
内部环境分析	优势： （1）硕士研究生学历； （2）学生干部管理经历； （3）大型公司半年实习经历； （4）具有心理学的知识背景	优势机会策略（S. O. ） （1）学习心理学知识，将心理学知识运用到人力资源管理中； （2）发挥担任学生干部的管理特长	优势威胁策略（S. T. ） （1）强调自身心理学背景优势； （2）强调大型公司半年的实习经验； （3）强调较强的学习能力和适应能力
	劣势： （1）师范院校毕业； （2）没有丰富的工作阅历； （3）专业不对口； （4）性格急躁易冲动	劣势机会策略（W. O. ） （1）利用较强的学习能力，自学人力资源管理课程，加强英语学习； （2）继续加强自己在师范院校中所培养的口语交流、文字书写等优势	劣势威胁策略（W. T. ） （1）训练克制自己的冲动个性； （2）结合两个不同的专业，培养宽阔的视野和创新能力； （3）积极寻找重视员工潜能的企业
分析后的结论：职业发展道路定位在大中型外资企业人力资源管理部门			

三、决策树法

（一）决策树

1. 决策树（Decision Tree）的概念

决策树是在已知各种情况发生概率的基础上，通过构成决策树来求取净现值的期望值大于等于零的概率，评价项目风险，判断其可行性的决策分析方法，是直观运用概率分析的一种图解法。由于这种决策分支画成图形很像一棵树的枝干，故称决策树。决策树是一种树形结构，其中每个内部节点表示一个属性上的测试，每个分支代表一个测试输出，每个叶节点代表一种类别。

决策树是一种十分常用的分类方法。它是一种监管学习。所谓监管学习就是给定一堆样本，每个样本都有一组属性和一个类别，这些类别是事先确定的，那么通过学习得到一个分类器，这个分类器能够对新出现的对象给出正确的分类。这样的机器学习就被称为监管学习。

2. 决策树的结构

决策树是以方框和圆圈为节点，并有直线连接而成的一种树形的图形，它由以下几个因素构成：

（1）决策点与方案枝。

某项决策的出发点，称为决策点，用方框“□”表示。方框内可用符号表示其为第几级决策点。

某项决策应有若干可供选择的方案，用从决策点引出的若干条直线“—”表示，叫作方案枝。在方案枝的上下侧可注明方案的含义及参数。

（2）状态节点与状态枝。

方案在实施过程中由于存在风险性与不确定性，可能出现多种机会或状态，方案在各种自然状态下所能获得的结果（如收益或成本）用圆圈“○”表示，称为状态节点或机会点。每一方案可能出现的各种状态用由状态节点引出的若干条线“—”表示，称为状态枝。各种状态的代号与概率等参数可标在状态上下侧，故又称其为概率枝。

（3）结果点与损益现值。

方案在某种状态下可能获得的结果用“△”表示，称为结果点。在结果点之后可分别列出其损益现值，所谓损益现值就是对方案在某种状态下损失或收益的度量结果的现值，即状态净现值。由以上符号构成的图形像一棵树，所以称为决策树，如图 6 – 7 所示。

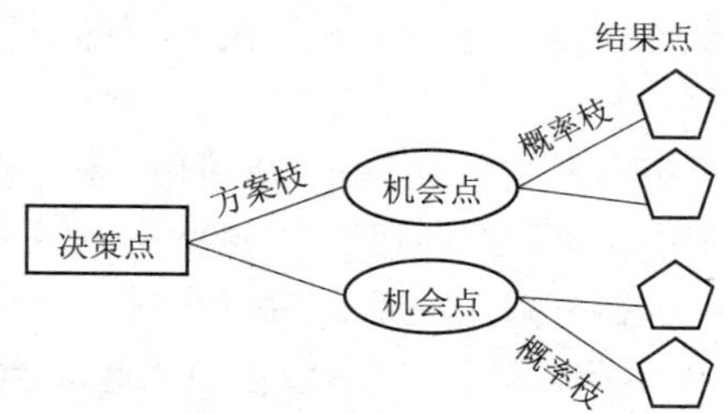

图 6 – 7　决策树

作为一种决策工具，决策树分析简洁，形象直观，可以把全部决策方案和可能出现的各种自然状态，以及不同自然状态下的结果，都形象地显示在全部的决策过程中。它是帮助项目评估人员进行分析比较方案的有用工具，近年来在项目评估工作中得到了广泛应用。

3. 决策树的剪枝

剪枝是决策树停止分支的方法之一，剪枝又分预剪枝和后剪枝两种。预剪枝是在树的生长过程中设定一个指标，当达到该指标时就停止生长，这样做容易产生“视界局限”，就是一旦停止分支，使得节点 N 成为叶节点，就断绝了其后继节点进行“好”的分支操作的任何可能性。不严格地说，这些已停止的分支会误导学习算法，导致产生的树不纯度降差最大的地方过分靠近根节点。后剪枝中树首先要充分生长，直到叶节点都有最小的不纯度值为止，因而可以克服“视界局限”。然后对所有相邻的成对叶节点考虑是否消去它们，如果消去能引起令人满意的不纯度增长，那么执行消去，并令它们的公共父节点成为新的叶节点。这种“合并”叶节点的做法和节点分支的过程恰好相反，经过剪枝后叶节点常常会分布在很宽的层次上，树也变得非平衡。后剪枝技术的优点是克服了“视界局限”效应，而且无须保留部分样本用于交叉验证，所以可以充分利用全部训练集的信息。但后剪枝的计算量代价比预剪枝方法大得多，特别是在大样本集中，不过对于小样本的情况，后剪枝方法还是优于预剪枝方法的。

（二）决策树法概述

1. 决策树法的含义

决策树法利用了概率论的原理，并且利用一种树形图作为分析工具。其基本原理是用决策点代表决策问题，用方案分枝代表可供选择的方案，用概率分枝代表方案可能出现的各种结果，经过对各种方案在各种结果条件下损益值的计算比较，为决策者提供决策依据。

决策树分析法是常用的风险分析决策方法。该方法是一种用树形图来描述各方案在未来收益的计算、比较以及选择的方法，其决策是以期望值为标准的。人们未来可能会遇到好几种不同的情况，每种情况均有出现的可能，人们目前无法确知，但是可以根据以前的资料来推断各种自然状态出现的概率。在这样的条件下，人们计算的各种方案在未来的经济效果只能是考虑到各种自然状态出现的概率的期望值，与未来的实际收益不会完全相等。

如果一个决策树只在树的根部有一个决策点，则称为单级决策；若一个决策不仅在树的根部有决策点，而且在树的中间也有决策点，则称为多级决策。

决策树法为在做职业决策时的职业犹豫者提供了有效的帮助。

2. 决策树分析

进行科学的决策是项目评估工作中的主要目的之一。科学的决策方法就是对比判断，即对拟建项目的备选方案进行比选。但是，决策存在一定的风险性，项目评估工作中的大量决策基本属于风险型决策。

概率分析为在风险条件下决定方案取舍的方法，决策树分析也是常用的风险决策方法之一。

所谓决策树分析，就是利用概率分析原理，用树状图描述备选方案的内容、参数、状态以及在实施过程中不同阶段方案的相互关系，对方案进行系统分析和评估的方法。应用决策树分析法不仅能进行单阶段决策，而且对多阶段决策也是行之有效的。

3. 决策树分析的程序

（1）绘制决策树图。

决策树图的绘制顺序是由左向右。根据需要决策的问题、可供选择的各种方案、各种方案的自然状态给出决策树图（如图6－8所示）。

（2）计算收益现值、期望值。

决策树分析的计算顺序是由右向左。

① 根据有关资料计算出各结果点的收益现值，并将其标在结果点后面。

② 根据各状态的收益现值和发生概率计算出各方案状态损益期望值，并将其标在状态节点上。

③ 根据状态期望值与投资现值计算方案净现值的期望值，并将其标在方案枝上侧。

方案净现值的期望值＝状态期望值－投资现值。

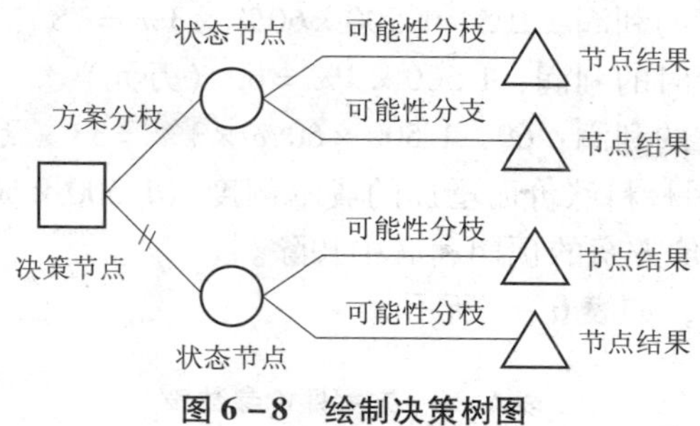

图6-8　绘制决策树图

(3) 决策选择。

决策时遵循期望值原则，就是根据各方案的期望值进行决策。

① 若损益值用费用表示，应选择净现值的期望值最小的方案。

对落选的方案在其方案枝上画“×”，表示此枝已被“剪掉”，称为修枝。这样在决策树上只留下一条方案枝，即为最优方案。

② 若损益值用收益表示，应选择净现值的期望值最大的方案。

4. 单阶段决策树

利用决策树进行决策时，凡只需要进行一次决策活动便可以选出最优方案，达到决策目的的决策，称为单级决策。把单级决策过程中各方案可能出现的自然状态概率和产生的结果绘成图形，就是单阶段决策树。

5. 多阶段决策树

凡需要进行两次以上决策活动，才能选出最优方案，达到决策目的的决策，称为多级决策。把多级决策过程中各方案可能出现的自然状态、概率和产生的结果，都绘在一张图上，就形成多阶段决策树。

利用决策树进行多阶段决策要从最末一级决策点开始，并用各级决策后方案的期望值代替该级决策点缩减决策树，再逐级向前推移决策。

(三) 决策树画法案例分析1

1. 背景

某承包商经研究决定参与某工程投标。经造价工程师估价，该工程估算成本为1 500万元，其中材料费占60%。拟议高、中、低三个报价方案的利润率分别为10%、7%、4%，根据过去类似工程的投标经验，相应的中标概率分别为0.3、0.6、0.9。编制投标文件的费用为5万元。该工程业主在招标文件中明确规定采用固定总价合同。据估计，在施工过程中材料费可能平均上涨3%，其发生概率为0.4。

2. 问题

该承包商应按哪个方案投标？相应的报价为多少？

3. 参考解答

(1) 计算各投标方案的利润。

① 投高标材料不涨价时的利润：1 500×10%=150（万元）

② 投高标材料涨价时的利润：150-1 500×60%×3%=123（万元）

③ 投中标材料不涨价时的利润：1 500×7%=105（万元）

④ 投中标材料涨价时的利润：105 - 1 500 ×60% ×3% =78（万元）

⑤ 投低标材料不涨价时的利润：1 500 ×4% =60（万元）

⑥ 投低标材料涨价时的利润：60 - 1 500 ×60% ×3% =33（万元）

[备注：亦可先计算因材料涨价而增加的成本额度（1 500 ×60% ×3% =27 万元），再分别从高、中、低三个报价方案的预期利润中扣除。]

（2）方案评价参数表，如表 6 -6 所示。

表 6 -6　方案评价参数表

方案	效果	概率	利润/万元
高标	好（材料不涨价）	0.6	150
	差（材料涨价）	0.4	114
低标	好（材料不涨价）	0.6	75
	差（材料涨价）	0.4	39

（3）画出决策树（如图 6 -9 所示）。

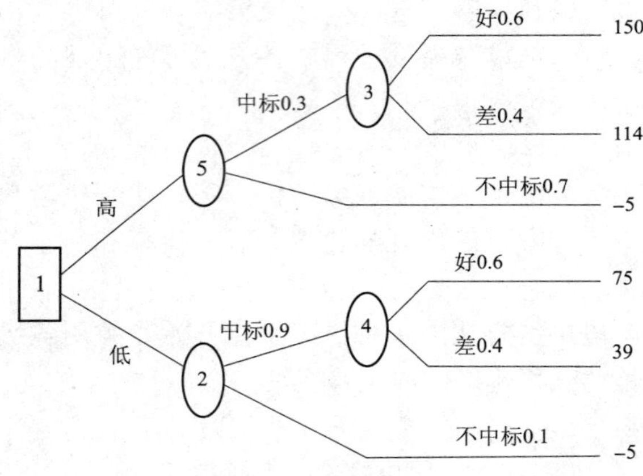

图 6 -9　案例决策树

（4）计算各机会点的期望值。

点③ ：150 ×0. 6 + 114 ×0. 4 = 135. 6（万元）

点① ：135. 6 ×0. 3 -5 ×0. 7 =37. 18（万元）

点④ ：75 ×0. 6 +39 ×0. 4 =60. 6（万元）

点② ：60. 6 ×0. 9 -5 ×0. 1 =54. 04（万元）

决策点后点② 的期望值最大，故应投低标。

（四）决策分析法案例分析 2

1. 案例介绍

某厂区建设项目，共分道路（甲）、厂房（乙）、办公楼（丙）3 个标段进行招标建设，投标人只能选择其中一个标段参与投标。若未中标，购买招标文件、图纸及人工费、利息支出合计为 5 000 元。预期利润及概率见表 6 -7：

表 6－7　投标预期利润及概率

方案及结果	中标、落标概率	效果	预期利润/万元	预期利润概率
甲标段高价中标	0.2	赚	200	0.3
		一般	50	0.6
		赔	－20	0.1
甲标段高价落标	0.8	赔	－0.5	/
甲标段低价中标	0.4	赚	160	0.2
		一般	40	0.6
		赔	－30	0.2
甲标段低价落标	0.6	赔	－0.5	/
乙标段高价中标	0.3	赚	250	0.2
		一般	80	0.7
		赔	－30	0.1
乙标段高价落标	0.7	赔	－0.5	/
乙标段低价中标	0.5	赚	200	0.1
		一般	60	0.7
		赔	－40	0.2
乙标段低价落标	0.5	赔	－0.5	/
丙标段高价中标	0.1	赚	300	0.3
		一般	100	0.5
		赔	－40	0.2
丙标段高价落标	0.9	赔	－0.5	/
丙标段低价中标	0.3	赚	240	0.2
		一般	70	0.5
		赔	－50	0.3
丙标段低价落标	0.7	赔	－0.5	/

2. 参考解答

（1）绘制决策树。依据表格数据绘制决策树，并将方案标于方案枝，概率标于概率枝，预期利润标于终点；

（2）计算损益期望值。计算各节点处的损益期望值，$E=\sum G\cdot P$，并标注于相应的节点上方，

$E_7=200\times0.3+50\times0.6+(-20)\times0.1=88, E_1=88\times0.2+(-0.5)\times0.8=17.2$，

$E_8=160\times0.2+40\times0.6+(-30)\times0.2=50, E_2=50\times0.4+(-0.5)\times0.6=19.7$，

$E_9=250\times0.2+80\times0.7+(-30)\times0.1=103, E_3=103\times0.3+(-0.5)\times0.7=30.55$，

$E_{10}=200\times0.1+60\times0.7+(-40)\times0.2=54$，$E_4=54\times0.5+(-0.5)\times0.5=26.75$，

$E_{11}=300\times0.3+100\times0.5+(-40)\times0.2=132$，$E_5=132\times0.1+(-0.5)\times0.9=12.75$，

$E_{12}=240\times0.2+70\times0.5+(-50)\times0.3=68$，$E_6=68\times0.3+(-0.5)\times0.7=20.05$；

（3）比较各方案节点的损益期望值。

$$\max\{E_1,E_2,E_3,E_4,E_5,E_6\}=\max\{17.2,19.7,30.55,26.75,12.75,20.05\}=E_3$$

（4）结论。

从损益期望值的角度分析，应选乙标段投标并以高价报价。

（五）优点

决策树易于理解和实现，人们在学习过程中不需要使用者了解很多的背景知识，这是它能够直接体现数据的特点，只要通过解释后都有能力去理解决策树所表达的意义。对于决策树，数据的准备往往是简单或者是不必要的，而且能够同时处理数据型和常规型属性，在相对短的时间内能够对大型数据源做出可行且效果良好的结果。

易于通过静态测试来对模型进行评测，可以测定模型可信度；如果给定一个观察的模型，那么根据所产生的决策树很容易推出相应的逻辑表达式。

（1）决策树列出了决策问题的全部可行方案和可能出现的各种自然状态，以及各可行方法在各种不同状态下的期望值。

（2）能直观地显示整个决策问题在时间和决策顺序上不同阶段的决策过程。

（3）在应用于复杂的多阶段决策时，阶段明显，层次清楚，便于决策机构集体研究，可以周密地思考各种因素，有利于做出正确的决策。

（六）缺点

决策树法也不是十全十美的，它也有缺点：使用范围有限，无法适用于一些不能用数量表示的决策；对各种方案的出现概率的确定有时主观性较大，可能导致决策失误；等等。

（1）对连续性的字段比较难预测。

（2）对有时间顺序的数据，需要很多预处理的工作。

（3）当类别太多时，错误可能就会增加得比较快。

（4）一般的算法分类的时候，只是根据一个字段来分类。

【阅读】>>>>>

职业决策风格

“我毕业后是该做市场还是做技术?”

“公司想要在传媒领域开展新业务，希望我全部负责，我该怎么办?”

“干到现在，我有三个选择：1. 继续留在这里干售后；2. 换部门做售前；3. 另外一个企业打算猎我，我该如何选择?”

“我该果断离开，还是做兼职?”

我们内心对职业充满问号。

这诸多问号，归结起来都是一种问题：职业决策。

当职业遇到“三岔口”，困惑自然就冒出来。如果你没有属于自己的决策心态和决策方法，这些问题就会在内心徘徊。

我们的决策困难，往往源自不了解自己的决策风格，也往往在于不知道应该采用何种决策风格。

一、职业决策风格“三分法”

著名职业生涯学者哈瑞恩（Harren）的研究，将大部分人的职业决定方式归纳为以下三类：

1. 理性型

这种类型崇尚逻辑分析，往往在系统收集足够的自我和环境信息基础上，权衡各个选项的利弊得失，按部就班地做出最佳的决定。

2. 直觉型

这种类型是以自己在特定的情景中的感受或者情绪反应，直接做出决定。这种风格的人做决定全凭感觉，比较冲动，很少能系统地收集相关信息，但他们能为自己做出的抉择负责。

3. 依赖型

这种类型的人常常是等待或者依赖他人为自己收集信息做出决定，比较被动和顺从，做选择时十分注重他人的意见和期望。他们以社会赞许、社会评价和社会规范作为做决定的标准。

二、职业决策风格“五分法”

美国职业生涯专家斯科特（Scott）和布鲁斯（Bruce）认为决策风格是在后天的学习经验中逐渐形成的，将决策风格划分为五种类型。

1. 理智型

以周全的探求、对选择的逻辑性评估为特征。理智型的决策者具备深思熟虑、分析、逻辑的特性。这类决策者会评估决策的长期效用并以事实为基础做出决策。理智型决策风格是比较受到推崇的决策方式，强调综合全面地收集信息、理智地思考和冷静地分析判断，是其他决策风格的个体需要培养的一种良好的思考习惯。但理智型的决策风格并不是理想的、完美的决策方式，即使采用系统的、逻辑的方式，也会出现因为害怕承担决策的后果而不能整合自己和他人观点的困扰。

2. 直觉型

以依赖直觉和感觉为特征，比较关注内心的感受。直觉型的决策风格以自我判断为导向，在信息有限时能够快速做出决策。当发现错误时能迅速改变决策。由于以个人直觉而不是理性分析为基础，这类决策发生错误的可能性较大，因此，易造成决策的不确定性，容易使人丧失对直觉型决策者的信心。

【分析】>>>>>>

小萍这样做，你怎么看？

小萍是一个美丽聪慧的女孩，她在为自己做各种决定时，常常凭借自己的感觉。当初在高三时她毅然放弃推荐保送同济大学的名额，辛苦复习，就是为了圆自己和家人的一个“复旦梦”。在她如愿以偿考入复旦经济学专业后，大三时，她又开始准备考研，想跨专业考本校法理学的研究生，因她对法律产生了兴趣。在考研失败后，酷爱旅行的她，凭着冲劲与直觉到一家旅行社上班，埋头考导游证。她常以迅雷不及掩耳的速度，在生涯抉择中走自己的路，做出让周围人咂舌的决定。同时，她又勇于为自己的决定负责，从不后悔。

3. 依赖型

以寻求他人的指导和建议为特征。依赖型的决策者往往不能够承担自己做决策的责任，允许他人参与决策并共同分享决策成果，会受到他人的正面评价，但也可能因为简单地模仿他人的行为导致负面的反应。依赖型的决策者需要理解生活中重要他人对自己的影响程度。

4. 回避型

以试图回避做出决策为特征。回避型的决策风格是一种拖延、不果断的方式。面对决策问题会产生焦虑的决策者，往往因为害怕做出错误决策而采取这样的反应。往往是由于决策者不能够承担做决策的责任，而倾向于不考虑未来的方向，不去做准备，不知道自己的目标，也不思考，更不寻求帮助。这样的决策者更容易受到学校等支持系统的忽略。所以，这些学生需要意识到自身的决策风格及可能造成的危害，努力调整，增强职业生涯规划的意识和动机，才能从根本上得到帮助。

5. 自发型

以渴望即刻、尽快完成决策为特征。自发型的个体往往不能够容忍决策的不确定性以及由此带来的焦虑情绪，是一种具有强烈即时性，并对快速做决策的过程有兴趣的决策风格。自发型决策者常会基于一时的冲动，在缺乏深思熟虑的情况下做出决策，此类决策者通常会给人果断或过于冲动的感觉。

【小测验】

桃园摘桃

路边有一片桃园，假如你可以进入桃园摘桃子（有人喜欢玉米地，也可以），但只许前进不许后退，只能摘一次，要摘一个最大的，你会怎么办?

（1）反复比较、确认，但始终在犹豫中徘徊不前。

（2）哪个离我近就摘哪个。

（3）先别管了，走到最后再说吧。

（4）“我感觉这个大”就摘这个了。

（5）再怎样也摘不到最大的，随手而摘吧。

（6）别人说哪个大，我就摘哪个。

（7）脑子短路了，自己都不知道要干啥。

（8）对视野内的桃子进行观察比较，并咨询种桃人和其他摘桃人的意见，形成一个标准，再根据这个标准选择最大的桃子。

……

本章练习

● 综合训练

（1）体验式学习：SWOT 分析选择目标。

介绍：2～4 人一组，请组员把自己的优势、劣势、机会及威胁填在 SWOT 分析表中（如表 6－8 所示），通过扬长避短，趋利避害，选择目标，再与小组的其他成员分享。

问题：

① 当你为自己做了 SWOT 分析之后，是否对自己的认识更加深刻了？

② 与小组的其他成员分享，学到了些什么？

表 6－8　SWOT 分析表

<table>
<tr><td colspan="2">SWOT 分析</td></tr>
<tr><td>优势（Strengths）
利用优势和机会的组合</td><td>劣势（Weaknesses）
消除劣势和威胁的组合</td></tr>
<tr><td>机会（Opportunities）
改进劣势和机会的组合</td><td>威胁（Threats）
监视优势和威胁的组合</td></tr>
</table>

（2）决策平衡单的使用。

在表 6－9 中先用你理想的三个职业分别代替“职业选择一、职业选择二、职业选择三”，然后通过综合分析得出你最理想的职业，最后用 100 字左右简述一下你选择这个最理想职业的理由。

表 6－9　决策平衡单

<table>
<tr><td colspan="2">选择项目</td><td rowspan="2">重要性的权数
（1～5 倍）</td><td colspan="2">职业选择一</td><td colspan="2">职业选择二</td><td colspan="2">职业选择三</td></tr>
<tr><td colspan="2">加权分数
考虑因素</td><td>＋</td><td>－</td><td>＋</td><td>－</td><td>－</td><td>－</td></tr>
<tr><td rowspan="9">个人物质
方面的得失</td><td>1. 收入</td><td></td><td></td><td></td><td></td><td></td><td></td><td></td></tr>
<tr><td>2. 工作的难易程度</td><td></td><td></td><td></td><td></td><td></td><td></td><td></td></tr>
<tr><td>3. 升迁的机会</td><td></td><td></td><td></td><td></td><td></td><td></td><td></td></tr>
<tr><td>4. 工作环境的安全</td><td></td><td></td><td></td><td></td><td></td><td></td><td></td></tr>
<tr><td>5. 休闲时间</td><td></td><td></td><td></td><td></td><td></td><td></td><td></td></tr>
<tr><td>6. 生活变化</td><td></td><td></td><td></td><td></td><td></td><td></td><td></td></tr>
<tr><td>7. 对健康的影响</td><td></td><td></td><td></td><td></td><td></td><td></td><td></td></tr>
<tr><td>8. 就业机会</td><td></td><td></td><td></td><td></td><td></td><td></td><td></td></tr>
<tr><td>9. 其他</td><td></td><td></td><td></td><td></td><td></td><td></td><td></td></tr>
</table>

续表

选择项目 加权分数 考虑因素		重要性的权数（1~5倍）	职业选择一		职业选择二		职业选择三	
			+	-	+	-	+	-
他人物质方面的得失	1. 家庭经济							
	2. 家庭地位							
	3. 与家人相处的时间							
	4. 其他							
个人精神方面的得失	1. 生活方式的改变							
	2. 成就感							
	3. 自我实现的程度							
	4. 兴趣的满足							
	5. 挑战性							
	6. 社会声望的提高							
	7. 其他							
他人精神方面的得失	1. 父母							
	2. 师长							
	3. 配偶							
	4. 其他							
加权后合计								
加权后得失差数								

（3）画出决策树并通过计算选定方案。

某企业生产的某种产品在市场上供不应求，因此该企业决定投资扩建新厂。经研究分析，该产品10年后将升级换代，故提出以下两个扩建方案：

A方案：大规模扩建新厂，需投资3亿元。据分析预测，该产品销路好时，每年的净现金流量为8 000万元；销路差时，每年的净现金流量为3 000万元。

B方案：先小规模扩建新厂，需投资1.4亿元。据分析预测，该产品销路好时，每年的净现金流量为4 000万元；销路差时，每年的净现金流量为3 000万元。3年后，若该产品销路好再决定是否再次扩建。若再次扩建，需投资2亿元，其生产能力与方案A相同。

据预测，在今后10年内，该产品销路好的概率为0.7，销路差的概率为0.3。（提示：该产品只有10年销路好和10年销路差2种状态）

● 思考题

（1）怎样分解与组合大学期间的目标？

参考（如图6-10所示）：

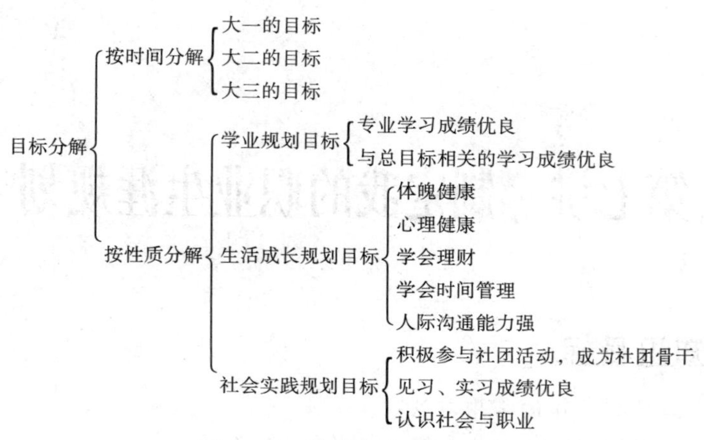

图 6-10　大学期间目标分解

（2）反思个人的决策风格。

请回想迄今为止在你人生中你所做的三个重大决定，并按以下几部分予以描述并记录在纸上：

① 目标或当时的情境。

② 你所有的选择。

③ 你作出的选择。

④ 你的决策方式。

⑤ 对结果的评估。

思考：你如何描述自己在上述三个事件中的决策风格？它们有共同之处吗？

提醒：不同的决策风格都有其优劣之处，都可以在某种程度上满足决策者的需要，重要的是识别自身的决策风格，并有针对性地进行调整。

（3）思考：当所学的专业与兴趣不一致时怎么办？

参考：首先，要确认自己面临的现实和学校的政策。你要知道自己的选择有多少可能性，自己学习能力的大小。你需要做好充分的心理准备，你的学习生活会比别人付出更多的时间和精力，甚至也要付出更多的钱。

其次，需要对今后想从事的工作有一个大概的设想。根据这个设想，你要衡量自己必须具备哪些技能才行，现在的学习会使你学到哪些技能，你还需要补上什么学习项目。

最后，你还得清醒地把握好主修课程与自己添加的选修课的关系。如果不能顺利通过各科学习就不能获得毕业文凭，那将是非常被动的。

总之，当你发现自己所学的专业不是今后想从事的工作时，你要处理这个问题，不能等闲视之。

（4）请你认真思考社会对职业的评价。

热门的工作就是好工作吗？别人说好的工作就是好工作吗？薪水高的工作就是好工作吗？

第七讲　制定我的职业生涯规划

知识目标

- 了解职业生涯规划写作的常用方法。
- 了解职业生涯规划写作的基本步骤。

能力目标

- 能根据本书前面介绍的相关知识和本章节内容，制定自己的职业生涯规划。

第一节　规划我的职业——职业生涯规划的常用方法

一、职业生涯规划“五步法”

“五步法”是做职业生涯规划的一种简单易行的方法，“五步法”被许多人士成功运用，依托的是归零思考的模式。以下共有五个问题，综合这五个问题的答案，就可以设计出自己的职业生涯规划。

Who are you?（我是谁?）

What do you want?（我想做什么?）

What can you do?（我能做些什么?）

What can support you?（环境支持或允许我干什么?）

What you can be in the end?（自己的最终职业目标是什么?）

对于第一个问题：“我是谁?”回答的要点就是面对自己，真实地想出每一个能想到的答案，列出自己的优缺点、特长、性格类型等，对自己进行全方位的评估。

对于第二个问题：“我想做些什么?”要将自己的能力和自己还可以开发出来的潜能全部罗列出来，进行排序。

对于第三个问题：“我能做些什么?”主要列出自己真心向往、想做的事，并进行排序。

对于第四个问题：“环境支持或允许我干什么?”则要考虑自己周边的环境以及能够从环境中获得怎样的支持。

如果能够回答出第五个问题：“自己的最终职业目标是什么?”就可以成功地完成“五

步法”。具体做法是：通过前面四个问题的答案，大学生就能找到目前对自己职业发展有利和不利的因素。选择有利因素最多、不利因素最少，并且自己喜欢做的职业，最后一个问题“最终职业目标”就有了答案。

最后，大学生可以根据自己的职业目标，制定自己的职业发展方案。其中包括：应该学习什么专业知识？提升哪些能力？参加哪些社会实践？到哪些单位实习？预测自己在单位的发展情况，自己要先从哪个岗位做起？向什么职位发展……

【案例训练】

小李，女，计算机专业，虽然计算机专业属于热门专业，但是在这个专业中，女生并不具备优势，竞争力明显弱于男生。同时，小李又比较喜欢教师这个职业，所以，小李在职业选择上出现了困难。在这种情况下，用“五步法”就可以通过对职业规划方面的思考，确定其就业的方向。

What are you？某高职院校计算机专业毕业生，身体健康，性格和善，学业成绩优秀，长期担任学生干部；家庭状况一般，父母工作稳定，身体健康，暂时还不需要他人的照顾。

What do you want？一是比较喜欢教师职业，二是希望能成为一名技术人员，三是如果成为管理人员也是可以接受的。

What can you do？在校读书期间，通过组织校园活动，能够很好地和同学相处；实习时做过和专业相关的技术开发工作，感觉对岗位的适应能力还不错。

What can support you？通过学校的双选会对一家公司做技术开发比较感兴趣，但这目前还不是第一选择；学历不高从事教师行业存在较大的困难。

What you can be in the end？最后可能会出现以下几种职业选择：

（1）到公司做技术人员，收入可能较为可观。但是行业的起伏较大，同时需要不断对自己的知识进行更新，工作压力较大。

（2）通过自身的努力，成为一名教师。自身的不足之处是缺乏教师职业的基本训练，需要一定的时间加以培养。

（3）通过“专升本”考试，成功考入本科学校继续学习。不足之处是不确定因素较多，始终处于被动状态。

如果仅仅从职业发展来看，第二种选择最符合本人的职业取向，最容易使自己的心理得到满足，在工作中也能够全身心地投入，会有成就感，面临的主要问题就是非师范生想进入教师这个行业比较难，如果能够找准这之间存在的差异，努力弥补相关缺陷，那么很有可能实现自己的职业理想。

二、职业生涯规划“五部曲”

（一）客观认识自我，准确定位

首先进行自我评估：想做什么？能做什么？适合做什么？是否和岗位匹配？

（二）对职业进行评估，确定目标

评估外界环境：对自身的要求是什么？存在怎样的机会和挑战？

（三）择优选择职业目标和路径

在充分评估自身实力和权衡外界环境的基础上，选择最适合自己的职业目标，针对目标选择最适合的路径，同时兼顾考虑风险系数。

（四）制定适合的行动策略

学会区分轻重缓急以及时间管理，根据目标，结合实际情况制定行之有效的行动策略。

（五）与时俱进，不断修正和调整策略

根据外界环境的变化不断地调整策略，优化自己的职业生涯规划，以适应各种变化。

三、职业生涯规划的 SWOT 分析法

SWOT 分析法是在职业生涯规划中使用频率较高的一种方法，通过对自我的分析，根据分析结果在相应的模块中进行填写（见表 7－1）。

表 7－1　职业生涯规划的 SWOT 分析

优势： 1. 2. 3. 利用优势和机会的组合	机会： 1. 2. 3. 改进劣势和机会的组合
劣势： 1. 2. 3. 消除劣势和威胁的组合	威胁： 1. 2. 3. 监视优势和威胁的组合

（一）优势分析

在校期间曾经获得什么奖励，组织和参与过什么样的社会实践活动等，这些都能够从一个侧面反映出一个人的综合素质。在进行自我分析时，要善于总结经验，以便确定未来的工作方向。

（二）劣势分析

能准确认识到自身存在的缺点，如不善交际、做事拖沓等。

（三）机会分析

从当前的社会环境入手，考虑当前的环境是否有利于所选职业的发展，并且学会对所处环境和所选择单位的外部环境进行分析，哪些因素是对自己有利的？所选择的单位在市场中的竞争力如何？

（四）威胁分析

对所处环境和以后所选择的单位内部各种危机进行分析。如行业是否为夕阳产业，单位内部是否有晋升的机会，会有多少人和自己进行竞争等。

【案例】>>>>>>

小张，某高校社会工作专业学生，现已被某社会工作机构录用。下面我们用 SWOT 对小张进行分析。

1. 优势及其发挥

(1) 优势。

在校期间通过社团和学生会的锻炼，积累了丰富的社会活动经验，比较擅长活动的组织策划，拥有较强的沟通能力和亲和力，比较受老师和同学的喜爱。

(2) 优势的发挥。

在面试中回答问题和做案例分析时能够让面试官充分认识到小张的分析能力，丰富的社会活动经历给他提供了许多让人信服的案例。

2. 劣势及其弥补

(1) 劣势。

成绩处于中上水平，专科毕业，没有更高的学历去应聘对学历有一定要求的单位，同时应届毕业生缺乏实践经验。

(2) 劣势的弥补。

一开始可以选择对学历要求较低的用人单位就业，在工作中不断地充实和完善自己，同时要注意培养社会工作者基本的职业素养和职业技能。

3. 面临的机会和威胁

社会工作专业就业前景非常广阔，就业范围很宽，机关、企事业单位、公益组织、社区、学校、医院甚至军队，只要有人的地方就有专业需要，需求很强，国家社会工作专业人才培养规划很广泛。随着经济的进一步发展和对社会稳定、和谐水平要求的提高，就业状况逐步会有所改观，特别是大量的政府购买专业社会服务形式的增加，社工待遇将与国有事业单位工作人员类似，专业对口就业将成为主流。但这需要一定的时间。实际上，珠三角地区深圳、广州及上海等已有成功探索。

目前，社工的薪资还没有统一的标准体系。除了每年民政部以公务员等形式招聘的一部分毕业生可以“旱涝保收”之外，其他职位如福利院或街道的社工，其待遇和普通护理工作人员差不多，由于人事编制问题，户口、住房等问题都很难解决。

第二节 职业生涯规划书的写作

一、职业生涯规划书的基本内容

职业生涯规划书的实质是职业生涯规划的书面化和具体化，因而其基本内容应能体现职业生涯规划的一般过程，还要包括知己——认识自我、知彼——认识环境、定位与决策——对可能的职业目标和职业路径做出分析和选择、行动——制订具体可行的行动计划等几大部分。具体来说，职业生涯规划书主要由以下几部分组成：

（一）扉页

扉页包括题目、姓名及基本情况介绍等。

（二）职业方向及总体目标

这是职业生涯规划的纲领，因而是制定职业生涯规划的关键。通常目标有短期目标、中期目标、长期目标和人生目标之分。长期目标则需要个人经过长期艰苦努力、不懈奋斗才有可能实现，确立长期目标时要立足现实、慎重选择、全面考虑，使之既有现实性又有前瞻性。短期目标更具体，对人的影响也更直接，是长期目标的组成部分。

（三）自我分析评价

一个有效的职业生涯设计必须在充分且准确认识自身条件与相关环境的基础上进行。要审视自己、认识自己、了解自己，做好自我评估，包括自己的爱好、特长、性格、学识、技能、智商、情商、思维方式、潜力等，即要弄清自己想做什么、自己能做什么、自己应该做什么、在众多的职业面前会选择什么等。

（四）环境分析

职业生涯规划要充分认识与了解相关的环境，评估环境因素对自己职业生涯发展的影响，分析环境条件的特点、发展变化情况，掌握环境因素的优势与限制。了解本专业、本行业的地位、形势以及发展趋势。

（五）职业定位

职业定位就是要为职业目标与自己的潜能以及主客观条件谋求最佳匹配。良好的职业定位是以自己的最佳才能、最优性格、最大兴趣、最有利的环境等为依据的。职业定位过程中要考虑性格与职业的匹配、兴趣与职业的匹配、特长与职业的匹配、专业与职业的匹配等。

（六）行动策略

行动策略就是要制定实现职业生涯目标的行动方案，要有具体的措施来保证。没有行动，职业目标只能是一种梦想。要制定周详的行动方案，更要留意去落实这一行动方案。行动方案的制定可以围绕短期目标、中期目标等阶段性目标的实现而展开。

（七）评估与反馈

职业生涯规划要帮助个人了解自己，对自身的能力、潜力进行正确的评估，并表明发展的预期目标，将自身条件、发展潜能、发展方向与环境给予的机遇和挑战相比较，最终达到“觉醒”。同时，通过业绩评估和其他评价，明确自身的知识水平、管理能力、专业能力等各方面的状况，通过潜能评估发现未来的潜力。

二、职业生涯规划书的写作方法

每个人可以根据自己的实际情况来撰写具有个人特色的职业生涯规划书。但总的来说，职业生涯规划书的写作方法是大同小异、有章可循的。撰写职业生涯规划书的过程，实际上就是职业生涯设计的过程。

（一）自我评估

在整个规划流程中，正确的自我评价是最基础、最核心的环节，这一环节做不好或出现偏差，就会导致整个职业生涯规划的失败。在进行职业规划时，自我分析一般是在依据心理学的测评系统对自己的心理素质、人格特征等进行测评的基础上，结合自己的兴趣、爱好、以往的经历及他人的评价等对自己加以综合评价，给自己“画像”。自我分析可以从以下几方面入手：

（1）主观自我分析：主要分析个人兴趣爱好、个人性格特点、个人各方面的能力和潜质及特殊才能、个人价值观和追求等方面。

（2）借助工具评估：主要依据现存的心理测评系统和软件，对自己各方面（智力、职业兴趣、人格特质、职业倾向和自主力、职业价值观）进行测评，形成分析报告。

（3）以往的经历和目前处境分析：包括以往的学习与工作经历，尤其是取得引以为荣的成绩，以及自己认识到的对自己影响特别重大的事件；目前的处境，比如处在人生的哪个阶段，正在做什么等；与自己职业生涯发展有密切关系的一些环境因素分析，比如家庭情况、对自己有帮助的人和事等。

（4）他人评价：和自己不同关系的人对自己的评价。

根据以上自我分析的结果，对自己的优势、劣势、机遇、威胁进行分析，即做SWOT分析，形成自我分析小结。

（二）环境分析评估

在进行职业规划时，我们必须全面、客观、正确地分析和了解自己所处的环境和将要面临的环境，即在“知己”的基础上还要“知彼”，这样才能百战百胜。

对环境的分析包括：家庭环境分析、学校环境分析、社会环境分析（社会经济环境、社会政治制度、文化环境、法律环境、职业和就业环境等）、行业环境分析（职业的特点和要求、现有从业人员的情况、所在行业的发展情况、前景与趋势及其对从业人员的要求、未来有哪些行业可能会对你的目标职业有需求）等。

（三）目标选择定位

在进行职业定位时应注重：①依据客观现实，考虑个人与社会、企业的关系；②比较鉴别，比较职业的条件、要求、性质与自身条件的匹配情况，选择符合自己的特长、自己更感兴趣、经过努力能很快胜任、有发展前途的职业；③扬长避短，看主要方面，不要追求十全十美的职业；④审时度势，及时调整，要根据情况的变化及时调整择业目标，不能固执己见，一成不变。

在这一环节，也可以记录对自己职业生涯影响最大的一些人的建议。

（四）目标的分解与组合

在形成目标定位后，就要为实现目标寻找发展策略和发展路径，即确定自己的生涯路线。在实施时可将人生总的目标定位分解为若干个小的目标，并在特定发展阶段对生活学习等各方面的目标进行排列组合。这一环节的实质是要明确自身现实状况与要实现的目标之间的差距，找到缩小差距的方法，并形成初步方案。

（五）制订行动计划

行动计划也即目标实现策略，就是通过各种积极的具体措施与行动去争取职业生涯目标的实现，也就是说，在职业生涯规划书中，对如何实现自己的职业生涯发展目标，制订一个比较详细而又切实可行的行动计划和策略方案。

（六）建立评估反馈机制

职业生涯规划是个动态的过程，在职业生涯规划过程中要根据实际情况自觉地总结经验和教训，修正对自我的认知和对最终职业生涯目标的界定。这是职业生涯规划不至于虎头蛇尾的保障。职业生涯规划书也应该体现这种评估与反馈机制，主要包括以下几方面：

（1）规定评估内容：自我认知评估、职业目标评估、职业路径评估、行动计划评估等；

（2）根据实际情况设定评估时间和评估周期；

（3）评估出现或可能出现的危险因素以及相应的调整、修正和备选方案。

三、职业生涯规划书的常见格式

（一）表格式

这种格式的规划书为不完整的职业生涯规划书，常常仅写有最简单的目标、分段实现时间、职业机会评估和发展策略等几个项目，有的只相当于一份完整的职业生涯规划书的计划实施方案表，适合日常警示使用。还有的相当于职业生涯目标列表，如表 7－2 所示。

表 7－2　职业生涯规划表

序号	项目	当前	三年	五年	未来
1	学业				
2	学历				
3	职位				
4	职称				
5	薪水				
6	奖项				
7	社交圈				
8	业务范围				
9	活动区域				
10	住房				
11	交通				
12	其他				

（二）条列式

这种格式的规划书具有职业生涯的主要内容，多作简单的表述，没有详细的材料分析和评估。文字简练，但逻辑性和说理性不强。

【案例】>>>>>>

贾云职业生涯规划书

××大学远程继续教育学院旅游管理专业学生贾云

我是一名旅游管理专业大一学生，为了在今后竞争激烈的社会中取得立足之地，特为自己制定职业生涯规划。

一、自我分析

我的基本条件：学习成绩中等，家庭经济比较困难。

我的优点：性格活泼开朗；学习目的明确，勤奋努力；做事认真严谨，工作踏实肯干；有较强的沟通和交流能力，担任班长，能够尽职尽责为同学服务，并得到同学们的支持；有团队合作意识，在班级管理过程中，能够充分调动班委成员的积极性，使班级的各项工作在全院名列前茅。

我的缺点：缺乏社会经验，有时会比较急躁；学习能力不够强；开拓、创新的意识和能力比较弱。这对我今后的工作会造成不利影响，所以我要抓紧时间，有意识地改正和提高。

二、专业认知

我的专业是旅游管理，专业培养适应新形势下旅游企事业单位需要的一线服务与管理类专门人才，具有旅游管理专业知识，较好的思想道德品质和综合素质，具备较强的综合职业能力和发展基础，能在各级旅游行政管理部门、旅游企事业单位从事旅游管理工作的高级专门人才。

专业素质要求：①要有较高的人文素质，如有爱心、有职业道德等；②掌握相关的专业知识，专业学历要求有大专、本科、研究生等多个层次；③有合理的知识结构，不仅要有毕业证书，还要有职业资格证书及相应等级的英语和计算机证书。

三、确定目标

毕业之后，积极寻找工作岗位，首先从基层做起，从一般员工到领班（两年之内达成），再到部门经理（五年之内达成）、酒店经理（五年之内达成）。

四、阶段划分

第一阶段：时间：2012 年 9 月—2015 年 7 月

目标：毕业，拿到毕业证，进入一家星级酒店工作。

第二阶段：时间：2015 年 9 月—2017 年 9 月

目标：取得本科毕业证书。

第三阶段：时间：2015 年 9 月—2017 年 9 月

目标：不断强化自己的职业技能水平和管理水平。

第四阶段：时间：2017 年 9 月—2020 年 9 月

目标：争取成为部门经理，积累丰富的工作和管理经验。

五、步骤措施

为了使目标成为现实，特制定以下措施：

第一阶段我必须做到：

（1）努力学习，争取得到奖学金。

（2）合理利用课余时间，积极参加课外活动，提高自身的素质和能力。

（3）顺利取得“双证”（毕业证书和岗位技能证书）及英语和计算机等级证书。

（4）利用假期，积极参加勤工俭学活动，了解社会，赚取一些报酬作为学费和生活费。

（5）关注就业形势，了解企业动态，积极与目标企业接触，争取找到适合自己的工作。

（6）政治上积极要求进步，争取加入党组织。

第二阶段我要做到：

（1）努力工作，虚心向同事学习，不懂就问。

（2）毕业以后边工作边学习，利用业余时间攻读本科。

（3）学习企业的管理以及经营企业的经验，阅读管理方面的书籍，为以后创业做好准备。

第三阶段我必须做到：

提高专业水平，拿到职业资格证书。

第四阶段我要做到：

换一家更具规模和实力的星级酒店工作。这期间我一方面要积累更多的生产和管理经验，另一方面提高自己的人际交往能力，建立自己的客户关系。

我要从现在做起，按部就班地根据每一阶段的目标，扎扎实实地走好每一步。同时我也会根据各阶段的具体情况，对规划做适时的修正和调整，以避免走弯路。

（三）复合式

复合式就是表格式和条列式的综合，有的职业生涯规划书把部分模块的内容表格化，表格内容比较具体，如表 7－3、表 7－4、表 7－5 所示。

表 7－3　个性评价表

关系分类	综合评价及建议
亲人朋友	朋友（A）：自信，不过有时过分自信。有正义感、责任心…… 朋友（B）：上进、有毅力……
老师	总的来说，是个非常上进、灵活正直的人，综合素质较好……
师兄姐、师弟妹、同学	师妹：很坦荡……师兄：性格内向……同学：思想成熟……

表 7－4　SWOT 分析表

内部环境因素	优势因素（S）	弱势因素（W）
外部环境因素	机会因素（O）	威胁因素（T）

续表

职业目标	
职业发展策略	
职业发展路径	
具体路径	

表 7－5　行动计划一览表

计划名称	时间跨度	总目标	分目标	计划内容	策略和措施
短期目标	2005—2009 年	认真学习专业知识，毕业时完全掌握一个会计应有的全部理论知识和技能	通过英语四级、计算机二级。认真学习专业基础知识，利用寒暑假进行社会实践，学会将理论知识熟练运用到实际工作中去	完成主修专业以及副修专业的学习，在创业实践中提升自己的职业技能	了解对个人事业选择和职业发展方面的理论观点，形成自己的事业追求和方向选择
中期目标	2009—2012 年	认真完成本科课程的学习，争取获得学士学位	出色完成专业学习，争取做出一定的成果	完成所有课程，利用假期时间出去社会实践	深入学习专业知识，不断给自己充电，广泛阅读各类书籍，潜心研究，争取做出成果
长期目标	2012 年之后	在五年内做到企业管理层，充分发挥自身潜力	刚工作的三年积累经验，熟悉工作环境和企业运作，寻找或创造发挥机会	积累经验，学习业务和管理等多方面知识，争取做到企业管理层	终身学习，培养自己的创新能力，从实践中学会人际交往

（四）论文式

一份优秀的论文格式的职业生涯规划书能够对一个人职业生涯规划做全面、详细的分析和表述，是最清晰的职业生涯规划书。

【阅读】>>>

论文式职业生涯规划书赏析

一、我的生涯愿景

（一）这一生要完成的六件大事

1. 努力学好专业知识，成为优秀大学毕业生

（1）梦想依据：经过三年的大学学习，掌握专业知识，并具有较强的管理学、经济学、营销学及物流管理的基本理论、知识和技能，能够适应社会和经济发展的需要。

（2）重大举措：获得各项大学生应具备的等级证书以及学士学位。

（3）完成期限：大学三年时间。

2. 在社会实践中进一步深造，做一名有益于社会的管理复合型人才

（1）梦想依据：我个人认为，在掌握本专业相关的知识技能后，最重要的是与实践相结合，而不是盲目地继续攻读研究生。社会需要的是能为之服务的人才，在良好的社会实践中深造，对个人和社会都是有益的。

（2）重大举措：根据物流管理这一专业的针对性，在企事业单位从事物流的管理、开发和利用，与此同时进行考研工作。

（3）完成期限：毕业后的三年中。

3. 在拥有高学历的同时，充分发挥本专业优势，成为同行中的佼佼者

（1）梦想依据：在不断努力和探索中，将理论与社会实践很好地结合，要求个人能尽可能地发挥潜力。因为这一时期，是人生美丽前景的关键时期。只有加倍付出辛勤努力，才能在同行中脱颖而出，才能更加有实力、有信心。

（2）重大举措：在熟悉与物流管理有关的方针、政策及法规的同时，了解本学科理论前沿与发展动态，根据市场调查结果，给自己做一个全方位的定位，以确定自己专业的价值之所在。

（3）完成期限：两年左右。

4. 做到与国际接轨，与世界前沿的物流管理理论相融合，以掌握相关专业技能知识

（1）梦想依据：在中国加入 WTO 之后，充分开展国际交流与合作，并且在未来的几年中，这种合作会更加普遍。而物流管理这一新兴产业早在英国、日本等发达国家普及。在掌握管理信息系统、组织行为学、管理心理学、劳动经济学知识的同时，还要掌握公共关系学、企业战略管理、薪酬管理、行政管理、营销学、广告学、人事行政学、会计学等知识，从而更有利于进行中外物流的比较，有利于进行物流评测及理论研究。

（2）重大举措：利用优越的已有条件，进一步学习研究。

（3）完成期限：四年左右。

5. 在多年的实践和经验累积中，以一名专业的物流管理师的身份为社会尽自己的绵薄之力，为自己迎来美好的未来

（1）梦想的依据：在具有较强的语言与文字表达、人际沟通、组织协调能力的高素质的情况下，以自己的实力打拼出美好的就业前景，并且为社会做贡献，也要用自己的实力使家人无论是物质还是精神上都获得满足。

（2）重大举措：用自己的专业知识技能服务社会，成为社会需要且不可或缺的人才。

（3）完成期限：3 ~4 年。

6. 光荣地加入中国共产党

（1）梦想依据：在学习和生活工作中，全心全意为人民服务，不惜牺牲个人的一切，为实现共产主义而奋斗终生。以自己的实际行动向这一先进集体靠拢，并且接受各种考验。

（2）重大举措：严格按照党章要求自己，在思想上得到净化，积极主动地为人民服务，向组织汇报各阶段的思想状况，努力认真学习党的有关知识，成为入党积极分子。

（3）完成期限：2 ~3 年。

二、我的目标生涯

短程规划（4 ~6 年）——各项应有等级考核成功，拥有相当学位。

中程规划（4～8年）——在不断努力和探索中打造美好工作前景。

远程规划（10～15年）——积累了相当的实践经验后创造更美好的事业。

具体情况如下：

在人生的舞台上，我将会扮演多种角色，而就我个人职业生涯而言，具体体现在三个不同进程的规划中，也有三个不同角色。第一，在短程规划中，我扮演的是一名“问路者”的角色。因为在没有投身社会实践之前，最重要的莫过于专业的理论知识，因此要学好物流管理这一专业技能知识，打好扎实的学科基础，为将来的社会实践做充分的理论准备，而这一阶段恰恰是一个汲取知识的阶段，可塑性是很强的。可以称之为“问路阶段”，只有问清前进的方向和目的，才能做进一步的思考与行动。

第二，在中程规划中，我要扮演的角色是“行路人”的角色。“千里之行，始于足下。”只有在掌握娴熟理论技术的前提下，才能使之与实践相结合，完美地配合人生生活、学习、工作的进程。要在实际工作中累积工作经验，更好地发挥专业技能特长，在不断努力和探索中打造美好的前程。与此同时，要不断更新观念，与前沿的专业管理理论相结合，这样对自身的专业素养也是一个非常好的磨炼与发展。

第三，在远程规划中，我要扮演的角色是“指路人”。因为在积累相当的实战经验后，更有实力打拼并且具备良好的专业及心理素质，不但能在实际工作中指导他人更好地完成“行路”这一阶段，更能在这一过程中充实自我、完善自我。这样才能成为同行中的佼佼者，成为表率，以至于更好地服务大众。

而在所有的这三个角色中，最重要的莫过于“行路人”这一阶段。因为我是一个看重过程的人，不论结果如何，在进程中汲取的才是最重要的升华部分。我们不能创造经验，必须投身实践。而这一过程，正是努力打拼，获得新知和经验的过程。所以说，过程是最美丽的阶段。

我自认为是一个独立的人。无论是在哪方面，我都没有过多的依赖性。而我也是一个理性与感性平分的人，这就决定了我看事物独特的客观与主观相结合的视角。我在语言与文字表达、人际沟通、组织协调能力方面相当自信。因此我有足够的信心和勇气去面对每个阶段的各种问题。而我制定的三方面的规划都是合理的，无论是从我个人的个性、兴趣还是情感、能力出发，我都有相信自己可能成功的信心。

然而梦想是美丽的，现实却是残酷的。在实施过程中，不可能一帆风顺，出现问题和挫折是难免的事。出现问题，首先自然不能盲目处理，更不能无视它的存在。要从自身上找原因，进行反复推敲，找到受挫的主客观因素，并找到相应的弥补方法。最重要的是，无论发生什么情况，都不能轻言放弃，否则就会功亏一篑。所以说，其实每个都有拥有人生最大的荣誉的权利，那就是在哪里摔倒就在哪里爬起来！

四、职业生涯规划书的撰写要求

一份好的职业生涯规划书应能满足以下基本要求：

（一）资料翔实，步骤齐全

收集资料有多种途径，可以通过访谈、报刊图书中摘抄、上网下载等方式获取资料，要尽可能注明资料的出处，并多运用图表数据来说明问题，以提高资料来源的可信度和说服力，步骤主要分为以下四步：

第一步：分析需求，分析条件及目标设定；

第二步：分析阻碍和可行性研究；

第三步：设计方案和提出（改变）计划；

第四步：制订详细的实施计划和措施。

（二）论证有据，分析到位

要了解有关的测评理论及知识，认真审视并思考自己的测评报告并对照自我认识与测评结果的异同，分析与测评结果形成差距的原因，从而确定自我评估结果，达到“知己”；要理清自己所处的地理环境（包括居住的地方、喜欢的地方、亲朋的意见等），明确自己的最大兴趣是什么、最喜欢与之共事的人的类型、最重视的价值与目标、最喜欢的工作条件是什么，再通过当前环境评估（社会影响、家庭影响、学校因素、就业形势等）和当前社会环境分析（组织环境分析、技术的发展、经济的兴衰、政策法规的影响等）来确定自己的职业方向，做到说理有据，层层深入。

（三）言简意赅、逻辑严密

语言朴实简洁，用词精练准确，行文流畅，条理清楚，这是最基本的写作要求。撰写时还应密切注意整篇文章的结构和重心之所在。职业生涯规划书一般包含对职业规划的认识、对自我的剖析、对所学专业的认识、对职业方向的探索及确定目标并制订计划这五方面的内容。在对这些内容进行分析阐述时，必须紧紧围绕职业目标这条主线来展开，从而体现文章论述的逻辑性和连贯性，要将重点放在自我评估、环境评估、目标实施上。职业生涯规划是对自己将来的规划，这个规划只有建立在对自我和职业充分认识的基础上才能体现出它的科学性和可行性。

（四）目标明确，合理适中

撰写职业生涯规划书应围绕论述的中心展开，职业生涯目标不能过于理想化，应“择己所爱”“择己所长”“择世所需”“择己所利”。职业生涯规划书撰写是否成功，在很大程度上取决于有无正确适当、切实可行的目标。

（五）分解合理，措施具体

目标分解、实现路径选择要有理论依据，而且备用路径之间要有内在联系性。目标组合要注意时间上的并进、连续，功能上的因果、互补作用，全方位的组合要涵盖职业生涯、家庭生涯、个人事务等方面。

（六）格式清晰，图文并茂

做到内容完整、格式清晰、版面美观大方、创意新颖，文如其人，不能有错别字。

第三节　职业生涯规划书的评估与调整

影响职业生涯规划的因素很多，有的变化因素是可以预测的，有的因素是不可预知的。

在此情况下，要使自己的职业生涯规划书行之有效，就需要不断对职业生涯规划进行评估与修正。

一、职业生涯规划书的评估

职业生涯规划评估主要是对各阶段的预定目标和实际结果之间的差距进行分析，找出差距产生的原因。

（一）差距产生的原因

1. 目标设定过高或过低

（1）设定目标过高，超过个人能力，无论怎么努力都无济于事。在这种情况下，要学会适当调低自己的目标，否则会伤害自己的自信心。

（2）目标过低，不用花费太多的精力就可以达成，这种目标的设定毫无价值，即便成功也不会有成就感产生。这种情况就需要及时调高自己的预期目标，使自己的能力能够充分发挥出来。

2. 目标合适但行动方案与之不匹配

当目标合适而行动方案与之不匹配时，可以导致目标无法实现。如大一的学业规划目标有通过英语六级考试，但是在实施方案中却没有安排足够的时间来学习英语。

3. 目标和方案都合适，但缺乏执行能力

例如，目标制定为“专升本”考试，在实施方案中也罗列出具体的安排与学习时间。但是由于其他许多事情耽误了学习，导致目标无法实现。这就是属于在执行过程中存在的问题。

（二）职业生涯规划书评估要点

一般来说，职业生涯规划的评估都可以归纳为自我素质和行为对现实环境的适应性判断，分析自己的现状，特别是针对环境的变化，找出存在的差异并及时做出修正。

1. 抓住重要的内容

猎人在打猎的过程中如果同时瞄准几只猎物，那么他可能一只也打不到。因此，大学生在针对自己的职业生涯规划书进行评估时也不必面面俱到，而是抓住一两个关键的目标和最主要的策略进行追踪。在大学生职业生涯的某一阶段，总会有一个最重要的目标，其他目标都是对这个目标进行辅助。这时，就可以通过优先排序，对那些可以达到这个核心目标的主要策略进行重点评估。

2. 寻找最新的需求

外界的环境是处于不断变化过程中的，作为大学生要学会发掘最新的趋势和方向。对于新的变化和需求，要学会如何制定策略才是最有效而且最有新意的。大学生在职业生涯规划中，要善于抓住外部环境的变化而对自己的策略进行调整，使自己的职业生涯规划书做到“与时俱进”。

3. 寻找正确的突破方向

如何在职业生涯规划书中寻找到突破点，使整个局面发生意想不到的改变。在制定完自己的职业生涯规划书后，可以尝试分析哪条对于目标的达成产生突破性的影响。

4. 关注最弱点

管理学中的“木桶理论”，即一只木桶能装多少水不是由最长的木板决定而是取决于最短的那块木板。在职业生涯规划书的评估过程中，我们既要肯定自己所取得的成绩和自己的长处，同时也要学会用 SWOT 分析来发现存在的不足，并想办法修正。

一般而言，个人存在的不足主要体现在以下几方面：

（1）观念差距，陈旧的观念往往会造成策略的失误，最终导致行动失败。因此，要不断检查自己的观念并经常加以更新。

（2）能力差距，人的能力通常随着环境、时间的改变而发生变化，每个人的能力不会长时间地停留在某一个水平上。是否能够通过种种努力来提高某些方面的能力，这对于每个人在职场的发展将会起到很重要的作用。

（3）知识差距，要想在职场取得成功，拥有继续学习的本领是个非常关键的因素，需要我们更加注重建立合理、科学的知识结构。

（4）心理素质差距，一个人职业生涯的发展，首先是心理素质的成长过程，要不断加强心理素质锻炼，提高心理的适应力、承受力，树立良好的职业心态和阳光心态。

二、职业生涯规划书的调整

每一个目标的制定往往是基于特定的社会环境和条件而定制或实现的，外部的环境和条件总处于不停的变化之中，因此我们的目标也要随着环境的改变而进行修正和更新。

对于大学生来说，我们所面对的就业环境随时都在发生变化，而我们制定的职业生涯规划书就不可能一直一成不变，而是要根据环境的变化进行调整。大学生在学校学习的过程也是一个不断发展、提升自己知识、技能、社会适应能力的过程。

（一）职业生涯规划书调整的目的

（1）了解自身的强项是什么并且对自己的强项充满自信；

（2）对自己的发展机会有清楚的了解；

（3）明确自身需要改进的地方；

（4）对已经制定的行动方案及时做出改进。

（二）职业生涯规划书调整的内容

（1）职业的重新选择；

（2）职业生涯路线的重新选择；

（3）阶段性目标的修正；

（4）人生目标的修正；

（5）实施计划的变更。

每名大学生在制订完成自己的职业生涯规划书以后，都需要一定的时间实施。我们必须对阶段性的实施结果进行评估，根据评估的结果找出规划与结果之间的差距，分析差距产生的真正原因，并针对这些原因进行有计划的调整，并按照调整后的方案开展新一轮的行动。调整可以按照表 7－6 的模式进行。

表7－6　计划调整

阶段目标	实施结果	评估差距	分析差距产生原因	调整措施

【阅读】>>>>>

职业生涯规划书赏析

前　言

我的未来我做主，让我们成为时间碎片的主宰者。

蓦然回首，发现我们已渐渐长大，曾几何时，认为20岁是那么神圣，只知道那时我们长大了，可以飞得更高更远。而此时，当我真正要面对它的时候，突然感到一种莫名的手足无措。但我明白，20岁意味着责任。也许成长本身就是一种责任吧！

自己的路自己走。所以说，最重要的，是清楚自己要什么。如果连追求理想的勇气都没有，还谈什么未来呢？

要通过职业生涯规划来找到职业发展方向，即职业方面的目标，将职业转化为事业。寻找到目标后要努力去完成目标，达成生活的意义，实现自我的价值。

有了目标，就得努力，就得有恒心，要坚定不移，不达目的誓不罢休。有志者事竟成，成在坚定不移，永不回头。要坚持广博性与精深性、理论与实践、积累与调节相统一的原则，培养宽厚扎实的基础知识、广博精深的专业知识，构建合理的知识结构。这一过程没有捷径可走，其基本途径只能是学习和积累。这一过程也绝非一劳永逸，必须持续不断地付出艰辛劳动。只要采取适合自己的科学方法，并且不断努力、辛苦耕耘，就一定能建立和完善自己的知识结构，为顺利就业成才奠定良好的基础。

态度决定我们生活的一切。天空没有留下鸟的痕迹，但我已飞过，我想我的未来它很美好，那不是梦。

目　录

（一）我的成长经历
（二）360 度全面解析——别人给予我的评价
（三）自我认识
（四）我的职业性格
（五）我的职业兴趣
二、“知彼”——职业环境评估
（一）社会环境
（二）职业要求
（三）专业分析
三、目标分解
（一）大学学习阶段（2010—2013 年）
（二）工作初级阶段（2013—2014 年）
（三）工作发展阶段（2014 年至今）
具体计划实施一览表
结束语

一、“知己”——自我认知与定位

职业规划只有从自我认识开始，才能建立可实现的目标，并确定怎样达到这些目标，以及考察目标是否实现。正所谓不知身在何处，如何知生涯，所以职业生涯规划的第一步就是要知道自己身在何处即对自我的全面认知与定位。

（一）我的成长经历

每个人都是个美丽的童话故事，就像一列大巴从起点开往目的地，过程都要途经很多站点，虽然中间有人上车，也有人下车，无论最终上演的是悲剧还是喜剧，最终都要到达终点。但这途中却让我们看到了最美的风景。

我从小在农村长大，家里有很多兄弟姐妹，我是家里最小的，家里人也特别疼我。但这并没有让我成为娇生惯养的娇儿，因为从小就特别懂事，这一切都是在我的哥哥姐姐身上学到的。

小时候的生活是比较丰富多彩的。小时候很调皮，看到哥哥姐姐们在玩什么游戏，自己也会玩，看到他们在认真学习自己也会跟着他们一块儿学习，所以我的父母对我也比较放心，因为有哥哥姐姐做我的好榜样，我自然而然地喜欢看书、写字，那时的成绩也很优异。小时候有理想、有目标，我觉得我的未来是很光明的。

中学的生活是忙碌的，又是单纯的，在开心中我结束了我的中学时光，结束了我的单纯生活。在接下来的生涯中是我感到很痛苦的阶段。高考失利，于是我选择了上大专。

经历了高考这个人生重大的转折点，接触的人和事大大开阔了我的视野，在如饥似渴地汲取丰富知识的同时，我开始学着用相对客观的态度去评价自己和他人，开始用自己的眼睛去观察世界上的人和事，也许这就是所谓的成长吧！此后，我渐渐拥有了成人的感觉——感到自己身上肩负着某种责任，自己理所当然地应该去承担生活中的某些东西。今天，当自己明白了一些人生道理，回过头来审视自己的成长经历，发现过去所遭受的那些挫折、痛苦并非完全没有价值，相反它却隐含深远的意义。今天的我，对周围的人和事，有了更多的包容、更多的理解、更多的关怀，而不再执迷于个人的得失。

所以有人说“挫折、痛苦的背后才是成长的空间”。我想在接下来的大学生活中，我会更加珍惜，会让我的生活更加充实。

（二）360度全面解析——别人给予我的评价

身边熟悉的同学的评价：

同学一：优点：有上进心、奋斗感，有为青年。有集体荣誉感。

缺点：有时候过多注意细节。

同学二：优点：自信、善于言辞、为人和善，上进心强，爱学习。

缺点：偶尔有恋家的倾向。

同学三：优点：与朋友相处融洽。

缺点：胆子有点小。

曾在一起工作过的同事的评价：

同事一：做事认真，爱思考，很负责，沟通能力强，很热情。

同事二：优点：性格开朗，人际关系很好，对人真诚，喜欢笑，容易接受新鲜事物，有自己的主见，做事认真，喜欢帮助人。

缺点：太容易相信人。

长辈们：

优点：乖巧、懂事，独立，不用太操心，有爱心，孝顺，想象力丰富，动手能力强。

缺点：有时粗心，身体素质差。

（三）自我认识

优点方面：学习成绩不是非常好，但我在学习的过程中却收获了很多。首先是我端正了学习态度，一直在追求人格的升华，注重自己的品行。我崇拜有巨大人格魅力的人，并一直希望自己也能做到。我的优点是诚实、热情、性格坚毅。我认为诚信是立身之本，所以我一直是以言出必行来要求自己的，善解人意随和，会自我调节心情，善于沟通、好学，善于思考。

缺点方面：意志不坚定，看事情太简单不够全面，容易粗心大意。

（四）我的职业性格

对任何感兴趣的事物，都要探索寻找一个合理的解释。喜欢理论和抽象的东西，喜欢理念思维多于社交活动。沉静、满足、有弹性，适应能力强。在我们感兴趣的范畴内，有非凡的能力去专注而深入地解决问题。有怀疑精神，有时喜欢批判，常常善于分析。

INTP型的人比较理性。他们很有才智和条理性，有创造才华的突出表现。INTP型的人外表平静、缄默、超然，内心却专心致志于分析问题。他们苛求精细、惯于怀疑。他们努力寻找和利用原则以理解许多想法。他们喜欢有条理和有目的地交谈，而且可能仅仅为了高兴，争论一些无益而琐细的问题。只有有条理的推理才会使他们信服。

通常INTP型的人是足智多谋、有独立见解的思考者。他们重视才智，对于个人能力有强烈的欲望，有能力也很感兴趣向他人挑战。

INTP型的人最主要的兴趣在于理解明显的事物之外的可能性。他们乐于为了改进事物的目前状况或解决难题而进行思考。他们的思考方式极端复杂，而且他们能很好地组织概念和想法。偶尔，他们的想法非常复杂，以致很难向别人表达和被他人所理解。

INTP 型的人十分独立，喜欢冒险和富有想象力的活动。他们灵活易变、思维开阔，更喜欢发现有创见而且合理的解决方法，而不是仅仅看到现成的解决方式。

我适合的领域有：计算机技术、理论研究、学术领域、专业领域、创造性领域等。

我适合的职业有：电脑软件设计师、系统分析人员、计算机程序员、研究开发专业人员、数据库管理人员、故障排除专家、战略规划师、金融规划师、信息服务开发、变革管理顾问、企业金融律师、大学教授、科研机构研究人员、数学家、物理学家、经济学家、考古学家、历史学家、证券分析师、金融投资顾问、律师、法律顾问、财务专家、侦探、各类发明家、作家、设计、音乐家、艺术家、艺术鉴赏人员。

（五）我的职业兴趣

通过职业兴趣测试运用 Holland 人格类型论得出我的职业兴趣为：

(1) 社会型：乐于助人和与人打交道，乐于处理人际关系。喜欢从事对他人进行传授、培训、帮助等方面的服务工作。愿意发挥自己的感染力和说服力引导别人。通常他们有社会责任心，热情、善于合作、善良、耐心，重视社会义务和社会道德。

(2) 艺术型：热爱艺术，富于想象力、拥有很强的艺术创造力。乐于创造新颖、与众不同的成果，渴望表现个性，展现自己。做事理想化，追求完美。擅于用艺术形式来表现自己和表现社会。进行艺术创作或创新时，不喜欢受约束和限制。

二、"知彼"——职业环境评估

（一）社会环境

当前，我国总的形势是好的，保增长、保民生、保稳定的各项工作取得明显成效，经济企稳向好的势头日趋明显，但受境内外各种因素的影响，社会矛盾比较多，影响稳定的问题时有发生。我们必须站在全局和战略的高度，清醒认识维护社会稳定的极端重要性，进一步增强社会责任感、使命感、紧迫感，扎实做好维护稳定的各项工作。要着力维护新疆社会稳定，确保事态不反弹、不蔓延，落实中央关于稳疆兴疆的各项政策，推进新疆经济社会发展；要着力加强反恐怖斗争，坚持预防为主、打防结合，增强全社会反恐意识，坚决防止发生暴力恐怖事件；要着力加强信访工作，深入排查化解矛盾纠纷，依法按政策解决群众合理诉求，依法规范信访秩序；要着力加强社会管理和服务工作，重点整治管理薄弱、服务缺失、治安混乱的地方，最大限度地减少不和谐因素、增加和谐因素；要着力加强宣传舆论工作，深入开展群众性爱国主义教育、民族大团结教育、社会主义法制教育和公民素质教育，营造团结向上的舆论氛围。

21 世纪被称为人才的世纪，人才资源已成为最具战略意义的"第一资源"。党中央站在推进改革开放和现代化建设的高度，做出了实施人才强国战略的重大决策，提出了把优秀人才集聚到党和国家各项事业中来的战略任务。中共中央、国务院在《进一步加强人才工作的决定》中明确指出，党政人才是我国人才队伍建设的三大主体之一。要求我们树立科学的发展观和正确的政绩观，坚持群众公认、注重实际的原则，在实施人才战略中，结合完善国家公务员制度，逐步建立综合体现工作职责、能力、业绩等因素，职务与职级相结合的公务员工资制度。

为了加强基层民主政治建设，要逐步完善基层政权、基层群众性自治组织、企事业单位的民主管理制度，完善政务公开、村务公开等办事公开制度，保证基层群众依法行使各项民主权利。尤其是要通过互联网等各种现代化的传媒手段，建立公民参与经济社会管理的信息平台，并通过完善信访制度、政府与老百姓直接对话等形式，拓展征集群众意见的渠道，形成社情民意的表达机制。对农村居民自己建立各种专业协会，要积极引导和支持，使之对乡镇政府和村委会的行为起到一定的制衡作用，更好地维护村民的合法权益。为了充分发挥企业工会组织的作用，加强了对企业工会组织的指导和支持，提高企业工会与老板或董事会的谈判能力，切实维护工人的正当权益。律师事务所等其他法律咨询服务、法律援助机构、公益服务机构、行业协会等社团组织。近年来新出现的城市住宅小区业主委员会等民间组织，在基层民主政治建设中已经发挥了重要作用，要通过规范、扶持等方面的制度建设，使各类社会组织接受委托、代表居民维权得到法律保护和支持。

（二）职业要求

1. 素质要求

报关员应该具备的基本素质和能力如下。

应明确报关知识、相关流程和操作规范，能独立熟练地完成报关手续，熟悉商品检验检疫、进出口等相关法律法规，关注国家政策的调整，了解其他相关领域如转场、外汇核销、海关台账等业务，具有较强的适应能力与团队精神，能够承受工作压力，处理疑难问题；具备优秀的公关能力与表达能力，构建与海关、检疫等部门的良好关系。

根据《报关员国家职业标准》对职业等级的设定，报关员的发展路径大体可依循助理报关师、报关师和高级报关师的方向，即从侧重具体业务操作层面，发展到相对复杂业务操作和管理层面，以及全面管理层面。而具有较强统筹协调、管理能力的报关员，也可考虑向公司管理层、领导层发展，如成为操作经理等。

2. 基本能力要求

(1) 熟悉所申报货物的基本情况，对申报内容和有关材料的真实性、完整性进行合理审查。(审查)

(2) 提供齐全、正确、有效的单证，准确、清楚、完整填制进出口货物报关单，并按有关规定办理进出口货物的报关手续。(规范报关)

(3) 海关检查进出口货物时，配合海关查验。(配合查验)

(4) 配合海关稽查和对涉嫌走私违规案件的查处。(配合调查)

(5) 按照规定参加直属海关或者直属海关授权组织举办的报关业务岗位考核。(参加考核)

(6) 持报关员证办理报关业务，海关核对时，应当出示。(持证上岗)

(7) 妥善保管海关核发的报关员证和相关文件。(保管文件)

(8) 协助落实海关对报关单位管理的具体措施。(相关工作)

（三）专业分析

报关是货物进出口的必经环节，也是国家对外经济贸易活动和国际商品供应链中的重要组成部分。报关业务质量直接关系着进出口货物的通关速度，关系着企业的经营成本和经济效益。因而，随着我国外贸的快速发展，经验丰富的报关员也变得炙手可热。

报关人员作为代表进出口单位的专门人员，其主要职责是办理向海关申报货物情况、配合海关对货物查验、缴纳进出口税费、提取和发运货物等进出境海关手续。由于报关活动与国家对外贸易政策法规的实施密切相关，因此，也要求报关员具备较强的政策性、专业性、技术性和可操作性。

据海关总署统计，到2005年年底，在海关注册的报关从业人员已达74 878人，分布在全国254个对外开放口岸和100多个内陆设立海关的地区，其中在沿海经济发达地区从业的人员约占报关从业人员总量的70%。近年来，报关单数量以年均20%的速度增长，随着业务量的增长，报关从业人员人数也将不断增加。特别是从2006年起，海关明确要求所有加工贸易货物的报关手续均需由在海关注册的报关员办理，进一步拓展了报关业务的范围，报关员的地位和作用也越来越重要。

三、目标分解

（一）大学学习阶段（2011—2013年）

（1）做好学业规划能增强自我约束力和自我管理能力。

（2）做好学业规划能增强生活与学习的主动性。

（3）做好学业规划能促使大学生积极向上和自我完善。

（4）通过网络多了解与专业有关的知识。

第一，思想政治及道德素质方面。

思想道德素质教育体现了党和国家的教育方针和人才培养目标，也体现了大学思想政治课课程设置的目的和要求。《中华人民共和国教育法》第5条明确规定：我国的教育方针是："教育必须为社会主义现代化建设服务，必须与生产劳动相结合，培养德、智、体等方面全面发展的社会主义事业的建设者和接班人。"在培养目标和培养什么样的人的问题上，国家把思想道德素质教育放在首位。大学思想政治课的教学目的是通过较为系统的科学理论体系，让学生学习马列主义、毛泽东思想和邓小平理论的基础知识和有关社会发展的客观规律、社会发展的一般过程以及公民的道德行为规范等基础知识，来帮助学生树立坚定的政治立场和政治方向，树立科学的世界观、人生观和价值观，培养学生良好的思想道德品质。

第二，社会实践与志愿服务。

适时参加社会调查、参观实习等社会实践活动。

第三，科技学术创新创业方面。

扎实学习专业技能，同时充分利用校内图书馆、校外购书城及网络信息，开阔视野，扩展知识范围，以此激发、开拓思路，尝试设计，开展学术创新、科技创新。

第四，文体艺术、社团活动与身心发展方面。

尽量为班级做些事，参加课外活动，加入社团或学生会。

经历过的人都知道，大学生活是丰富多彩的。每天东升的太阳在校园的每一角落洒下灿烂的阳光，给每一个生命以温暖的环抱、一日的普照，傍晚时分，它又悄然离去，这些生命才拥有自己的空间，并醉入梦幻。社会实践、打工，对我们来说，不再是一个新鲜的词汇。社区服务、家教、编程，从有偿到无偿，从不知所措到心里有底，从被动到主动，从幼稚到成熟，一方面改善了自己生活，另一方面积累了经验教训、与人交往的方式方法。我要在此感谢对我有过帮助的人们，他们给了我很好的机会，没有他们的帮助我也许都不知道自己能有什么价值。他们是永远值得我尊重的，他们就是阳光，温暖且无私。

（二）工作初级阶段（2013—2014 年）

在此阶段，由于对社会的了解不够，工作经验不足，要脚踏实地，一步一步做。在单位里要虚心向领导、同事学习，多与同事交流，建立良好的人际关系，做事要积极主动，不断思索，不断学习，树立为人民服务、甘愿奉献终生的理想。

（三）工作发展阶段（2014 年至今）

形成比较成熟的工作方法和工作思路，做到学以立德、学以增能、学以致用。注重从小事抓起，预防在先、未雨绸缪、关口前移，把问题解决在初始阶段、矛盾化解在萌芽状态，避免倾向性因素变为现实性问题、小问题变为大问题、个别问题变为群体性问题。严格执行党和国家的政策法规，做到不枉不纵，刚正不阿。

此为职业生涯发展的黄金时期，应抓好这一阶段，使个人发展到个人事业的顶峰，完成的主要内容包括：

（1）学历、知识结构：重点加强知识的更新，熟练掌握本专业领域技术技能，并成为技术权威，并具有较强的生产技术管理经验、途径，加强学术交流，虚心向年轻人学习新技术。

（2）个人发展、人际关系：成为单位的中流砥柱或中层领导，注意管理方法的学习总结，加强对年轻人的指导帮助，带动新一代快速成长。

（3）婚姻家庭：在工作时注意处理好家庭与工作关系，保证家庭和睦。

（4）生活习惯、兴趣爱好：前些年养成的良好生活习惯将成为现阶段宝贵的一笔财富，注意继续保持。

具体计划实施一览表见表 7－7。

表 7－7　具体计划实施一览表

计划名称	时间跨度	总目标	分目标	计划内容	策略和措施	备注
短期计划（大学阶段）	2010—2013 年	英语过国家六级，考上报关员	大一要扎实基础，努力积累知识	学好专业课，学习英语各方面知识，打好基础，为未来做好铺垫，并深入对国家公务员的认识和了解	学习加实践 课内结合课外	重在不断努力
中期计划（毕业后五年计划）	2013—2018 年	毕业后第五年时要进入心目中的理想单位	通过不断努力争取进入理想单位	学会与同事合作，脚踏实地多与同事交流，建立良好的人际关系	把所学知识熟练地应用到工作中去，认真工作	不断锻炼自己
长期计划（毕业后十年或以上计划）	2018 年以后	争取尽早进入理想单位中层领导层	扎实地工作，一步步平稳地上升	做些有意义的公益活动	事业有一定积累，各方面有所成就	安定幸福的生活

结束语

回首过去，心中无限感慨，展望未来，相信依旧灿烂。学习中的收获，生活中的点滴，思想上的感悟，让我久久不能释怀。多年的学习生活，它是生动的，更是多彩的；它是实践的，更是财富的。明天的我，吸取教训，不让自己再次陷入过去的生活中。我将起航扬帆，驶向我理想的目标。

我相信我的未来不是梦！

本章练习

● 要点回顾

1. 职业生涯规划书的意义是什么？
2. 职业生涯规划书包括哪些基本内容？
3. 职业生涯规划书有哪些常见格式？

● 活动练习

活动练习　制定一份完整的职业生涯规划书

结合自身现状，制定一份完整的职业生涯规划书。或者根据自己的实际情况，填写本章正文表 7－1，并在其基础上进一步填写表 7－8。

表 7－8　职业生涯规划

1. 自我评估		
附表 1：自我评估		
请用 150～200 个字，分别从以下几方面来描述你理想中的职业生活及愿意从事这一职业的理由：（工作性质、工作环境、工作伙伴、工作时间、工作待遇、社会需求、职业技能等）		
自我评估	性格	
	兴趣爱好特长	
	情绪情感状况	
	意志力状况	
	已具备经验	
	已具备能力	
	现学专业及主要课程	
	现有外语、计算机水平	

续表

<table>
<tr><td rowspan="7">社会中的自我评估</td><td rowspan="3">对你人生发展影响最大的人</td><td>称谓</td><td>姓名</td><td>单位、职业、职务</td></tr>
<tr><td>父亲（或其他）</td><td></td><td></td></tr>
<tr><td>母亲（或其他）</td><td></td><td></td></tr>
<tr><td rowspan="4">他人对你的看法与期望</td><td>父母</td><td></td><td></td></tr>
<tr><td>亲戚朋友</td><td></td><td></td></tr>
<tr><td>老师</td><td></td><td></td></tr>
<tr><td>同学</td><td></td><td></td></tr>
<tr><td colspan="5">2. 环境与职业评估</td></tr>
<tr><td colspan="5">附表2：环境与职业评估</td></tr>
</table>

<table>
<tr><td>人际关系分析</td><td colspan="2"></td></tr>
<tr><td rowspan="5">校园环境对你成才的影响</td><td>学校</td><td></td></tr>
<tr><td>学院</td><td></td></tr>
<tr><td>专业</td><td></td></tr>
<tr><td>班级</td><td></td></tr>
<tr><td>宿舍</td><td></td></tr>
<tr><td rowspan="14">认识职业世界</td><td>人才供需状况与就业形势分析</td><td></td></tr>
<tr><td>对人才素质要求</td><td></td></tr>
<tr><td>对人格特质要求</td><td></td></tr>
<tr><td>对知识的要求及学校中哪些课程对从事该项职业有帮助</td><td></td></tr>
<tr><td>对能力的要求</td><td></td></tr>
<tr><td>对技能训练要求</td><td></td></tr>
<tr><td>对资格证书要求</td><td></td></tr>
<tr><td>每天工作状况（工作内容、工作伙伴及感受）</td><td></td></tr>
<tr><td>该岗位收入状况</td><td></td></tr>
<tr><td>该行业人士对所从事的工作满意及不满意之处</td><td></td></tr>
<tr><td>该职业发展前景</td><td></td></tr>
<tr><td>建议学校增设哪些课程</td><td></td></tr>
<tr><td>其他</td><td></td></tr>
</table>

续表

<table>
<tr><td colspan="7">3. 初步确立目标</td></tr>
<tr><td colspan="7">附表 3：确定目标</td></tr>
<tr><td rowspan="4">描述初步
职业理想</td><td>职业类型</td><td></td><td>职业名称</td><td></td><td>具体岗位</td><td></td></tr>
<tr><td>职业地域</td><td></td><td>工作环境</td><td></td><td>工作时间</td><td></td></tr>
<tr><td>工作性质</td><td></td><td>工作待遇</td><td></td><td>工作伙伴</td><td></td></tr>
<tr><td colspan="2">职业发展期望</td><td colspan="4"></td></tr>
<tr><td rowspan="4">SWOT 分析</td><td colspan="2">实现目标的优势</td><td colspan="4"></td></tr>
<tr><td colspan="2">实现目标的劣势</td><td colspan="4"></td></tr>
<tr><td colspan="2">实现目标的机遇</td><td colspan="4"></td></tr>
<tr><td colspan="2">实现目标的威胁</td><td colspan="4"></td></tr>
</table>

<table>
<tr><td colspan="5">4. 职业生涯策略</td></tr>
<tr><td colspan="5">附表 4：生涯策略</td></tr>
<tr><td colspan="2">步骤</td><td>目标分解</td><td>提高途径及措施</td><td>完成标准</td></tr>
<tr><td rowspan="4">至　　年
总体目标</td><td>总体目标</td><td></td><td></td><td></td></tr>
<tr><td>年上半年</td><td></td><td></td><td></td></tr>
<tr><td>年下半年</td><td></td><td></td><td></td></tr>
<tr><td>年上半年</td><td></td><td></td><td></td></tr>
<tr><td rowspan="4">年的自我
规划</td><td>总体目标</td><td></td><td></td><td></td></tr>
<tr><td>年下半年</td><td></td><td></td><td></td></tr>
<tr><td>年上半年</td><td></td><td></td><td></td></tr>
<tr><td>年下半年</td><td></td><td></td><td></td></tr>
</table>

<table>
<tr><td colspan="8">5. 生涯评估与反馈</td></tr>
<tr><td colspan="8">附表 5：评估与反馈</td></tr>
<tr><td rowspan="5">自我评估</td><td rowspan="2">测评</td><td>学习成绩
排名</td><td></td><td>素质拓展
总分</td><td></td><td>身体素质
状况</td><td></td></tr>
<tr><td>发展性
素质测评</td><td colspan="5"></td></tr>
<tr><td>获奖</td><td colspan="6"></td></tr>
<tr><td>自我规划
落实情况</td><td colspan="6"></td></tr>
<tr><td>经验与
教训</td><td colspan="6"></td></tr>
</table>

续表

父母评价与建议	
同学朋友评价与建议	
教师评价与建议	
成才外因评估	
职业目标修正	
规划步骤、途径及完成标准修正	

第八讲 职业生涯的团体辅导和个案咨询

知识目标

- 了解职业生涯团体辅导的意义。
- 掌握职业生涯团体辅导的技巧。
- 掌握职业生涯个案咨询的基本流程。
- 理解职业生涯团体辅导和个案咨询的内容。

能力目标

- 能进行职业生涯团体辅导。
- 能进行职业生涯个案咨询。

第一节 和你一样——职业生涯团体辅导简介

一、高职大学生的特点

高等职业学校简称“高职”，是实施高等职业教育的普通高校。招生对象是普通高中毕业生和具有与高中同等学力的人员，基本学制为三年。高等职业教育是在专科教育阶段进行的职业教育，是我国高等职业教育的主体。其定位是在完全中等教育的基础上培养出一批具有大学知识，而又有一定专业技术和技能的人才，其知识的讲授是以能用为度，实用为本。高等职业学校在对学生进行专科程度文化知识教育的同时，根据职业岗位的要求有针对性地实施职业知识与职业技能教育。

我国高等职业学校只有一类——职业技术学院，是中国高等院校的一级学院，等同于高等专科，并逐渐开始取代高等专科学校。以高等职业教育为主要内容，在大学录取顺序中为统招第四批、普通专升本招生，也是“三校生”（职业高中、中等专业学校、技工学校）单考单招的录取院校，同时一些普通高校专升本的教学工作也安排在某某大学职业技术学院。职业技术学院是地方性的高等院校，在没有地方性大学或学院覆盖的地方作为筹备地方大学而存在，也可以作为地方性大学或学院的补充。

【阅读】>>>>>

高职是教育类型的名称，而专科是学历层次的名称，高等教育学历可以分为三个层次：研究生、本科、专科。高职作为普通高等教育中的一类教育类型，当然也分为研究生、本科、专科这三个层次，事实上一个完备的高等职业教育体系就是应该由研究生（包括博士研究生和硕士研究生）、本科和专科构成，高职教育比较完善的中国台湾地区就是如此，不仅仅有高职专科，还有高职本科和高职研究生。中国大陆地区当前的高职教育正处于由专科层次向本科层次的过渡。

（一）高职学生的招生对象决定高职大学生素质状况具有差异性和特殊性

目前，我国高等职业技术教育以招收高中毕业生为主，兼招初中毕业生（学制五年）和中等职业学校毕业的学生。学生的生源构成复杂，类型多样。同时，伴随着高校每年不断扩招，高等职业学院学生的生源状况日渐偏低，学习自主性差、眼高手低，连专业知识和专业技能都是靠老师强行输入。这些情况决定了高职大学生素质状况的差异性和特殊性。

（二）高职大学生的年龄特点和生活环境决定了高职大学生的思想活跃，但明辨是非的能力有待提高

总体来说，高职大学生的思想素质还是较好的，关注社会热点问题，有积极向上的人生态度，在构建和谐社会的历史任务中，能明确自己的责任和义务，注重自身能力培养，提升自己的竞争力。

随着改革开放的深入和社会主义市场经济体制的进一步完善，当代高职大学生的成长环境相对开放，处处充斥着电视、广播、网络等传播媒介，他们思想活跃、信息灵通、易于接受新思想。但高职学生对人和事缺乏正确的是非判断能力，不清楚评判事物的标准，往往凭感觉办事，对待周围的人和事缺乏正确评判是非的能力。

（三）高职大学生的生源状况决定了其逆反心理强、学习动力不足等心理特点

高职大学生作为一个独特的群体，其人格特质整体状况良好，情绪较稳定，善于调适内心情感。比较务实、责任心强、重个人利益和个人发展，具有一定的自我克制能力，能比较理智地分析问题和乐观地面对问题。

但高职大学生的生源状况（多数进入高职院校的高中毕业生大多成绩较差，综合素质在同龄学生中存在差距）也决定了高职大学生普遍存在学习动机比较缺乏、学习兴趣不够、学习习惯较差、逆反心理强等问题。

二、高职大学生职业生涯规划的特点及意义

（一）高职大学生职业生涯规划的特点

1. 对自我认知不足

高职大学生中的绝大多数同学对自己的性格、兴趣、特长、需求、学识、技能、智商、情商、行动、经历、社会关系等个人的基本素质以及自己所能运用的资源，基本上没有一个客观、全面、深入的认识和了解。

2. 职业定位模糊

目前不少学生在选择专业时盲目选择，对自身所选择的专业没有明确的认识，对自己

所能从事的职业也缺乏了解，整体缺乏对外部职业环境的关注与了解，对职业要求、职业素养、职业能力没有明确的认识，职业定位模糊，缺乏努力的方向。

（二）高职大学生职业生涯规划的意义

1. 有利于增强学生在就业时的竞争力

职业生涯规划教育，可以引导学生正确认识自己，明白自身的优势和劣势，对自己进行正确合理的评价，培养其自信心，帮助学生确立明确的目标，引导学生有目的、有意识的培养自己的职业素养和职业技能，促进学生自身素质的提高，增强学生在现代社会中的竞争力。

2. 有利于提高学生能力，促进学生的全面发展

教育的目的主要是促进人的全面发展，使人能更好地适应社会生活并促进社会的发展。进行职业教育，并不仅仅是为了让学生掌握一门技术，能够养家糊口，更重要的是要通过教育培养学生适应社会生活的能力，促进学生的全面健康发展。现在社会竞争日趋激烈，新技术、新发明迅猛发展，对人才也提出了更高的要求，社会的快速发展，使得个人在学校所学习的知识和技能随时面临被淘汰的危险，一成不变，终身从事一种职业的时代已经一去不复返了。面对复杂多变的职业环境，毕业生不能再仅仅以毕业之后找到一份合适的工作作为学习的目标，而应该立足于社会大环境，立足于整个人生来思考和计划自己的职业生涯，紧紧跟随时代的步伐，不断完善提高自己，成为一名有发展潜力的人。

进行职业生涯规划教育，帮助学生理性地选择专业和职业，可以有效提高学生选择的效率和合适程度。在学校教育中加入职业生涯规划教育，对学生进行职业生涯规划的训练，培养学生进行规划的能力，使学生有明确的奋斗目标。

3. 有利于学生一生的职业发展

通过职业生涯规划教育，可以使学生对专业和职业有明确的认识和了解，及早确立就业的方向，分析自身素质与职业所需素质之间的差距，根据职业需求有意识地锻炼自己，提升自己的职业能力和适应能力，从而避免就业的盲目性，提高学生职业发展的目的性和连续性。

三、团体辅导在高职大学生职业生涯规划中的应用

（一）团体辅导

团体辅导是在团体情境下进行的一种心理辅导形式，它是以团体为对象，运用适当的辅导策略与方法，通过团体成员间的互动，促使个体在交往中通过观察、学习、体验，认识自我、探讨自我、接纳自我，调整和改善与他人的关系，学习新的态度与行为方式，激发个体潜能，增强适应能力的助人过程。

（二）团体辅导指导高职大学生职业生涯规划的意义

1. 团体辅导活动可以促进大学生自我认识的深入进行

自我认识是指对自己及自己与周围环境关系的认识，包括对自己存在的认识，对个体身体、心理、社会特征等方面的认识。这种认识是个体通过观察、分析外部活动及情境、社会比较等途径获得的，是一个多维度、多层次的心理系统。G·H·米德认为，只有将社会反馈与自我觉察结合起来，才能帮助个体形成正确的自我认识。

通过团体辅导活动，学生的自我认识水平得到提高，能形成客观正确的自我认识，在团体交往过程中，互相信任、真诚与理解的交流环境能够促进大学生听取其他成员的反馈和建议，而且成员之间也有机会将自己心目中的“我”与他人眼中的“我”进行比较，调动起自我探索的积极性。

2. 团体辅导活动可以提升大学生的自信心

自信心是一种积极有效的表达自我价值、自我尊重、自我理解的意识特征和心理状态，是一个人内在“自我”的核心部分，是保证完成某项活动的主观条件。

在团体辅导过程中，领导者对于每位成员无条件的积极关注，并且引导每位成员对于其他成员进行无条件的积极关注，就使得在团体中无论什么样的观点和行为都会得到尊重，正是这种相互尊重、支持的团体气氛，可不断地提升成员的自信心。

3. 团体辅导可以明确大学生的职业目标定向

团体辅导中有一些根据职业理论设计的活动，使得团体成员能积极探索自己的职业兴趣和潜在能力。团体成员在良好的自我认识的基础上，通过各种生涯探索活动，可以对自身的职业理想和目标进行更加准确的定位，明确自己的职业目标，瞄准自己的职业定位。

4. 团体辅导可以提升大学生的职业生涯决策能力

生涯决策的概念最早源于英国经济学家凯恩斯的理论，指一个人选择目标或职业时，会做出选择，使得自己获得最高的报酬，并将损失降至最低。由于在团体辅导中，成员的自我认识更加清晰，分析了自己拥有的资源，再结合自己的兴趣和价值观，可使成员更容易做出符合实际的决策。

第二节　我的困惑谁知道——职业生涯个案咨询简介

一、职业生涯规划个案咨询对象

在职业生涯规划的个案咨询过程中，咨询者始终强调引导咨询对象的主动探索意识，咨询活动最终的结果是通过咨询对象自身的主动探索得到的。换言之，是咨询对象自己找到的最适合自己的“渔”和“鱼”，而咨询者在这个过程中起到的是积极疏导的作用。

（一）咨询对象的人格特点

职业生涯规划的个案咨询的对象是一个正常的人，不属于心理咨询范畴的人，他具有如下特征：

（1）具有适度的安全感，有自尊心，对自我与个人的成就有“有价值”之感。

（2）适度地自我批评，不过分夸耀自己，也不过分谴责自己。

(3) 在日常生活中，具有适度的自发性与感应性，不为环境所奴役。

(4) 与现实环境保持良好的接触，能容忍生活中挫折的打击，无过度幻想。

(5) 适度地接受个人的需要，并具有满足此种需要的能力，特别不应对个人在性方面的需要与满足产生恐惧或歉疚。

(6) 有自知之明，了解自己激动的动机与目的，并能对自己的能力做适当的估计；对个人违背社会规范、道德标准的欲望不做过分的否认或压抑。

(7) 能保持人格的完整与和谐，个人的价值观能视社会标准的不同而改变，对自己的工作能集中注意力。

(8) 有切合实际的生活目的，个人所从事的多为实际的、可能完成的工作，及个人生活目的中易含利己与利人的两种成分。

(9) 具有从经验学习的能力，能适应环境的需要而改查自己。

(10) 在团体中能与他人建立和谐的关系，重视团体的需要，接受团体的传统，并能控制为团体不容的个人欲望或动机。

(11) 在不违背团体意愿的原则下，能保持自己的个性；有个人独立的意见，有判断是非善恶的能力。对人不过分阿谀，也不过分追求社会赞许。

(二) 咨询对象的常见困惑

【案例】>>>>>

频繁换工作的张同学

张同学是高等职院学校的一名大专生。学的是市场营销专业，毕业两年了，一直在找工作、辞职、找工作的节奏中。大三顶岗实习阶段，在一家房地产销售公司实习，收入和工作环境还是不满意，张同学觉得人际关系复杂，客户形形色色，难以驾驭，三个月顶岗实习期满后，就辞职了。接下来，她应聘去了一家策划公司做文案工作，工作不到三个月，又辞职了，原因是自己的文字功底不够，又是新人，常常干的是打杂的工作，觉得不能体现个人价值。接下来，她先后换了 4 份工作，分别是公司前台、超市收银员、网站推广、服装店导购员，每一份工作都没有做满 4 个月。她疲惫不堪，迷茫、不知所措，不知道自己到底适合做什么。看到那些工作两年后，已经小有成就的同班同学，她不知道自己的未来在哪里？

1. 咨询对象自我认识不清

认识自我，是每个人自信的基础与依据。即使你处境不利，遇事不顺，但只要你赖以自信的巨大潜能和独特个性及优势依然存在，你就可以坚信：我能行，我能成功。一个人在自己的生活经历中，在自己所处的社会境遇中，能否真正认识自我、肯定自我，如何塑造自我形象，如何把握自我发展，如何抉择积极或消极的自我意识，将在很大程度上影响或决定一个人的前程与命运。换句话说，你可能渺小而平庸，也可能强大而杰出，这在很大程度上取决于你的自我意识究竟如何，取决于你是否能够拥有真正的自信。

认识自我就是使自己明白：我喜欢做什么——职业兴趣；我能够做什么——职业技能；

我最看重什么——职业价值观；我适合干什么——个人特质。

在现实中，绝大多数的咨询对象并不明白自己喜欢做什么，能做什么，适合做什么，到底看重什么。认识自我并不是一件容易的事，有一句话说得好，“旁观者清，当局者迷”，说的是认识自己的困难。其实，这句话同时也给我们指明了认识自己的一种方法，就是借助于旁人，同时将自己从当局者中抽脱出来，置身事外，用另一种眼光来认识自我。

2. 咨询对象职业世界认识不清

【阅读】>>>>>>

专业不对口怎么办?

在我国，职业生涯的概念引入较晚，大学生在上大学之前有很多人没有考虑自己的兴趣爱好、性格特点等因素，而是根据什么专业热门、什么专业好听或什么专业好上就报什么专业。这样经常发生所学的专业不是自己喜欢的专业或不是自己为未来的职业理想做准备的专业。虽然目前我国高校正在拓展专业口径，转专业逐步走向松动，但转专业仍然不是一件容易的事。当前，可以有以下办法来解决专业不对口的问题：

（1）辅修第二学位。随着学分制在高校的发展，很多同学有机会辅修自己喜欢的专业，为自己的职业生涯做准备。

（2）通过自学考试获得自己喜欢的专业的文凭。

（3）通过“考证”获取职业资格证，这样等到毕业时，就比别人多了可供选择的资本。

（4）通过社会实践提高自己的综合素质。

职业世界包括职业人身处的宏观环境、行业状况，也包括职业本身对职业人的职业素养的要求。

我们每个人都生活在一定社会环境中，个人的职业行为必然会受到社会宏观环境的影响。我们的职业世界也同样要受社会宏观环境的影响。尤其进入21世纪后，我们面临的环境正处在剧烈变化中。因此，要想在如此剧变的社会中找到具有良好发展前景的职业，就必须对影响我们个人职业生涯发展的外部（宏观）环境进行分析，以便及时做出调整，从而顺应环境的变化。一般来说，宏观环境因素可以概括为四个：政治法律环境、经济环境、社会文化环境以及技术环境。有管理学家将其称为PEST，即Political，Economic，Social和Technology。这四个因素对个人的职业生涯发展会产生重大影响，对这些因素进行研究，就是为了设法认识进而预测其发展趋势，以尽快适应。

每一个行业都有自己的行业特征、发展规律、发展阶段和发展要求。行业不同，对职业人的要求也不同。

良好的职业素养是获得职业发展的基石。在制定了积极、可行的职业生涯发展规划后，大学生应注重职业素质的培养，以高度负责任的态度，把职业视同自己的人生信仰。敬业才能立业，此后才谈得上发展职业。职业素养包括职业道德和职业能力。职业道德是指同人们的职业活动紧密联系的、具有自身职业特征的道德准则、道德情操与道德品质的总和。职业道德作为社会道德在职业生活中的具体体现，不仅是职业从业人员在职业活动中的行为标准和要求，也是本行业对社会所承担的道德责任和义务。职业道德具有较强的稳定性和连续性，是比较稳定的职业心理和职业习惯，可以在很大程度上改变个人在家庭生活和求学阶段所形成的品行。职业能力主要是指直接影响人们的职业活动效率、确保该职业活动完成所必须具备的个性心理特征。职业能力是多种能力整合而成的有机体，是人们进行正常职业活动的基本条件，也是人们胜任工作岗位的基本要求，还是人们立足社会、获取生活资料、取得社会地位、谋求自我发展之根本。一般来说，职业活动必备的基本能力有学习能力、表达能力、创新能力、组织管理能力、团队协作能力、人际交往能力。只是不同职业、不同岗位对能力的要求侧重点有所不同而已。

在现实中，有不少咨询对象“两耳不闻窗外事，一心只读圣贤书”。对世界的发展状况不关心，对国家的大政方针、经济状况了解，对自己理想中的行业状况不清楚，对职业能力的要求不明白，不知道自己应该从什么地方入手做准备，往哪个方向努力。

二、职业生涯规划个案咨询基本流程

（一）前期准备

1. 接待来询者

接待来询者，听取他的基本情况介绍，初步了解他的需求。

2. 来询者需求分析

在听取了来询者的介绍后，告知来询者咨询者所能给他提供咨询和服务的内容，特别强调了咨询者不能替他做决策，但可以帮助他进行自我探索和分析，最后由他自己做出决策。根据来询者介绍和他所填写的收纳面谈表的内容，主要是协助其认识自我，了解自我，在此基础上做出自己职业方面的决策。

3. 规划思路

根据收纳面谈表上来询者的主要描述和上述简单的分析探讨，确定来询者的主要问题，并规划咨询思路。

总体咨询方案分三步进行：

第 1 步：通过非正式评估手段，协助来询者进行兴趣、能力、性格、价值观的自我探索。

第 2 步：通过评估结果让来询者对自己有个全面的认识，并了解自己的职业兴趣和未来职业发展的路线。

第 3 步：在认知自我和对自身所适合职业初步认识的基础上，协助其树立职业方向、目标，并与其一起制订行动计划。

（二）咨询过程及目标

1. 第一次咨询

咨询目标：收纳面谈，建立关系，收集来询者各方面信息。

2. 第二次咨询

咨询目标：协助来询者完成自我探索并一起解读测评结果，完成咨询方案中的第一步。

3. 第三次咨询

咨询目标：澄清来询者的性格、价值观、兴趣、技能等，协助其最终充分全面地认知自我；对自身职业使其产生初步的认识。

4. 第四次咨询

咨询目标：协助来询者树立职业目标、定位。在职业选择和发展方面得出最大清晰的答案。

5. 第五次咨询

咨询目标：协助来询者制定职业生涯规划，结束咨询。

第三节　我们一起成长——职业生涯团体辅导与个案咨询项目简介

一、职业生涯团体辅导项目简介

根据舒伯的职业生涯发展理论、霍兰德的个性职业匹配理论、帕森斯的生涯辅导理论、金斯伯格的职业发展理论，高职大学生的职业生涯团体辅导基于生涯探索、自我探索、生涯规划三个方面，可设计八个单元的活动，通过相互沟通交流，协助成员树立生涯规划的意识、了解职业世界、了解自我的兴趣、人格特质，澄清自己的价值观，发挥潜能，规划个人职业生涯发展，以实现自我成长。

职业生涯规划团体辅导项目简介见表8－1：

表8－1　职业生涯规划团体辅导项目

单元	活动名称	单元目标	活动内容
一	相见欢	领导者、成员相互认识、建立关系；建立团体，澄清团体性质，了解成员对团体的期望，了解团体目标；成员共同制定团体契约	暖身活动：采访星星 认识团体 成员心声 盖章订契约 总结
二	生涯大观园	增加成员间的彼此熟悉感和信任感；协助成员对“生涯”“工作”和职业有充分的理解；协助成员认识影响生涯发展的因素，引出自我的探索	暖身活动：头脑风暴“条条大路通罗马” 理想与专业 生涯十字路口 总结
三	全方位的我	促进团体相互认识程度，增加彼此信任感；帮助成员认识自己的人格特质、性格、兴趣、能力等；引发成员自我探索，加强自我肯定	暖身活动：心相印，找伙伴 镜中的你我 自我肯定训练 总结
四	价值观大考验	澄清成员对职业的价值观；协助成员深入了解，分析现在的生活形态。	暖身活动：Seven Up 价值观大拍卖 总结

续表

单元	活动名称	单元目标	活动内容
五	工作的世界	协助成员了解社会上工作的模式；让成员接触、体验不同类型的职业；澄清成员的职业倾向	暖身活动：职业猜谜乐 情景剧表演 我的职业倾向 总结
六	职业大访谈	促进成员彼此之间的默契共识；促进成员生涯多元化发展；协助成员更深入地了解自己	暖身活动：三人行 职业大访谈 条件大扫描 总结
七	我的未来不是梦	与成员共同回顾团体以前的经验，总结团体收获；帮助成员评估自己，建立初步的职业生涯规划；结束团体	暖身活动：轻柔体操 我的生涯规划书 真情告白

单元一　相见欢（见表8-2）

目的：

（1）领导者、成员相互认识、建立关系。

（2）建立团体，澄清团体性质，了解成员对团体的期望，了解团体目标。

（3）成员共同制定团体契约。

表8-2　单元一活动

活动名称	活动目标	活动过程	活动时间	活动材料	理论依据
暖身活动：采访星星	1. 增进成员相互认识。 2. 建立良好的团体氛围	1. 两人一组，彼此采访纪录于星星中，相互认识。（采访时，可播放音乐，促进气氛） a. 姓名；b. 我的专业；c. 我的星座；d. 我的爱好；e. 我的特长；f. 我希望大家叫我…… 2. 采访结束，互相报道，介绍伙伴给团体内其他成员认识。 3. 分享讨论	20分钟	录音带 录音机 星星卡片 笔	
认识团体	介绍领导者，建立成员对领导者的初步信任。	1. 领导者自我介绍，并介绍协同领导者、观察员。 2. 说明团体的性质、内容及目标，回答成员提出的问题	5分钟		
成员心声	1. 探索并交流成员参加团体的动机、期待； 2. 引导成员心往一处想、劲往一处使	1. 给每位成员发一张纸，请大家仔细思考，认真填写，独立完成。 2. 请每位成员向团体内其他成员讲述。 3. 交流与讨论	30分钟	纸张 笔	

续表

活动名称	活动目标	活动过程	活动时间	活动材料	理论依据
盖章定契约	制定团体规范	1. 领导者说明活动的规则：真诚、积极参与、保密、不评判。 2. 领导者先示范，提出对团体期待的一句话，例如，希望大家不要隐藏心中想说的话，把你此时此刻的感受表达出来。言毕，以手掌击膝盖，状似盖章动作，代替自己愿意遵守此期待。自领导者顺时针方向，每一位成员轮流表达个人对团体的期待，方式同前。 如期待的内容：不希望成员早退或中途离席；希望成员尊重别人的发言；共同守密，不把团体中发生的事告诉他人；不愿意看到有人在团体内恶意攻击。 3. 由领导协助者或观察员将成员的期待归整，形成团体公约（规范），写于海报上，以后每次团体活动进行前，张贴于团体辅导室内。 注意：若遇到成员无法遵守以致难以“盖章”者，领导者宜鼓励其他成员以尊重、关怀的态度，共同协助成员探讨其困境。	30 分钟	海报纸 笔	
总结	1. 总结本次活动效果。 2. 改进下次活动	1. 领导者概括总结这次团体活动的情况。 2. 请成员发表意见或对之后的团体活动提出建议。 3. 布置家庭作业：思考影响自己生涯的因素有哪些	5 分钟		

单元二 生涯大观园（见表 8－3）

目的：

（1）增加成员间的彼此熟悉感和信任感。

（2）协助成员对“生涯”“工作”和职业有充分的理解。

（3）协助成员认识影响生涯发展的因素，引出自我的探索。

表 8－3 单元二活动

活动名称	活动目标	活动过程	活动时间	活动材料	理论依据
	1. 补充学生的答案，提供更	1. 领导者提出做一个游戏，名称为“条条大路通罗马”。内容是高职	20 分钟	纸张 笔	

续表

活动名称	活动目标	活动过程	活动时间	活动材料	理论依据
暖身活动：头脑风暴“条条大路通罗马”	明确的相关咨询。 2. 为之后的活动做准备	大学生的各种可能的发展道路（见附录一）。 2. 领导者提问，要求成员尽力抢答	20 分钟	纸张 笔	
理想与专业	1. 引导成员了解所学的专业，思考理想与专业的距离。 2. 启发成员对生涯探索的意识。	1. 填写：我的理想与专业。 2. 分享与讨论	30 分钟	理想与专业（附录二） 笔	
生涯十字路口	1. 协助成员更加了解自己面对的生涯选择情况。 2. 指引成员探索自我对生涯发展的影响。 3. 引出下一次团体活动的主题。	1. 给每位成员分发“生涯十字路口”，要求认真填写。 2. 成员分享，并讨论什么是最重要的影响因素。 3. 由领导者引出个人因素在生涯发展中的重要性	30 分钟	“生涯的十字路口”（附录三） 笔	克朗伯兹生涯决定社会学习论
总结	1. 总结本次活动效果。 2. 改进下次活动。	1. 成员讨论，分享这次活动的感受和意义，讨论自我认识对生涯发展的重要性。 2. 领导者总结本次活动的内容和意义，预告下次活动内容。 3. 布置作业	10 分钟		

附录一　条条大路通罗马

1. 你的专业将来能做什么工作？请列举出来。
2. 如果你选择升学，有几个渠道？请列举出来。
3. 专升本和专衔本有什么不同？
4. 自考是怎么一回事？
5. 专升本又是怎么样的？

……

附录二　我的理想和专业

我的理想：

1. 小学三年级时：
2. 初中一年级时：
3. 高中一年级时：
4. 现在：

比较之后我发现：

我的专业：

1. 我为什么要选择现在这个专业：
2. 我对专业的了解情况是：
3. 我的专业今后可以做：
4. 如果有重新选择的机会，我会选择：

启发：____

附录三　生涯十字路口

下面列了很多可能影响你未来做生涯抉择的因素（图 8－1），请你仔细思考后，用 1 到 5 来表示它在你做决定时考虑的重要程度。

1 ____ 5

表示不太重要　　　　　　　　　　　　　　表示非常重要

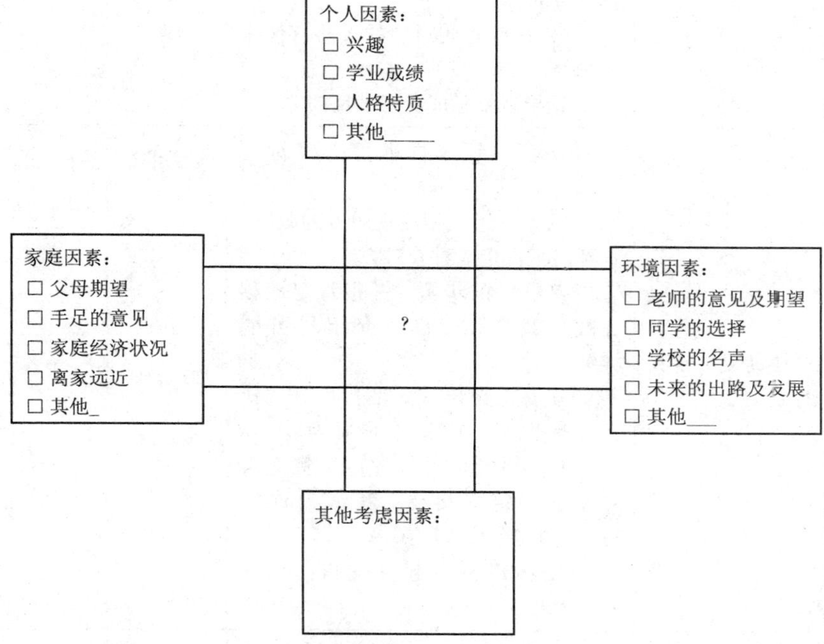

图 8－1　生涯十字路口

单元三　全方位的我（表 8－4）

目的：（1）帮助成员认识自己帮助成员认识自己的人格特质、性格、能力等。

（2）引发成员自我探索，加强自我肯定。以及对职业生涯的影响。

表 8-4　单元三活动

活动名称	活动目标	活动过程	活动时间	活动材料	理论依据
暖身活动：心相印，找伙伴	1. 促进团体气氛。 2. 促进成员相互认识，为第二个活动暖身	请每一位成员写出对自己特质的描述的三句话，再由领导者念出。让伙伴猜出谁是主角	15 分钟	纸、笔	
镜中的你我	1. 引发自我探索，加深对自己的能力、特质、人格的了解。 2. 引发成员人际互动的反馈	1. 由成员在周哈里窗表里 A，B 格中写下自我特质。A，B 格封折不予他人看到。 2. 访问其他所有成员对自己的看法，填满周哈里窗表 C，D 格。写下（访问）特质时，尽量用条例式。 3. 两相对照：在团体中分享自己的看法和疑惑。如： （1）你拥有哪些特质？哪些是你喜欢的？为什么？ （2）哪些是你自己和他人都认为自己有的特质？ （3）这些特质对你的生活有什么影响？ 4. 领导者鼓励成员互动反馈	45 分钟	周哈里窗（附录四）笔	帕森斯和威廉姆逊的特质因素论
自我肯定训练	协助成员自我肯定	领导者带领成员进行自我肯定训练： 1. 两人一组互相注视对方的眼睛，直到能很肯定地看着对方。 2. 接续 1 的步骤，并很肯定地相互做自我介绍，自我介绍尽可能详细。 3. 很肯定说出三句话：我对“什么”有把握（如兴趣：画画等）。 4. 肯定的给对方好评价（赞美），对方也肯定的接受：我认为你还有……的能力，因为…… 5. 团体成员一起高喊口：I can do it!	20 分钟		
总结	1. 总结本次活动效果。 2. 改进下次活动	1. 成员分享，讨论这次团体活动的感觉和意义，对自我认识的重要性。 2. 领导者总结活动内容，预告下次活动	10 分钟		

附录四 周哈里窗

	优点	缺点
自己认为	A	B
别人认为	C	D

单元四 价值观大考验（表8－5）

目的：（1）澄清成员对职业的价值观。

（2）协助成员深入了解，分析现在的生活形态。

表8－5 单元四活动

活动名称	活动目标	活动过程	活动时间	活动材料	理论依据
暖身活动：Seven Up	1. 调动成员的积极性。 2. 增加团体凝聚力。 3. 增进成员的注意力，帮助主要活动的进行	1. 请成员“1、2”报数进行分组竞赛。 2. 使用横排轮流的方式，每位成员轮到时坐着说出自己轮到的数字，但在轮到数目有7（7，17，27…）或是数目为7的倍数（7，14，21，28…），该成员必须站起拍手，并且不可说出此数字。 3. 进行比赛，直到时间到停止，并奖励优胜组别	20分钟		
价值大拍卖（附录五）	1. 协助成员认识何谓价值观，并进一步探索自己的价值观，有助于生涯决策。 2. 协助成员澄清自己的一般价值观与工作价值观的关系	1. 首先，领导者引发成员动机： （1）领导者问：“有谁不喜欢金钱”（预期成员会一致说没有，而且反应是热烈的） （2）领导者继续问：“如果你有两万块钱，你希望买到什么？”（请一两位成员回答） 2. 领导者发下“价值大拍卖清单”，成员自己思考，并编列出个人的预算购买单，每物基本底价一千元。 3. 领导者分给成员每人两万元参加拍卖，领导者主持拍卖会： （1）领导者开始一一提出每项价值观，成员喊价。 （2）每项价值观叫价经三次确认后，由最高喊价者获得。 4. 拍卖完后，团体讨论： （1）你最想买的“价值观”有没有买到？没有买到的话，为什么？与你的个性是否有关？	60分钟	海报 道具钞笔	

续表

活动名称	活动目标	活动过程	活动时间	活动材料	理论依据
价值大拍卖（附录五）	1. 协助成员认识何谓价值观，并进一步探索自己的价值观，有助于生涯决策。 2. 协助成员澄清自己的一般价值观与工作价值观的关系	（2）哪一项是你最想买的？为什么？ （3）有没有买到你不是很想要的？为什么？ （4）为什么你一样都没有买到？或者你只买到很少几项？ （5）为什么你要花那么多钱买哪一项？ （6）有些东西是否真的能用钱买到？如果不能，如何获得？ 4. 团体分享活动心得，让成员回味拍卖会的过程和感受，及时写下自己的感受	60 分钟	海报 道具钞笔	
总结	1. 总结本次活动效果。 2. 改进下次活动	1. 成员讨论，分享这次活动的感受和意义，讨论价值观的重要性。 2. 领导者总结本次活动的内容和意义，预告下次活动内容	10 分钟		

附录五 价值大拍卖

拍卖内容见表 8－6。

拍卖规则：

（1）每个人有两万的生命筹码，每个价值底价一千，每次喊价不得低于一千，价高者得。

（2）请仔细思考哪些价值观是你想买的，并写下你愿意付出的生命筹码。

（3）不用每个都出价，可以根据自己的爱好，决定自己是否参与这一项竞标。

表 8－6 拍卖活动表

项目	预算价格	购得价格	购买或舍弃的原因
1. 勇气——能勇往直前			
2. 成就——事业有成			
3. 健康——身体健康，没有疾病			
4. 环境——有良好舒适的工作或学习环境			
5. 安全——生活环境及精神感受安全			
6. 名声——有良好的名声			
7. 人际——与同事、朋友、家人相处良好			
8. 权利——有指挥人的权利			

续表

项目	预算价格	购得价格	购买或舍弃的原因
9. 知识——有丰富的知识或高学历			
10. 自由——无拘无束			
11. 经济——有高收入			
12. 智慧——有聪明敏捷的头脑			
13. 毅力——做事坚持不懈			
14. 道德——有高道德感			
15. 信心——有自信			
16. 变化——生活、工作、学习富于变化			
17. 工作符合兴趣			
18. 其他			

单元五 工作的世界（表 8 – 7）

目的：（1）协助成员了解社会上工作的模式。

（2）让成员接触、体验不同类型的职业。

（3）澄清成员的职业倾向。

表 8 – 7 单元五活动

活动名称	活动目标	活动过程	活动时间	活动材料	理论依据
暖身活动：比手画脚	调动团体气氛，带领成员认识各职业	1. 领导者事先制作职业角色名称。 2. 成员抽选职业签，并加以表演（不出声说明），通过肢体语言，让成员猜测是什么职业	10 分钟	职业签	
情景剧表演	促使成员了解职业，体验职业	1. 安排两位同学表演事先排练过的情景剧。 2. 分组讨论问题： （1）对“导购”这个职业的看法。 （2）导购的工作态度。 （3）导购的职业技能如何体现。 3. 每组整合讨论结果，请一位成员代表发言	40 分钟	剧本	
我的职业倾向	澄清成员的职业倾向	1. 请成员完成《职业兴趣测量》。（见第三讲） 2. 引导成员讨论自己表象的职业倾向与通过心理测验得出的职业倾向	30 分钟	“职业兴趣测量表”笔	霍兰德的类型论

续表

活动名称	活动目标	活动过程	活动时间	活动材料	理论依据
总结	1. 总结本次活动效果。 2. 改进下次活动	1. 给成员充分的思考时间，以便成员更好地反思。 2. 领导者总结本次活动的内容和意义，预告下次活动内容。 3. 家庭作业：职业访谈	10 分钟		

【阅读】>>>>>

霍兰德的类型论

美国学者霍兰德（John L. Holland）是著名的职业指导专家，他提出了性格－职业匹配理论。他指出，学生的性格类型、学习兴趣和将来的职业准备密切相关。人们在不断寻求能够获得技能，发展兴趣的职业。经过几十年的研究和一百多次的实验，他提出了系统的职业指导理论。他把性格划分为六种类型，即社会型、调查型、现实型、文艺型、贸易型和传统型，并认为社会上的每一个人都可以划分出一种主要的性格类型。每一种性格类型的人，对相应的职业感兴趣。

1. 社会型的人

这种类型的人喜欢社会交往，关心社会问题，对教育和宗教活动感兴趣，相应的职业有：护士、教师、教授、社会学家、社会工作者等。

2. 调查型的人

这种类型的人喜欢智力活动和抽象的工作，相应的职业有：数学、物理、化学和生物学等自然科学工作者、电子学工作者、计算机程序编制者等。

3. 实际型的人

这种类型的人喜欢有规律的具体劳动和需要基本技能的工作，相应的职业有：修理工、机械工、电工、制图员和农民等。

4. 艺术型的人

这种类型的人喜欢文学和艺术，善于用艺术作品来表现自己，感情丰富、爱想象，富有创造性，相应的职业有：作家、艺术家、雕刻家、音乐家、管弦乐队指挥、编辑、评论家等。

5. 企业型的人

这种类型的人富有冒险精神、性格外向、喜欢担任领导工作，具有说服、支配、使用语言等能力，相应的职业有：董事长、经理、营业部主任、推销员等。

6. 传统型的人

这种类型的人喜欢有条理和有系统的工作，具有友好务实、善于控制和保守等特点，相应的职业有：办事员、办公室人员、打字员、档案工作者、会计、出纳、秘书、接待员等。

霍兰德研究了各种性格类型之间的关系。他指出，除了大多数的人可以主要划分为某一种性格类型外，每一种性格类型又都有两种相近的性格类型，有两种中性关系的性格类型，还有一种相斥的性格类型。

各种性格类型之间的相关可用六角模型来表述。

霍兰德认为，在性格类型和职业类型匹配上主要有三种模式。

1. 协调

性格类型和职业类型相重合。例如，艺术型的人在艺术型的职业环境中工作，传统型的人在传统型的环境中工作。在这种模式中，个人会感兴趣和内在满足，并能最充分地发挥自己的聪明才智。

2. 亚协调

性格类型和职业类型相近。例如，实际型的人在调查型的职业环境中工作。在这种模式中，个人经过一段时间的努力工作，也能适应这种职业，并且能够做好工作。

3. 不协调

性格类型和职业类型相斥。个人对职业毫无乐趣，并且不能胜任工作。

霍兰德从实际经验出发，并经过长期的实验研究把人的性格类型主要地划分为六种，并指出各种性格类型之间的相近、中性和相斥的关系，具有科学性。他把性格类型与职业指导结合起来，致力于性格类型和职业的匹配，对职业指导具有重大意义。不过，心理学的研究表明。一个人对某一种职业很有兴趣，并不意味着他一定能把这种工作做好，对工作的兴趣是做好工作的重要条件，但不是唯一条件，影响职业的心理因素是多样的和复杂的。

性格类型论根据某种原则，把所有的人划归为某些类型，使直观地了解人的性格极为便利。类型论具有重大的理论意义和实践意义，它的研究成果，已被许多学科所采用，它的产生最早是由于临床医学实践的需要，现在已广泛地应用到教育、医疗、管理、军事和职业选择等领域。但是，类型论把人极端复杂的性格概括为少数几个类型，必然会忽视中间型。与此相关，如果将一个人划入某种性格类型，就会只注意这种类型中有关的特征，而忽视其他特征，即只注意一个人一个方面的特征，而忽视其他方面的特征，这样就会导致简单化和片面性。另外，类型论也容易将人的性格固定化、静止化，忽视性格的变化和发展，特别是容易忽视影响性格形成和发展的环境因素。因此，我们应该把偏重于对性格的质和整体了解的类型论与从量上分析性格的特质论结合起来。事实上，目前多数心理学家在他们的研究中，已经这么做了。

单元六　职业大访谈（表 8－8）

目的：（1）促进成员彼此之间的默契共识。

（2）促进成员生涯多元化发展。

（3）协助成员更深入地了解自己。

表 8－8　单元六活动

活动名称	活动目标	活动过程	活动时间	活动材料	理论依据
暖身活动：三人行	促进团体气氛	1. 先由领导者点成员甲，在其右边的成员代其回答“有”，在其左边的成员代其举手。 2. 然后再由成员甲点成员乙，在其右边的成员代其回答“有”，在其左边的成员代其举手。 3. 以此类推，使速度加快，增加团体互动气氛	10 分钟		

续表

活动名称	活动目标	活动过程	活动时间	活动材料	理论依据
职业大采访	1. 加深成员对各职业的了解。 2. 促进成员对职业选择的反思。 3. 引出下一个环节的自我扫描	1. 请成员报告上一次的职业访查报告。 2. 团体讨论分享： （1）此职业的相关访查内容是什么？有什么重要信息？ （2）为什么会采访此职业？ （3）采访后的心情怎样	40 分钟	职业访谈单（附录六）笔	
条件大扫描	1. 促进成员深入，全面地分析自我的求职条件。 2. 成员整理自己的抉择盲点	1. 领导者分发平衡单，请成员填写。 2. 填写完成后，成员轮流自我分析。 3. 团体共同讨论，分享	30 分钟	平衡单（附录七）笔	
总结	1. 总结本次活动效果。 2. 改进下次活动	1. 成员讨论分析自己的理想的职业状态。 2. 领导者总结，提醒成员自己所想象的生涯要在平时多注意自己对未来的想法和感受，预告下一次活动	10 分钟		

附录六　职业访谈单

1. 职业名称是什么？
2. 它和文学、数学、人际或事物，哪一个关系较密切？
3. 主要的工作内容是什么？
4. 主要的工作场所在室内，还是室外？
5. 计薪的方式通常是固定计薪，还是按件计薪？月薪多少？
6. 工作时间是固定的，还是自行调配？
7. 从业者需要的教育训练是？
8. 从业者所需要具备的特殊能力和个人特质是什么？
9. 从业者是否需要职业资格证书？
10. 从业者的升迁发展机会如何？
11. 从业者的就业市场如何？
12. 从业者的压力来源是？
13. 从事该职业最突出的好处是什么？
14. 从事该职业最明显的不利因素是什么？

附录七　生涯平衡单

生涯平衡单见表 8－9，按下列步骤填入内容。

步骤：

1. 写出各种影响决定的因素。
2. 在给予每个因素从（+10）~（-10）的分数（根据自己主观的判断）。
3. 最后给每个考虑项目 1~5 的加权数。
4. 将所有分数合计之后，经过加减乘除计算之后，即可得知最后的得分。

表 8-9　生涯平衡单

考虑项目	加减		加减		加减	
	+	-	+	-	+	-
1. 适合自己的能力						
2. 适合自己的兴趣						
3. 符合自己的价值观						
4. 能符合父母的期待						
5. 能符合家庭经济状况						
6. 未来的发展性						
7. 学校（或工作单位）的声望						
8. 交通便利						
9. 朋友的选择						
……						
合计						
总计						
最后选择						

单元七　我的未来不是梦（表 8-10）

目的：（1）与成员共同回顾团体以前的经验，整统团体收获。
（2）帮助成员评估自己，建立初步的职业生涯规划。
（3）结束团体。

表 8-10　单元七活动

活动名称	活动目标	活动过程	活动时间	活动材料	理论依据
暖身活动：轻柔体操	1. 引导成员加入团体 2. 融合团体氛围	请所有成员站成两排，后排的成员为前排的成员揉肩、敲背。然后互换位置，相互问好	10 分钟		
我的生涯规划书	帮助成员拟订生涯计划，并坚定立场	1. 领导者分发“我的生涯计划书”，成员自由填写。 2. 团体讨论、分享： （1）我为什么这样填？ （2）我有什么优势？我有什么缺点需要改正？ （3）成员之间相互质问	30 分钟	“我的生涯规划书” 笔	

续表

活动名称	活动目标	活动过程	活动时间	活动材料	理论依据
真情告白	1. 处理离别情绪，给予彼此祝福。 2. 评价团体功能，结束团体	1. 每位成员在背后别上一张白纸，请小组内其他成员每个写上一句祝福的话或建议。 2. 写完后，坐下想一想成员会给自己写些什么，又期待他们写些什么。然后拿下仔细看。 3. 分享读后的感想，感谢成员的真诚	50 分钟		

附录八　我的生涯计划书（简本，见表 8－11）

表 8－11　生涯规划书

我的生涯期待：	目前规划的具体目标：
阻力（人、事、物）：	阻力：
如何善用：	如何克服：
具体行动计划：	
为了达成目标我会：	

二、个案咨询项目简介

个案咨询项目简介（表 8－12）：

表 8－12　个案咨询项目

单元	活动名称	单元目标	活动内容
一	筛选确定咨询对象	确定咨询对象为可以进行咨询的对象	收纳面谈表（附录一）
二	建立咨询关系	1. 咨询者和来询者相互认识、建立关系。 2. 确定咨询目标	

续表

单元	活动名称	单元目标	活动内容
三	咨询对象标准化测试	通过标准化测试，了解咨询对象的人格特质、性格、兴趣、能力等	能力探索 兴趣探索 价值观探索 作业：回忆最有成就感的10件事情或者生涯平衡单
四	咨询对象的非正式评估	通过非正式评估的方法，引导咨询对象对自身兴趣和能力进行更加深入的探索	对回忆最有成就感的一件事情进行分析 作业：生涯平衡单或者生涯彩虹图
五	探讨咨询对象未来发展目标	引导咨询对象对未来发展的目标进行探讨，协助引导他做出选择，并最终促成他的选择	分析生涯平衡单或生涯彩虹图

附录一　收纳面谈表

职业发展咨询服务个人档案

亲爱的同学你好，

感谢你参加××××××职业咨询。

咨询前，咨询师需要详细了解你的工作、教育、生活、成长等经历，并结合测评报告进行周密的咨询方案的准备，这样咨询时我们可以快速地切入主题，避免浪费时间或在不必要的问题上探讨太多。

调查表中也许有些问题你认为没有必要，或觉得侵犯了您的隐私，但我们的咨询经验发现也许这种情况下就是你职业问题的重要切入点或症结所在，所以如果您选择了我工作室的职业咨询，请务必认真、详细、没有遗漏地填写下列问卷。

另外，我们还要告诉你的是：这不仅仅是一个背景信息问卷，更是你可以静下心进行自我探索、了解的难得机会。

对您的任何个人信息我们将恪守保密原则，未经本人同意不透漏给第三方。

谢谢您的合作！

职业发展咨询服务个人档案见表8-13。

表13　职业发展咨询服务个人档案

<table>
<tr><th colspan="6">个人背景信息</th></tr>
<tr><td>姓名</td><td></td><td>性别</td><td></td><td>年龄</td><td></td></tr>
<tr><td>籍贯</td><td></td><td>学校</td><td></td><td>系别</td><td></td></tr>
<tr><td>年级</td><td></td><td>专业</td><td></td><td>担任职位/务</td><td></td></tr>
<tr><td>联系电话</td><td colspan="2"></td><td>E-mail</td><td colspan="2"></td></tr>
<tr><td colspan="6">是否做过测评？测评名称：</td></tr>
<tr><td colspan="6">是否在其他机构做过职业咨询：</td></tr>
<tr><td colspan="6">如果是，解决的问题是</td></tr>
</table>

续表

<table>
<tr><td colspan="4">家庭描述：请尽量详细描述你的家庭（包括成长地、父母的情况、对你的期望、兄弟姐妹、家庭对你的影响等）</td></tr>
<tr><td colspan="4">教育及培训经历（请填写从中学至今的学历、学校、专业、担任的职务、时间、培训机构等）</td></tr>
<tr><td colspan="4">是否有工作/兼职经历？请填写经历（工作/兼职过的单位和在同一单位的岗位变化及职务升迁）</td></tr>
<tr><td colspan="4">你比较喜欢的专业和事情有哪些，为什么？</td></tr>
<tr><td colspan="4">个人状况</td></tr>
<tr><td colspan="4">个人优势和急需改善的方面（技能的/非技能，尽可能详细）：</td></tr>
<tr><td colspan="4">发展目标、方向和领域</td></tr>
<tr><td colspan="4">家人对自己的期望和影响</td></tr>
<tr><td>老师对你能力和个性的评价</td><td></td><td>你希望未来的生活是什么样的</td><td></td></tr>
</table>

续表

咨询需求
请列出成长过程中最有成就感的三件事情，并描述为什么：
报名参加×××××××××职业咨询的原因：
希望解决的问题：
其他
其他你希望告诉咨询师的：

填表日期：__________

【阅读】▶▶▶>>>

一例关于就业还是升本的个案咨询案例

一、案例背景

咨询对象：陶同学，男，22

学历：专科

基本情况：某职业学院连锁经营与管理专业学生

个人职业目标：大型连锁超市的店长

陶同学是一名大学三年级专科学生，就读于工商管理学院连锁经营与管理专业，大学期间一直担任班上和学院的学生干部，在大学前两年的专业学习中一直名列前茅，在学生工作和专业学习两方面都取得了出色的成绩。同时，陶同学报考了自学考试，只剩下一科没有考完了。目前在某大型连锁超市储备干部班学习。专升本成绩出来了，陶同学考上了某三本院校的行政管理专业。陶同学在继续深造和上班之间举棋不定，始终拿不定主意。

二、约谈过程

第一次约谈：

与陶同学进行了简单的交淡，并做了收纳面谈，我们第一次见面的主要目的是确定咨询的目标，帮助陶同学对现在面临的主要问题做出一个坚定而不后悔的选择，然后向着确定的方向步步前进。根据这个需求，按以下步骤进行：

首先，帮助陶同学明确自己继续深造和上班的优势和劣势；

其次，帮助陶同学找到之所以难以抉择的问题所在；

最后，帮助陶同学找到做出选择的方法。

这个目标确定后，我请陶同学回去后先做一个标准化测评。

第二次约谈：

陶同学带来了他的标准化测试结果，标准化测评报告出来后，我对陶同学有了进一步的认识。

第一，在职业性格方面，陶同学在重复型、服务型、严谨型三项方面得分较高。在生活中，陶同学的性格比较外向，但同时，他又比较稳重，给人一种安静的感觉。

第二，在兴趣方面，陶同学的兴趣爱好极其广泛，他的职业兴趣在管理类方面的强度值最高，而在社交、具体操作、研究等好几个方面也体现出较高的强度值，标准化测评表明他的兴趣比较集中地体现在管理上，但是在其他各个领域也并非不可涉及。

第三，在动力方面，标准化测评表明陶同学的适应能力较强，在各种工作环境下都能较好地开展工作。为了更好地探求他的兴趣和能力，我让他做了分类卡的测试，并使用霍兰德职业兴趣测试寻找他的兴趣和能力所在。通过分析，测试的结果显示：他非常适合从事“企业型”和“现实型”的工作。同时，我还通过兴趣探索，让他填写自己最向往的三种职业，他分别写了超市员工、销售、企业管理三种职业，这三种职业无一例外都是属于“社会型”和“企业型”的职业。为了进一步巩固这次见面所获得的成果，我让他回去后完成一个自我探索的任务：回忆最有成就感的 10 件事情。

第三次约谈：

这一次见面的目的，主要是通过非正式评估的方法，引导陶同学对自身兴趣和能力进行更加深入的探索。这种探索的一个基础，是他在之前完成的对 10 件最有成就事情的回忆。在他写的 10 件事情中，大概可以分为三类：第一类是获得荣誉；第二类是得到别人的认同；第三类是得到自己的认可。

他首先写到的是大一的时候，通过学院学生会招新成为一名学生会的干事，在班级的班委选举中，成了班级的班长。在那之前，陶同学在高中班级里一直是一个默默无闻的角色，因此人际交往的面也比较窄。自从当上干事和班长后，学院和班上的同学才开始认识到他的能力。他还谈到他在学生会和班级中的经历也是使他非常有成就感的。他从青年志愿者协会的一名普通干事、班级的班长，通过一系列志愿者服务活动和班级服务活动，得到了同学们和老师们的赞赏，当选为新一届学生会的副主席。学生会的工作给他更多的不是荣誉，而是别人的认同，他结识了很多朋友，也树立了一定的威信，这使他在处理事情的时候能够更懂方式方法，更懂为人处世的道理，也更成熟、拿捏得当。通过学生会和班级工作两年的锻炼，他能明显感觉到自己比没有做过学生工作的同学更清楚自己的现在和未来，也多了一个发展的方向。另外，他在大学二年级的时候和相恋多年的女友分手，一时间万念俱灰，甚至开始怀疑生活的意义，那段时间他的情绪非常低落，不想做任何事情。但最后他还是振作起来，并且也非常好地处理了和前女友之间的关系，成为很好的朋友，两个人现在都生活得很好。他说这件事情让他更加成熟、更加理智，也更加懂事了。周围朋友也很认可他在这件事情上的处理。通过对这次谈话记录的整理，我觉得对于他能力和兴趣的探寻已经比较完整了，他的兴趣广泛，但是最主要的两个兴趣，一是组织和管理工作，喜欢掌管一些事情，以发挥重要作用，希望受到众人尊敬和获得声望，愿做领导和组织工作。二是与人交往，结识朋友。而他的能力和兴趣也是对应的，他的语言表达能力、人际交往能力、组织管理能力和执行力都很强。

第四次约谈：

基于上一次见面非正式评估的结果，我引导陶同学对未来发展的目标进行了探讨，通过探讨，协助引导他做出找工作还是继续深造的选择，并促成他的选择。

通过彩虹图进行分析，我了解到他对于未来生活其实有一个比较清晰的理想，他希望在大学毕业到40岁左右的时间里在社会上闯荡一番，用3~5年的时间做到连锁超市的店长，再用8~10年做到区域店总，在零售行业成为领头羊式的人物。通过彩虹图看到，他计划在20~40岁，将生活的重点放在学习和工作上。从40岁开始，生活的重点转移到家庭方面，陶同学希望从那时开始，能有自己的连锁店，过一种相对稳定的生活。随后，我们共同探讨了如何达成这个目标。在交谈过程中，陶同学高兴地表示他已经做好了继续工作的决定。他说通过这次职业规划，他发现自己的兴趣和能力都完全不适合继续进行学业深造，如果勉强自己去读本科，会丧失现在在储备班的机会，限制了自己的发展空间。因为六个月考核通过的话，就能提拔成经理了。至于文凭，他说一是在零售行业，学历并不是特别重要，二是他的自考考试已经只有一科没通过了，按正常情况，最多半年就能拿到本科文凭，没有必要去浪费两年的时间拿文凭。他说他的特长和爱好都是和人打交道、组织和管理，应该尽早走入社会多锻炼自己，而不是为一个文凭而浪费时间。

三、案例分析和启示

1. 案例分析

（1）职业生涯规划咨询是对来访者在职业定位、职业发展等方面遇到的问题，运用咨询技术和方法，协助来访者进行自我探索，寻找解决问题的方法，从心理和行为上更好地实现积极转变的过程。本案例根据来访者的职业困惑，有针对性地运用了职业生涯规划相关理论，采取了合理的咨询技术，较好地完成了咨询。

（2）规则师和来访者需要以平等的立场进行有效的沟通。在这一过程中双方共同参与，建立了良好的咨询工作关系。

（3）本案例利用了职业测评技术。咨询中笔者只是将测评结果作为参考，更多地采用了职业咨询的非正式评估技术去帮助来访者进行自我评估。正式和非正式评估的结合更加有效地促进了咨询效率的提高。

2. 案例启示

（1）职业生涯规划咨询是一项专业的工作，需要心理学、职业规划理论等相关知识和技巧，咨询者要熟练掌握职业生涯发展的理论和模型，并根据不同人群、不同年龄、不同问题选择合适的理论和模型。在咨询的过程中，要时刻以来询者为中心，适当运用助人技巧，并做好记录。严格遵守职业规划师的职业道德规范，这是开展咨询工作的保障。

（2）咨询效果如何将取决于规划师和来询者双方。如果来询者不能很好地配合，即使规划师再怎么努力，咨询效果也可能不明显。因此不能强求咨询效果非要令人满意不可。

本章练习

- 思考题

阅读下面的案例，思考自己的职业规划，写出自己的努力方向及实现职业理想的步骤。

一名大专生的职业规划

我是高等职院学校的一名大专生。也许对于不少人来说，在职业学校里读书并不是自愿的选择，如果有“改行”条件自然就会跳出，放弃专业。我在这读书期间，除了学好文化课，对现在所学习的专业已渐渐有种特别的感觉。

为了能够顺利发展下去，我先给自己做了一个职业生涯设计，提前进行自我评估，给自己的职业道路和方向初步定位和规范。当我知道自己想要有怎样一种生活时，就得把握住变化的方向，使之转化为机会，进而充分施展自己的聪明才智，树立远大志向。

其实，我从小就喜欢摆弄各种电器，记得以前家里有部老式录音机，爸妈最喜欢每天没事的时候就拿来听音乐或话剧之类的，而我对这些并不感兴趣，对我来说，录音机最大的吸引力在于它是如何发音的，为什么放进磁带就能放出声音来，录音机上那些各种各样的按钮都有些什么功能。于是趁爸妈不在家的时候摆弄录音机是我最大的快乐，把它拆了，看看里面是些什么东西，尽管那些元件当时我一个也不认识。

我了解自己的职业擅长，也明白职业发展方向是职业生涯中的重中之重，就自己适合的学业而言，高中毕业后我顺理成章地进了高职院校，接触自动化技术这门专业。在此过程中，和各类电器设备挂了钩。而今，我在新的环境下学习，在这个新阶段我得靠自身去努力，结合所学专业整合出自己的职业定位点，在学习过程中增强理论知识和能力。凡事预则立，不预则废，即将面临就业危机的我们，应当利用在校时间好好准备，并对自身因素进行客观、科学的分析，以此体现人生价值。而我目前的就业意向主要偏向于地铁方面，因为地铁公司工作稳定，福利好，这比较符合我的性格和工作要求。

近年来经济高速发展，科技日新月异，市场竞争加剧，用人单位的要求越来越高，这些因素对个人的发展产生了很大的影响。因此，在制定个人的职业生涯规划时，我们要分析环境条件的特点、环境的发展变化情况、自己与环境的关系、自己在这个环境的地位、环境对自己提出的要求以及环境对自己有利条件和不利条件等。而当前我们大学生所面临的就业环境十分残酷，这对正面临就业的大学生来说，是一个巨大的挑战。那么面对这严峻的就业形势，即将跨出校园的我们该怎么做才能在就业平台上谋得一席之地呢？首先，加强专业知识学习的同时，考取与目标职业有关的职业资格证书或通过相应的职业技能鉴定。因为临近毕业，所以目标应锁定在提高求职技能、搜集公司信息上。参加和专业有关的暑期工作，和同学交流求职工作心得体会，学习写简历、求职信等求职技巧，了解搜集就业信息的渠道，如果有机会要积极尝试。加入校友网络，向已经毕业的校友了解往年的求职情况；并对这些年的准备做一个总结：首先，检验自己已确立的职业目标是否明确，准备是否已充分；其次，开始毕业后工作的申请，积极参加招聘活动，在实践中校验自己的积累和准备；最后，预习或模拟面试。积极利用学校提供的条件，了解就业指导中心提供的用人公司资料信息，强化求职技巧，进行模拟面试等训练，尽可能地在做出较为充分准备的情况下进行施展演练。另外，要重视实习机会，明确个人在岗位上的职责要求及规范，为正式走上工作岗位奠定良好基础。